DIE NEUE WILDKÜCHE

OLGIERD E. J. GRAF KUJAWSKI

LEOPOLD STOCKER VERLAG
Graz – Stuttgart

BILDNACHWEIS:
Günter Hauer: S. 36, 38, 39, 54, 85, 189, 209, 210
Mani Hausler: S. 42, 43, 154, 188, 193, 215, 241
Werner Krug: S. 93, 102
Mona Lorenz: S. 37, 59, 62, 91, 111, 113, 117, 183, 191, 233
Olgierd E. J. Graf Kujawski: S. 7–13, 18, 19, 22, 23, 30, 44, 47, 57, 67, 87, 98, 115, 116, 133, 140, 144, 147, 156–161, 179–182, 184, 185, 190, 197, 199, 207, 211–214, 225, 238–240, 243–249
Philipp Podesser: S. 124, 196
Andrej Sheldunov: S. 86, 135
Alle übrigen Rezeptfotos: Andrea Jungwirth

REZEPTNACHWEIS:
Kochen & Küche: S. 16 (l.), 20 (u.), 36, 38, 39, 42, 45, 50, 54, 59, 63, 84, 86, 88, 89, 93, 96 (l.), 102, 108 (r.), 110, 112, 117, 122 (l.), 124 (l.), 126 (l.), 135, 150 (l.), 154, 164 (l.), 183, 188, 191, 192, 196, 208 (r.), 210, 215, 233, 241
Alle übrigen Rezepte: Olgierd E. J. Graf Kujawski

Auf Wunsch senden wir Ihnen gerne kostenlos unser Verlagsverzeichnis zu:
Leopold Stocker Verlag GmbH
Hofgasse 5 / Postfach 438
A-8010 Graz
Tel.: +43(0)316/821636
E-Mail: stocker-verlag@stocker-verlag.com
www.stocker-verlag.com

BIBLIOGRAFISCHE INFORMATION DER DEUTSCHEN NATIONALBIBLIOTHEK
Die Deutsche Nationalbibliothek verzeichnet diese Publikation in der Deutschen Nationalbibliografie; detaillierte bibliografische Daten sind im Internet über http://dnb.d-nb.de abrufbar.

ISBN 978-3-7020-1448-3

Umschlaggestaltung, Layout und Repro: Werbeagentur Rypka GmbH,
A-8143 Dobl/Graz, Unterberg 58–60, www.rypka.at
Druck und Bindung: Druckerei Theiss GmbH, 9431 St. Stefan i. L.

INHALT

WILD

EIN HOCHWERTIGES NAHRUNGSMITTEL

Über Geschmack soll man bekanntlich nicht streiten. Tatsächlich? Wenn es um Wild für die Küche und in der Küche geht, bin ich durchaus bereit, zu streiten.

Zuerst mit den Jägern, die bei Ausübung ihrer Passion eines der köstlichsten Nahrungsmittel dieser Welt gewinnen. Vorausgesetzt, sie sind hierzu in rechtem Maße befähigt. Dass hieran in Einzelfällen Zweifel berechtigt sein mögen, weiß ich aus eigener Erfahrung. Deshalb streite und kämpfe ich um ein jagdliches Bewusstsein, das der Qualität des späteren Wildbratens absoluten Vorrang vor der Erbeutung einer begehrenswerten Trophäe einräumt. Darin bin ich mir mit den skandinavischen, kanadischen, amerikanischen und vielen osteuropäischen Jägern einig. Sie jagen vorrangig „für den Kochtopf" und weniger um der Trophäe willen. Erfreulich, dass sich inzwischen immer mehr westeuropäische Jäger dieser Auffassung anschließen.

Der von der Jägerin, dem Jäger sauber angetragene Kugel- oder Schrotschuss, der das Wild sofort und schmerzfrei tötet, bietet die beste Voraussetzung für ein qualitativ hochwertiges Nahrungsmittel. Wird die Beute dann noch unmittelbar nach dem Erlegen und fachlich gekonnt ausgeweidet, ist ein weiterer Pluspunkt für ein später vorzüglich schmeckendes Wildgericht gegeben. Nach zwei, drei Stunden in eine Kühlung verbracht, in der das Fleisch, vom Fell oder Federkleid umhüllt und gegen Austrocknung geschützt, reifen kann, dann, ja, dann wird seine nachfolgende Zubereitung zum kulinarischen Hochgenuss führen.

Was dies alles mit Geschmack, besser: Wohlgeschmack, zu tun hat? Ganz einfach: Draußen im Revier entscheiden jagdliches Können, handwerkliche Geschicklichkeit und Wissen um biochemische Abläufe letztlich über Geschmack, Zartheit und Saftigkeit des Wildfleisches. Mancher, der einmal Wild probierte und es nachfolgend stets dankend ablehnte, hatte seine Erfahrungen Fehlern zu verdanken, die sich in der Wildbahn, im Revier ereigneten. Schließlich, und das darf nie vergessen werden, ist Wildfleisch ein naturgewachsenes Nahrungsmittel, das in heutiger Zeit unterschiedlich gewonnen wird: Einmal auf der Jagd von Tieren in freier Wildbahn und damit zeitaufwendig und oft auch des Jägers Kräfte zehrend. Zum anderen von Wildtieren, die auf Farmen (Neuseeland) oder in Gatterhaltung (Deutschland, Österreich u. a.) aufgezogen werden. Diese Tiere unterliegen während der Aufzucht und bei der Schlachtung (in Neuseeland von der EU lizenzierte Schlachtbetriebe) der Aufsicht amtlicher Tierärzte und liefern ein qualitativ hochwertiges, weitestgehend keimfreies Wildfleisch. Es wird von vielen im Geschmack angenehmer empfunden als das von in Wald und Flur erlegtem und dort auch ausgeweidetem Wild stammende Wildbret.

Sodann streite ich mit Köchen und Restaurantbesitzern. Die Ärmsten! Beruflich meist hoch passioniert, verfügen längst nicht alle von ihnen über Kenntnisse oder gar Erfahrungen im Bereich Jagd, Wild und Wildfleisch. Wie sollten sie auch? In ihrer Ausbildung lernen sie Fleischzuschnitte, Zubereitungsarten, Garnituren und anderes mehr. Selbst durch Kochkunst erworbene Sterne, Mützen und Kochlöffel schützen sie nicht vor Fehleinschätzungen beim Einkauf von Wild und Wildgeflügel.

Frische der Ware ist eine Sache. Ihre innere Beschaffenheit und ihr Geschmack eine andere. Woher sollte ein Koch, ein Restaurantbesitzer, eine Bedienung – aber auch mancher Restaurantkritiker – wissen, wie köstlich ein Rehrücken, eine Hasenkeule, ein Frischlingsnacken, eine Wildtaube, ein Rebhuhn oder ein Fasan wirklich schmeckt, wenn sie geschmacklichen Auffassungen und Behandlungsweisen von Wild anhängen, die aus grauer Vorzeit stammen oder einer der Wildzubereitung eigentlich fremden und deshalb abwegigen Kreativität entspringen? Wäre es anders, hätte ich bei Reklamationen in Restaurants nicht immer wieder

Wild-Schlachtbetrieb in Neuseeland.

zu hören bekommen, „Das ist typisch Wild!", „So schmeckt Wild halt!", „Das muss so zubereitet werden, das ist doch schließlich Wild!"

Halt! Zur Ehre vieler und guter Köche, deren Zahl dank des Generationswechsels und einer auch in Warenkunde Wild in den letzten Jahren immer besser werdenden Ausbildung stetig zunimmt, sei gesagt, dass sich glücklicherweise eine Wende in Richtung „neue Wildküche" vollzieht. Immer mehr von ihnen verzichten auf das Marinieren und das Beizen von Wild, weil sie wissen, dass dieses das Wildfleisch – wie von Lehrmeistern und anderen über Generationen behauptet – nicht zarter macht (wissenschaftlich belegt!). Weil sie wissen, dass Marinaden und Beizen einst nur dazu gedient haben, bereits vergammeltes Wildfleisch geschmacklich noch akzeptabel zu machen. Weil sie erkannt haben, dass eine Marinade oder Beize den feinen Eigengeschmack der einzel-

nen Wildart überdeckt und letztlich alles mehr oder minder gleich schmecken lässt. Und weil sie wissen, dass der viel gerühmte „Hautgout" kein typischer Wildgeschmack, sondern das Geruchs- und Geschmacksergebnis eines sich bereits in Zersetzung befindenden Fleisches ist.

Immer mehr akzeptieren auch die Empfehlung von in der Lebensmittelhygiene tätigen Veterinärmedizinern, Wild im Kern auf 70–80 °C zu erhitzen. Zum Schutz ihrer Gäste und in der Ahnung, dass im Jagdbetrieb manches anders als in einem Schlachtbetrieb läuft. Wie bei den Jägern ein Umdenk- und Lernprozess, der mich bald nicht mehr streiten lässt. Weil die Jäger erkennen – und sei es durch die neuen, seit 2005 und 2006 geltenden Lebensmittelhygiene-Verordnungen der Europäischen Union –, dass Wildfleisch mehr ist als „das Anhängsel an einer Trophäe". Worum und mit wem lohnte es sich dann noch zu streiten? Sicherlich um die Erhaltung einer gegenüber der Natur und den Wildpopulationen verantwortungsvoll ausgeübten Jagd als eigenständige Art der Gewinnung eines naturgewachsenen Nahrungsmittels. Sie ist die Quelle von Gaumen und Zunge gleichermaßen beglückenden Speisen. Sodann gegen Verblendung und Dummheit all jener, die naturgegebene Zyklen nicht erkennen oder sehen wollen. Die, aus welchen Beweggründen auch immer, gegen alles, was Jagd ist, sind, auch wenn sie im nächsten Augenblick selbst Leben beenden, weil sie eine Fliege abklatschen, eine Spinne zertreten, Insekten an der Windschutzscheibe zerplatzen lassen, einen Wurm mit dem Spaten halbieren oder eine Mausefalle aufstellen.

Lassen Sie uns gemeinsam für Jagd und Wild streiten, damit nicht nur uns, sondern auch den nachfolgenden Generationen Wildgerichte köstlich munden, auch wenn anderes ebenfalls durchaus sättigend ist.

Olgierd Graf Kujawski (Vorwort zur 4. Auflage, 2007)

WARENKUNDE

Obwohl in Deutschland, Österreich und der Schweiz pro Kopf und Jahr zwischen 300 und 400 g Fleisch von Haar- und Federwild verzehrt werden, ist dies weniger als ein Prozent vom gesamten Fleischkonsum. Die Nachfrage nach Wild ist jedoch in den letzten Jahren steigend. Dies aus zweierlei Gründen: Einmal gilt Wildfleisch als ein aus der Natur gewonnenes, unverfälschtes Nahrungsmittel, zum anderen besitzt es die Vorzüge, relativ fettarm, reich an ungesättigten Fettsäuren, an Mineralstoffen (Kalium, Phosphor, Eisen, Kupfer und Zink) und an Vitamin B zu sein. Wild ist jedoch nicht beliebig verfügbar und deshalb gegenüber anderen Fleischarten relativ hochpreisig.

Auch wenn Deutschland und Österreich, in großen Teilen auch die Schweiz zu den wildreichsten Ländern der Erde zählen (bezogen auf ihre Fläche), vermag der eigene Ertrag an Wild die Nachfrage nicht zu decken. Während Rehe (in Deutschland auch Wildschweine) zum größten Teil und Gämsen ausschließlich aus heimischen Revieren kommen, stammen die im Handel angebotenen Hirsch- und Hasenteile überwiegend aus dem Ausland. Gleiches gilt zum Teil auch für Federwild, wie Fasan, Rebhuhn, Ente, Perlhuhn und Wachtel, die in Wildgeflügelfarmen gezüchtet und in Geflügelschlachtereien küchenfertig gemacht werden.

Neben den traditionellen Wildexportländern (wie Polen und Ungarn) beliefern uns neben Neuseeland (Hirsch aus Farmhaltung), Argentinien (Abkömmlinge des europäischen Hasen aus freier Wildbahn), Spanien (Hirsch und Wildschwein), Großbritannien (Hirsch), Australien (Fleisch verwilderter Hausschweine und Hirsch), Tschechien und der Slowakei (Reh, Hirsch und Wildschwein) noch mehr als ein Dutzend weiterer Länder mit Fleisch von Wildtieren, darunter auch Südafrika und Namibia.

Die Gesamtmenge an importiertem Haarwild und Fleisch von diesem deckt inzwischen über die Hälfte der heimischen Nachfrage, wobei rund 80 Prozent der angebotenen Hasenteile argentinischen Ursprungs und ebenfalls 80 Prozent des bei uns verzehrten Hirschfleisches neuseeländischer Herkunft sind.

Nicht jedes Wild wird veterinärmedizinisch auf seine Genusstauglichkeit untersucht

Im Gegensatz zu Deutschland und Österreich, in denen nur das aus freier Wildbahn an Wildbearbeitungsbetriebe gelieferte bzw. aus landwirtschaftlicher Gehegehaltung stammende Wild (hier insbesondere Damwild, aber auch Schwarz-, Rot- und Muffelwild) vom Gesetz her generell der amtlichen Fleischuntersuchung unterliegt, ist das bei aus dem Ausland kommendem Wild anders. Jedes zum Export in die Europäische Union bestimmte Wild wird in von der EU zugelassenen Wildbearbeitungsbetrieben durch einen amtlichen Veterinärmediziner auf seine für den Verzehr unbedenkliche Beschaffenheit untersucht. Ob dies auch tatsächlich so ist und die Deklaration der jeweiligen Wildart immer korrekt erfolgt, darf je nach Herkunftsland (Asien!) in Einzelfällen angezweifelt werden.

Bei aus deutschen, österreichischen und Schweizer Revieren stammendem Wild, das direkt an die Gastronomie, an Metzgereien, an den Feinkosthandel oder an Privatpersonen abgegeben wird, entscheiden der das Stück Wild erlegende Jäger bzw. der Revierinhaber als „in der Sache kundige Person", in Österreich zusätzlich ein in Wildfleischhygiene geschulter Berufs- bzw. Aufsichtsjäger, über dessen Verzehrfähigkeit. Eine Überprüfung durch einen amtlichen Tierarzt erfolgt nur in Einzelfällen und auch nur dann, wenn der Jäger oder Revierinhaber am Stück Wild und seinen inneren Organen für dessen Verzehr bedenkliche Merkmale feststellt und es zur amtlichen Fleischuntersuchung gesondert anmeldet.

Qualitätsmerkmale

Fleisch von jungen Tieren gilt allgemein als zart und saftig, jenes von älteren als in der Struktur kerniger und trockener. Diese Erkenntnis lässt sich auf erlegte Wildtiere nur bedingt übertragen. Es sind die bei der Jagd gegebenen Bedingungen, die die nachfolgende Behandlung des erlegten Wildes und die Art der Zubereitung seines Fleisches, die Zartheit und

Qualitätskontrolle und Hygiene sind oberstes Gebot.

Saftigkeit des auf den Teller kommenden Bratens bestimmen. So kann ein sich in einer Stresssituation befindendes und geschossenes Rehkitz, Hirschkalb oder Frischling ein zäheres und weniger saftiges Wildbret liefern als ein älteres Stück, das ungestresst mit gutem Schuss erlegt wurde.

Wesentlich für ein qualitativ hochwertiges Wildfleisch ist der Verlauf der Fleischreifung. Diese wird von der Menge des sich in der Muskulatur befindenden Glykogens (Energielieferant für die Muskelarbeit) bestimmt. Je höher der Glykogengehalt, umso intensiver und anhaltender verläuft die Fleischreifung – ein komplizierter biochemischer Vorgang, bei dem das Glykogen in Milchsäure umgewandelt wird. Diese wirkt keimhemmend, verleiht dem Wildbret eine bessere Haltbarkeit und fördert die Entwicklung von Enzymen. Diese

zersetzen die sich in den Muskeln befindenden Muskelverhärter (Myofibrillen) und die im Bindehautgewebe (Kollagen) gegebenen großen Eiweißkörper. Eine gute Fleischreifung macht das Wildfleisch zart und begünstigt die Entwicklung des fleischeigenen Aromas. Dabei wirken nach wissenschaftlichen Erkenntnissen über 500 verschiedene chemische Verbindungen mit.

Unter Stress erlegtes Wild besitzt in seiner Muskulatur wesentlich weniger Glykogen. Sein Fleisch durchläuft eine weniger gute Fleischreifung. Erkennbar ist dies meist erst bei der Zubereitung (lange Brat- und Garzeiten) und beim Verzehr, ganz selten nur beim rohen Wildbret.

Weitere Qualitätsmerkmale sind Farbe und Geruch des Wildbrets. Hinsichtlich der Farbe vermitteln die in diesem

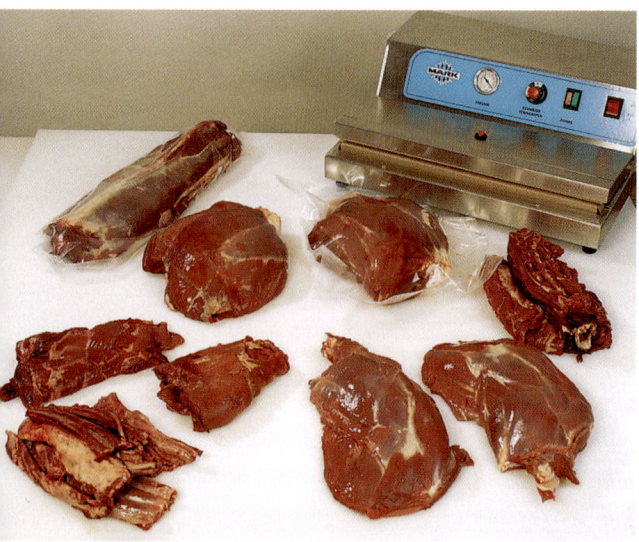

Buch im Rahmen der Küchentechnik dargestellten Abbildungen eine optische Hilfe. Überaus dunkles, fast schwarz wirkendes Wildbret ist ein Hinweis darauf, dass es sich bereits länger im Angebot befindet und dabei wechselnden Temperaturen ausgesetzt war. Es ist als minderwertig zu beurteilen. In Teilen kupferrot wirkendes Wildbret deutet dagegen darauf hin, dass das Fleisch eine stickige Reifung durchlaufen hat. Auf dieses sollte ebenso verzichtet werden wie auf Teile, die eine grünliche Verfärbung mit feucht schimmernder Oberfläche aufweisen. Was den Geruch anbetrifft, so muss man sich auf seine eigene Nase verlassen. Ein leichter, als angenehm empfundener säuerlicher Geruch ist ein gutes Zeichen. Riecht das Wildbret dagegen unangenehm, dumpf, faulig, scharf oder gar urinös, dann sollte auf seine Verarbeitung in der Küche verzichtet werden (siehe auch „Wissenswertes in der Wildküche").

Tiefkühlware = frisches Fleisch

In der EU-Verordnung (EG) Nr. 853/2004 Anhang I Ziffer 1.10 wird definiert, was der Gesetzgeber unter „frischem Fleisch" versteht: „Fleisch, das zur Haltbarmachung ausschließlich gekühlt, gefroren oder schnellgefroren wurde, einschließlich vakuumverpacktes oder in kontrollierter Atmosphäre umhülltes Fleisch". Das bedeutet, dass Wildfleisch, das vakuumiert und eingefroren wurde, als frisches Fleisch vermarktet werden kann. Tiefgefrostete Ware, die nicht überlagert ist, ist qualitativ genauso gut wie frisch angebotenes Wild, wobei man bei Letzterem nicht immer sicher sein kann, ob es zuvor

nicht schon gefrostet war. Ein Indiz hierfür kann das Angebot von „frischen" Wildteilen außerhalb der geltenden Jagdzeiten sein, zumal, wenn es als „aus heimischer Wildbahn stammend" deklariert ist. Kritisch zu bewerten sind auch die bei gefrosteten Wildteilen angegebenen Haltbarkeitsdaten. Aus Verkaufsgründen werden sie meist länger angegeben mit der Folge, dass sich das Fleisch durch Ranzigwerden der Fettanteile geschmacklich so verändert, dass es nicht mehr genießbar ist. Vorsicht ist auch bei gespickten Teilstücken geboten. Während das Fleisch noch in Ordnung ist, kann der Speck bereits ranzig geworden sein. Eine Hilfe für die Bewertung der auf Tiefkühlware angegebenen Daten bieten die in diesem Buch bei jeder Wildart angegebenen Tiefkühl-Lagerzeiten für frisch eingefrostetes Wildfleisch in Verbindung mit den für diese Wildart angegebenen Jagdzeiten. Zu berücksichtigen ist hierbei allerdings, dass es für die Gewinnung von Fleisch von gefarmtem Wild keine zeitlichen Begrenzungen gibt und dass auf der südlichen Halbkugel entsprechend der dort herrschenden Jahreszeit gejagt wird (z. B. in Argentinien Hasen von Mai bis Juli, der dortigen Herbst- und Winterzeit). Woher das angebotene Wildfleisch letztlich stammt, war bisher im Handel nur auf Nachfrage zu erfahren. Inzwischen muss sowohl frische als auch tiefgefrorene Ware hinsichtlich ihrer Herkunft klar deklariert sein. Allerdings sind klangvolle Namen auf der Verpackung und der Sitz des Anbieters kein Garant dafür, dass das Wild aus heimischen Revieren stammt. So ist es durchaus üblich und rechtlich zulässig, küchenfertig tiefgefrostete Wildteile als aus dem EU-Land stammend zu deklarieren, in das aus einem Drittland Wild im Haar- oder Federkleid oder in großen Teilstücken importiert und in einem dort zugelassenen Wildbearbeitungsbetrieb verarbeitet wurde.

Große Stücke (Rücken und Keulen) frisch eingefrosteten und einmal aufgetauten Wildbrets von Reh, Hirsch, Wildschwein, Muffelwild und Gams, aber auch Hase und Wildkaninchen können ohne Bedenken noch ein zweites Mal gefrostet werden. Die beim ersten Auftauen aufgetretenen Saft- und Nährstoffverluste sind minimal und damit unbedeutend. Außerdem lässt sich die Saftigkeit des Bratens bei der späteren Zubereitung steuern. Zum zweiten Male eingefrorenes Wildbret sollte jedoch innerhalb der nachfolgenden 30 Tage verarbeitet werden!

Einkauf

Etwas, das sich offensichtlich noch nicht allgemein herumgesprochen hat: Wildfleisch schmeckt zu jeder Jahreszeit. Gut geführte Wildhandelsgeschäfte und diesen entsprechende Bedienungsabteilungen in Kaufhäusern und Supermärkten gelten allgemein als eine gute Einkaufsquelle. Immer mehr Wildbret-Liebhaber nutzen auch die Möglichkeit, über das nächste Forstamt oder direkt beim Jäger Wild zu erwerben. Gegen einen kleinen Aufpreis werden Förster oder Jäger es auch in seine Einzelteile zerlegen. Wie man diese für die Küche zurichtet, wird in der Rubrik „Küchentechnik" vermittelt.

Mineralstoffe und Vitamine

In Untersuchungen im Forschungsinstitut für Wildtierkunde und Ökologie der Veterinärmedizinischen Universität Wien bestätigte sich die Vermutung, dass Wildtiere auf Grund ihres Nahrungsspektrums über einen hohen Anteil an ungesättigten Fettsäuren und Omega-3-Fettsäuren verfügen (siehe Nährwerttabelle). Ungesättigte Fettsäuren, insbesondere die Omega-3-Fettsäuren, haben positive Auswirkungen auf die menschliche Gesundheit. Sie sind nicht nur Energielieferanten für den Körper, sondern bilden auch die Vorstufe für Vitamin D, ohne das keine Kalziumaufnahme im Körper möglich wäre, und für entzündungshemmende Stoffe. Insofern ist der Verzehr von Wildfleisch nicht nur ein geschmackliches Erlebnis, sondern er vermag auch einen Beitrag zu einer gesunden Ernährung zu leisten. Allerdings wandeln sich ungesättigte Fettsäuren bei Lagerung in gesättigte Fettsäuren um. Ein Vorgang, der die Haltbarkeit beeinflusst, zu einer schnelleren Verfärbung des Muskelfleisches führt und bei längerer Lagerung das Fleisch ranzig schmecken lässt.

Neben ungesättigten Fettsäuren ist Wildfleisch reich an den Mineralstoffen Phosphor, Kalium und Magnesium sowie an den Spurenelementen Eisen, Zink und Selen. Von den Vitaminen sind Vitamin B 1 und B 2 in nennenswerten Mengen enthalten. Im Cholesteringehalt gibt es praktisch keinen Unterschied zu den anderen Fleischsorten. Alles zusammen eine Empfehlung, Wild in der Diätküche einzusetzen. Dabei sollte vorzugsweise das Fleisch älteren Wildes (drei Jahre und älter) verwertet werden. Der Grund: Wildfleisch junger Stücke sowie alle verzehrfähigen Innereien von Wild enthalten deutlich mehr Purine (eine aus der Nukleinsäure der Zellkerne entstehende organische Verbindung) als das Fleisch älterer Stücke. Wird viel an purinreichem Fleisch verzehrt, steigt der Harnsäurespiegel. Dieser kann Gicht und damit Schmerzen in den Gelenken verursachen.

Strahlenbelastung

Der Reaktorunfall von Tschernobyl hat den traditionellen Wildesser verunsichert. Auch alljährlich in der Presse auftauchende Meldungen, es sei Wild mit radioaktiver Belastung festgestellt worden, schüren zu Unrecht diese Verunsicherung. Tatsache ist, solche Untersuchungen werden aus wissenschaftlichen Gründen – Wildtiere sind gute Umweltindikatoren – kontinuierlich durchgeführt. Tatsache ist auch, dass Wildbret mit einer Belastung von 600 Becquerel und mehr pro kg generell nicht in den Handel kommt. Es wird entsorgt, der Revierpächter entschädigt. Tatsache ist weiter, dass diese Belastung nur kurzfristig in bekannten Regionen auftritt; dort, wo vom Wild als Nahrung in der Notzeit aufgenommene Flechten und Moose radioaktive Substanzen aus dem Boden enthalten. Das im Wildkörper angesammelte Cäsium 134 und 137 wird von den Tieren kontinuierlich und nach wenigen Wochen völlig ausgeschieden. Sie sind danach, wie Reihenuntersuchungen belegen, unbelastet. Übrigens: Ein Interkontinentalflug über 8.000 und mehr Flugkilometer führt meist zu einer stärkeren Strahlenbelastung des Körpers als der Verzehr eines mit mehreren Tausend Becquerel belasteten kg Wildbrets.

REHWILD
(CAPREOLUS CAPREOLUS)

Es ist die häufigste in Europa vorkommende Schalenwildart. Die Entnahme von Rehwild aus der Natur durch jagdlichen Eingriff ist in Stückzahl, Alter und Geschlecht von Amts wegen in einem Abschussplan reglementiert. In den einzelnen Ländern und Regionen sind die Jagd- und Schonzeiten unterschiedlich. Die Hauptjagdzeiten sind nachstehend angegeben. Stücke im Alter bis zu 12 Monaten heißen je nach Geschlecht Bock- oder Ricken(Geiß)kitz (Geburt Mai/Juni), einjähriges Rehwild Jährlingsbock oder Schmalreh, älteres Rehwild Bock oder Ricke (Geiß).

Männliche Tiere tragen ein Geweih, das von Dezember bis Juni unter einer Basthaut heranwächst. Stärke und Ausformung sind abhängig vom Alter, der Ernährung und der im Biotop gegebenen Wilddichte. Beim entwickelten Geweih stirbt die Basthaut ab. Ein Juckreiz veranlasst den Bock, den Kopfschmuck an Büschen zu verfegen, wobei Rindensaft das Geweih färbt. Ende Oktober/Anfang November wird es abgeworfen. In Deutschland werden pro Jahr über eine Million, in Österreich zwischen 250.000 und 300.000 und in der Schweiz zwischen 50.000 und 60.000 Stück erlegt. Die Jagdstatistik erfasst dabei auch all jene Stücke, die Opfer des Straßenverkehrs oder von wildernden Hunden gerissen wurden. Je nach Region können dies bis zu 50 Prozent, bezogen auf die Jahresstrecke eines Landes rund 20 Prozent sein. Verunfalltes Wild darf im Normalfall – da nicht nach jagdrechtlichen Vorschriften erlegt – nicht verwertet werden. Ausnahme: Der zuständige Jäger ist unmittelbar nach dem Unfall vor Ort, kann es ordnungsgemäß versorgen und meldet es unter Vorlage der inneren Organe zur amtlichen Fleischuntersuchung bei einem amtlichen Tierarzt an. Ansonsten ist überfahrenes Wild unschädlich für die Umwelt zu entsorgen. Edelster Teil vom Rehwild ist, wie bei den anderen Haarwildarten auch, der Rücken. Es folgen in der Rangfolge die Keulen, die Blätter (Schultern), der Träger (Hals) und die Federn (Rippen) mit anhängenden Bauchlappen, Letztere auch als Kochwildbret bezeichnet.

ERLEGUNGSGEWICHT (AUSGEWEIDET):
je nach Alter und Ernährungszustand 6–23 kg

AUSSCHLACHTERGEBNIS:
nach Abzug von Fell (Decke) und Haupt ca. 70 Prozent mit Knochen, 50–55 Prozent ohne Knochen

TIEFKÜHLLAGERUNG:
bis zu 18 Monate

HAUPTJAGDZEIT:
(Achtung: regional stark unterschiedlich)
REHBÖCKE: Mai bis Oktober
SCHMALREHE: Mitte April bis Januar
RICKEN (GEISSEN): September bis Januar
KITZE: September bis Februar

PAARUNGSZEIT:
Juli/August

QUALITÄTSMERKMALE:
kurzfaseriges Fleisch von heller, rotbrauner Farbe

ZUBEREITUNGSEMPFEHLUNG:
RÜCKEN, MEDAILLONS, STEAKS: braten
HALS, RIPPEN UND BAUCHLAPPEN: als Ragout oder Rollbraten
KEULEN UND BLÄTTER: schmoren

REHRÜCKEN UND -MEDAILLONS BRATFERTIG ZURICHTEN

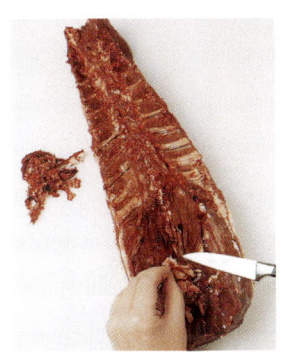

1. Rückenunterseite von Fett-
teilen und Blutresten säubern.

2. Mit Schnitt von der Rückenmitte
die kleinen Filets herauslösen.

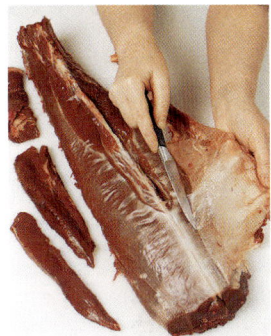

3. Locker sitzende Häute, insgesamt zwei, vom Rücken ablösen.

4. Blaue Sehnenhaut mehr
schabend als schneidend
abtrennen.

5. Enthäuteter, für den Bräter
zugerichteter Rehrücken, gekürzt
werden die Dornfortsätze.

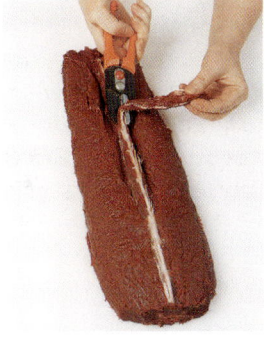

6. Entlang des Rückgrats
den Knochen kürzen
(kaltes Buffet).

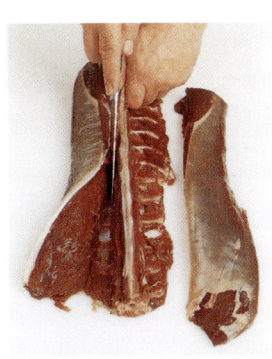

1. Rückenfilets gewinnen: Rücken-
muskeln vom Rückgrat trennen.

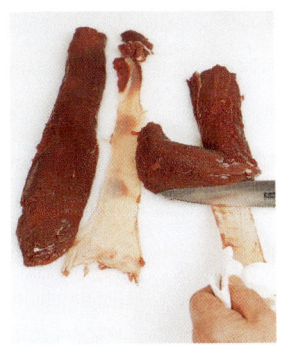

2. Breites Hautende ablösen, gegen Messerschneide abziehen.

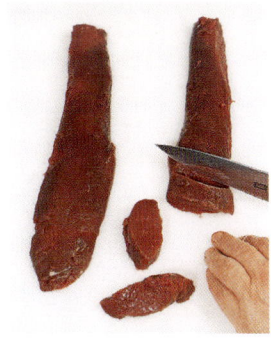

3. Für Medaillons die Rückenfilets
in ca. 5 cm dicke Stücke schneiden.

REHRÜCKEN-FILET
im Briocheteig

ZUTATEN FÜR 4 PORTIONEN (CA. 670 KCAL/PORTION)
500 g Rehrückenfilet • Pfeffer aus der Mühle • Salz
• 20 g Butterschmalz
TEIG: 250 g Mehl • 125 ml lauwarme Milch
• 15 g Hefe • 1 Ei • 25 g Butter • Prise Salz • 1 Eigelb
• 50 g Sesamkörner
GEMÜSEPÜREE: 500 g Mischgemüse (TK-Ware)
• 30 g Butter • 100 ml Sahne • Pfeffer • Salz • Muskat
• ½ EL Maisstärke
RATATOUILLE-GEMÜSE: 2 Tomaten • ½ rote und
½ gelbe Paprikaschote • ½ Zucchini • ½ Aubergine
•1 Zwiebel • ½ Knoblauchzehe • 30 g Butter
• Pfeffer aus der Mühle • Salz

ZUBEREITUNG

1 Das in zwei Stücke (à 250 g) geteilte Rehrückenfilet pfeffern und salzen und im heißen Butterschmalz rundum ca. 7 Minuten braten, dann in Alufolie wickeln und beiseitestellen.

2 Mehl in eine Schüssel geben, eine Mulde machen, die in der Milch aufgelöste Hefe hineingeben, ca. 20 Minuten gehen lassen. Anschließend das Ei, die zerlassene Butter und etwas Salz hinzufügen und alles zu einem geschmeidigen Teig kneten. Diesen nochmals ca. 30 Minuten gehen lassen.

3 Das Mischgemüse in Butter anschwitzen, die Sahne und die Gewürze zugeben und weich schmoren, zum Schluss mit Maisstärke eindicken und mit dem Mixer zu einer feinen Masse pürieren, anschließend erkalten lassen.

4 Den Backofen auf 200 °C vorheizen. Den Briocheteig auf Backpapier ausrollen, mit der Gemüsemasse bestreichen, dabei rundum ca. 3 cm Rand freilassen. Die Rehrückenfilets mit etwas Abstand zueinander aufsetzen. Die Ränder mit Eigelb bestreichen. Den Teig jeweils vom Rand her über die beiden Filetstücke zur Mitte einschlagen. Die Teigoberfläche mit Eigelb einstreichen und mit Sesamkörnern bestreuen. Auf ein Blech geben und im Backofen ca. 30 Minuten backen.

5 In der Zwischenzeit für das Ratatouille-Gemüse die Tomaten und die Paprikaschoten überbrühen, häuten, entkernen und in Würfel schneiden. Das übrige Gemüse waschen, würfelig schneiden, Zwiebel und Knoblauchzehe fein hacken. Die Zwiebel mit dem Knoblauch in der Butter anschwitzen, das übrige Gemüse bis auf die Tomaten zufügen, pfeffern und salzen. Das Gemüse bei kleiner Hitze bissfest dünsten, zum Schluss die Tomatenwürfel unterheben.

MAIBOCK – EIN KULINARISCHER LECKERBISSEN: LIEBHABER EINES WÜRZIGEN UND SAFTIGEN REHBRATENS KÖNNEN SICH BEREITS IM MAI AUF EINEN SOLCHEN FREUEN. MIT DEM AUFGANG DER JAGD AUF REHBOCK UND SCHMALREH GIBT ES WIEDER KÖSTLICHES WILDBRET VOM „MAIBOCK", DER AUCH EIN „MAIREH" SEIN KANN (BEZEICHNUNGEN FÜR REHWILD, DAS IM MONAT MAI ERLEGT WIRD). NACH KARGER NAHRUNG IM WINTER MACHEN DIE SEIT MÄRZ VERFÜGBAREN FRISCHEN, WÜRZIGEN KRÄUTER SEIN FLEISCH BESONDERS AROMATISCH. DA ZU BEGINN DER JAGDZEIT ÜBERWIEGEND EINJÄHRIGE STÜCKE GESCHOSSEN WERDEN, IST DAS WILDBRET BESONDERS ZART UND SAFTIG. SICHER, FLEISCH VON EINEM MAIBOCK ODER EINEM MAIREH ZU ERHALTEN, DARF MAN SEIN, WENN ES FRISCH ANGEBOTEN WIRD (HELLE, BRAUNROTE FARBE). DAMIT DER FEINE EIGENGESCHMACK GUT ZUR GELTUNG KOMMT, DAS WILDBRET VON EINEM MAIBOCK NUR MIT FRISCH GEMAHLENEM PFEFFER, SALZ UND EINER PRISE WILDGEWÜRZ ZUBEREITEN UND ZUM SCHLUSS MIT SÜSSER SAHNE BEGIESSEN.

GEGRILLTE REH-KEULE *mit Polentatalern*

ZUTATEN FÜR CA. 6 PORTIONEN (CA. 470 KCAL/PORTION)
1 Rehkeule (ca. 2–3 kg mit Knochen) • 3 EL Walnussöl
• 2 EL Kräuter (Rosmarin, Thymian, Lorbeer, Wacholder)
• 1 Chilischote • Salz
• 100 g Schinkenspeck, in dünne Scheiben geschnitten
POLENTATALER: 1 Tasse Polenta (Maisgrieß) • 2 Tassen Wasser
• 1 EL Butterschmalz • Salz, Pfeffer und Muskatnuss

ZUBEREITUNG

1 Die Keule waschen, trocknen und mit einem spitzen, scharfen Messer entlang des Mittelknochens 1 cm tief einschneiden.

2 Aus dem Öl, den fein geschnittenen Kräutern, der von Kernen und weißen Adern befreiten und fein geschnittenen Chilischote und Salz eine Marinade zubereiten, die Keule damit einstreichen und die Marinade anschließend gut einmassieren, das Fleisch in einen Gefrierbeutel geben, verschließen und über Nacht im Kühlschrank ziehen lassen.

3 Einen Gaskugelgrill auf 260 °C vorheizen, die Keule mit der Knochenseite auf den Rost legen, Deckel daraufgeben, 5 Minuten grillen, wenden und weitere 5 Minuten grillen, die obere Seite mit den Speckscheiben bedecken (damit das Fleisch nicht trocken wird).

4 Dann den Deckel wieder auf den Grill geben und die Keule bei 100 °C ca. 90 Minuten zugedeckt grillen (ein Grillthermometer in das Fleisch stecken und die Kerntemperatur überprüfen – sie sollte 80 °C erreichen).

5 Für die Polentataler die Polenta nach Packungsanleitung kochen, noch heiß ca. 1 cm dick auf ein leicht geöltes Backblech aufstreichen und auskühlen lassen, danach runde Taler ausstechen oder in eckige Formen schneiden.

6 Die Polentataler knapp vor dem Grillende am Rand des Grills auflegen und kurz grillen.

7 Die Keule vom Grill nehmen, in Alufolie wickeln und etwas rasten lassen, danach tranchieren und mit Polentatalern servieren.

DIE GRILLZEIT IST FÜR EINE KEULE MIT 2 KG ANGEGEBEN, WENN DIE KEULE SCHWERER IST, SOLLTE DIE GRILLZEIT CA. UM 15 MINUTEN VERLÄNGERT WERDEN.

REHRÜCKEN KLASSISCH

**ZUTATEN FÜR 6–8 PORTIONEN
(CA. 650 KCAL/PORTION)**
1 Rehrücken (ca. 2 kg) • Pfeffer • Salz
• 50 g Butterschmalz
SAUCE: 10 g Butterschmalz • 1 klein geschnittene Schalotte • 50 ml Sahne • 350 ml dunkler Wildfond
• Rotwein • Pfeffer aus der Mühle • Salz

BEILAGEN: Scheiben vom Semmelkloß, Rotkohl

ZUBEREITUNG

1 Backofen auf 180 °C vorheizen. Den Rehrücken häuten, alles sichtbare Fett entfernen. Die Rückenfilets entlang des Rückgrats ca. 1–2 cm tief lösen. Die freistehenden Dornfortsätze mit der Schere herunterschneiden (s. Anleitungsfotos S. 13). Den Rücken mit Küchengarn umbinden, mit Pfeffer und Salz würzen.

2 Das Butterschmalz in einem Bräter erhitzen. Den Rücken auf der Fleischseite ca. 5 Minuten bei mittlerer Hitze anbraten, dann auf den Knochen stellen. Eine Tasse heißes Wasser angießen. Deckel schließen und den Bräter auf der untersten Schiene in den Backofen geben. Den Rücken nach etwa 25 Minuten herausnehmen, in Alufolie einschlagen und 10 Minuten ruhen lassen.

3 Für die Sauce Butterschmalz erhitzen, darin die Schalotte andünsten. Die Sahne und den Wildfond zufügen und alles aufkochen. Mit einem Schuss Rotwein aromatisieren, Fond um ein Drittel einkochen. Mit Pfeffer und Salz abschmecken. Vor dem Servieren durch das Haarsieb seihen.

REHRÜCKEN KLASSISCH

REHKEULE
BRATFERTIG ZURICHTEN

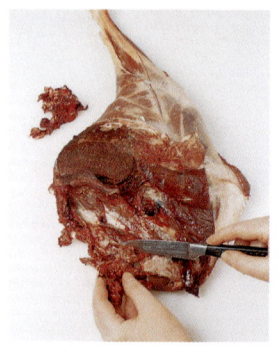

1. Fettanhängsel und Blutgerinnsel am Beckenknochen entfernen.

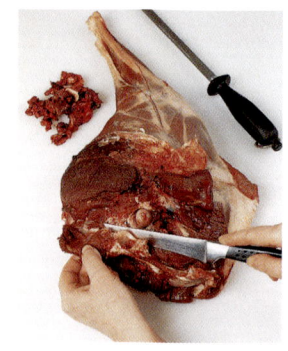

2. Beckenknochen mit Schnitten gegen den Knochen herauslösen.

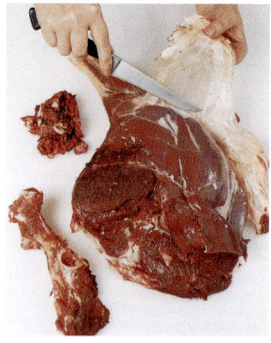

3. Alle hochziehbaren, lockeren Häute von der Keule ablösen.

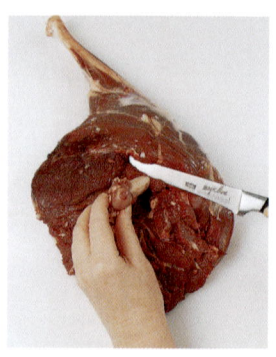

4. Knochenkopf umschneiden, vom Knochen Fleisch wegschaben.

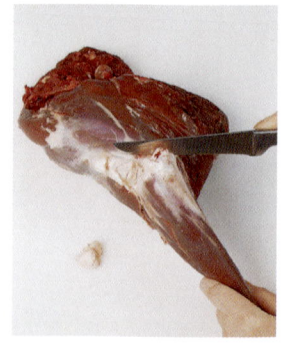

5. Gelenk zwischen Unter-/ Oberbein eröffnen, Knorpel entfernen.

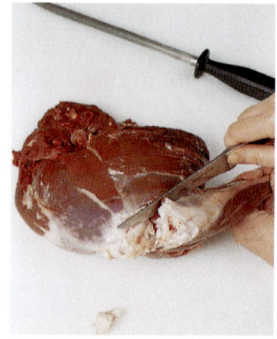

6. Oberbeinkopf freilegen, ohne Muskelverbindung zu trennen.

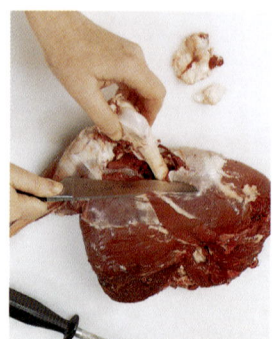

7. Knochen fassen, Fleisch abschaben, Knochen herausdrehen.

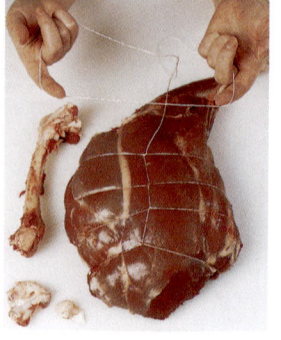

8. Keule mit Unterbein in Form legen, mit Küchengarn binden.

9. Für den Bräter zugerichtete, hohl ausgelöste Rehkeule, die geschmort wird.

KEULE ZUM GRILLEN, RIPPENBOGEN AUSBEINEN

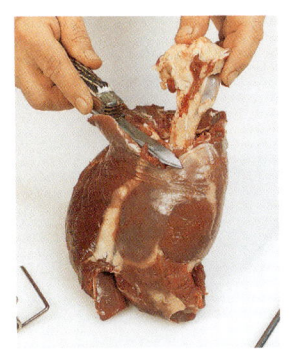

1. Rehkeule für den Grill zurichten: Knochenköpfe freilegen.

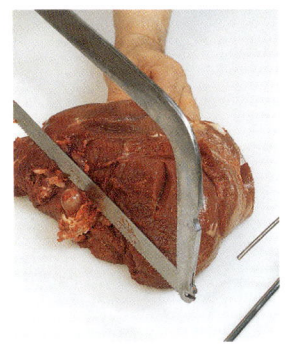

2. Beidseitig die Köpfe mit einer Knochensäge vom Oberbein absägen.

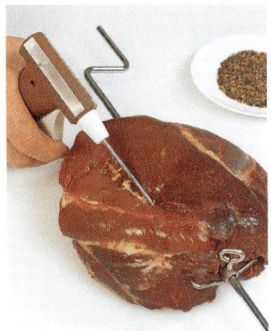

3. Spieß durch den Knochen schieben, Fleisch mit Würzsud würzen.

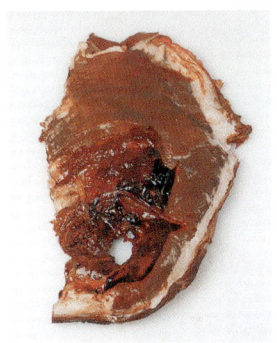

1. Vom Schuss lädierter Rippenbogen, der verwertet werden soll.

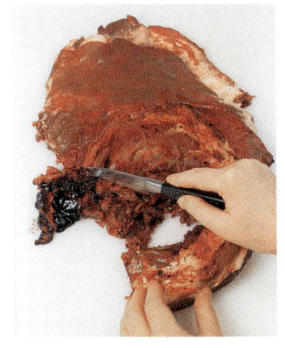

2. Im Bindegewebe locker aufsitzende Blutergüsse entfernen.

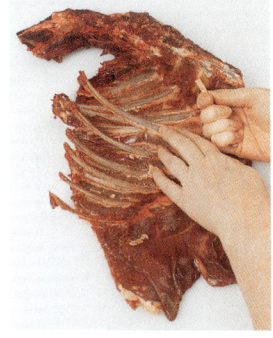

3. Knochenhaut auftrennen, Rippen mit Schnur herausziehen.

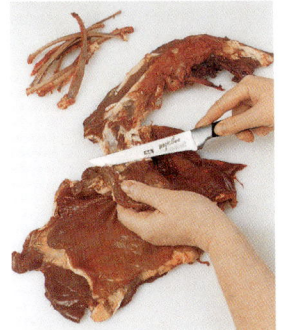

4. Brustbein entlang des Knochens vom Fleisch abschälen.

5. Rippen- und Bauchfleisch für Roulade oder Ragoutzuschnitt.

Alle zuvor, auf dieser Seite und auf weiteren Anleitungsseiten gezeigten Techniken für die Zurichtung von Wildteilen für die Küche werden auch bei anderen Haarwildarten angewendet. Sollen die Teile eingefrostet werden, wird alles sichtbare Fett entfernt. Rücken werden erst unmittelbar vor der Zubereitung gehäutet.

REHKEULE
im Tontopf geschmort

ZUTATEN FÜR 4–6 PORTIONEN (CA. 400 KCAL/PORTION)
1 Rehkeule à ca. 1.800 g (mit Knochen) • 150 g fetter,
geräucherter Speck • 1 EL gemahlenes Wildgewürz
• 1 EL Liebstöckelsalz • frisch gemahlener Pfeffer
• Salz • je 40 g in Scheiben geschnittene Sellerieknolle,
Petersilienwurzel, Zwiebel und Lauch
• 100 g kleine braune Champignons • 2 Zweige Rosmarin
• einige Zweige Thymian
SAUCE: 10 g Butter • 1 klein geschnittene Schalotte
• 2 EL Tomatenmark • 150 ml trockener Rotwein
• 400 ml Fleischbrühe (darf Instant sein), vermischt mit
Sud von der Rehkeule • 50 ml Sahne • 1 gestrichener TL
frisch geriebene Ingwerwurzel • Speisestärke

BEILAGEN: Schupfnudeln, Lauch-Möhren-Gemüse

ZUBEREITUNG

1 Die Rehkeule ausbeinen, dabei das Oberschenkelbein
hohl auslösen (s. Anleitungsbilder auf S. 18). Speck
in ca. 2 mm starke Scheiben schneiden. 4 Scheiben beiseitelegen, restliche Scheiben in 5 mm breite Streifen schneiden.

2 Wildgewürz und Liebstöckelsalz in einer Schüssel mischen, darin die Speckstreifen wälzen und nebeneinander auf einen Teller legen. Speckstreifen im Tiefkühlfach
anfrosten. 1 Speckscheibe in der Würzmischung wenden
und in die Mitte der Keule legen.

3 Mit spitzem Messer Löcher in das Fleisch stechen, in
diese die Speckstreifen stecken. Keule mit Küchengarn
umbinden, pfeffern und salzen.

4 Auf den Boden eines zuvor 30 Minuten gewässerten
Tontopfes (z. B. Römertopf) die Gemüsescheiben und
einige Champignons legen. Rehkeule daraufleg en, restliche Speckscheiben und Pilze sowie Rosmarin und Thymian
auf das Fleisch geben.

5 Den ebenfalls gewässerten Deckel aufsetzen. Tontopf
in den Backofen geben (unterste Schiene) und die
Keule bei 200 °C Ober- und Unterhitze etwa 2 Stunden
garen, dann Rehkeule aus dem Topf nehmen, in Alufolie
einschlagen und ruhen lassen. Schmorsud durchseihen und
entfetten.

6 Für die Sauce Butter erhitzen, darin die Schalotte andünsten. Tomatenmark einrühren, Rotwein angießen
und auf die Hälfte einkochen. Fleischbrühe und Schmorsud
mit der Sahne vermischen und zur Sauce geben. Flüssigkeit
aufkochen, den Ingwer zufügen. Sauce mit Speisestärke
leicht binden. Mit Pfeffer und Salz abschmecken.

TIPP: SCHEIBEN VON DER REHKEULE AUS DEM TON-
TOPF BEI DER SOMMERPARTY ANSTELLE VON STEAKS
MIT FOLIENKARTOFFELN, SCHMAND UND EINEM BUN-
TEN SALAT SERVIEREN.

HINWEIS: AUS RESTEN DER REHKEULE LÄSST SICH
EIN VORZÜGLICHER FLEISCHSALAT HERSTELLEN:
FLEISCH UND EINIGE DELIKATESSGURKEN IN WÜRFEL
SCHNEIDEN. MIT FEIN GESCHNITTENER SCHALOTTE,
RADIESCHENSCHEIBEN, ESSIG, ÖL, PFEFFER UND SALZ
ZU EINEM SALAT VERARBEITEN.

Semmelklösse

SEMMELKLÖSSE GELTEN ALS KLASSISCHE BEILAGE
FÜR WILDGERICHTE!
250 g Knödelbrot • Salz und Petersilie • 1 Zwiebel
• etwas Öl • 250 ml Milch • 1 TL Butter • 3 Eier
• ca. 4 gehäufte EL Mehl

1 Knödelbrot mit Salz und Petersilie vermengen, fein gehackte Zwiebel in Öl goldgelb anrösten. Milch und Butter erwärmen, über die Knödelmasse gießen, Eier und Mehl
untermengen und alles gut vermischen.

2 Aus der Masse Klöße formen und in kochendem Salzwasser ca. 15 Minuten sieden lassen.

REHBLATT
UND-HALS ENTBEINEN

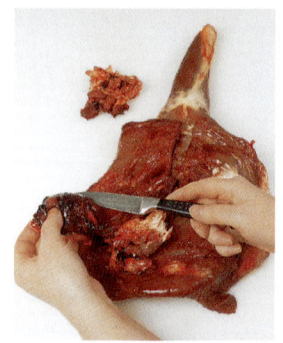

1. An der Blattunterseite Fett und anhaftende Blutgerinnsel entfernen.

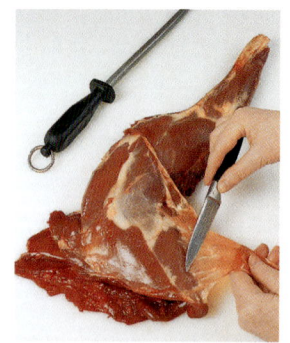

2. Locker sitzende Häute rundum mit dem Messer abschneiden.

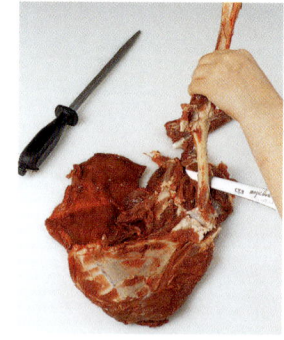

3. Vom Blattknochen Fleisch abschaben, Beinknochen auslösen.

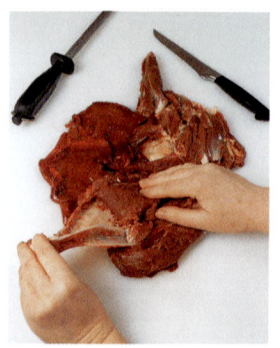

4. Blattknochen unter den Rändern einschneiden und abziehen.

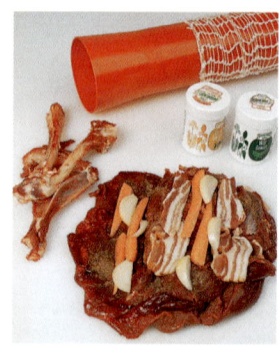

5. Fleisch mit Fleischabschnitten und Zutaten belegen, würzen.

6. Blatt zur Roulade rollen, in ein Bratnetz geben oder binden.

1. Am Rehhals auf der Unterseite der Länge nach die Haut ablösen.

2. An der Unterseite beginnen und Halsmuskel rundum ablösen.

3. Nackensehnen herausschneiden, Fleisch zu Ragout verarbeiten.

SÜDLÄNDISCHES PFANNEN-SCHÄUFELE

ZUTATEN FÜR 4 PORTIONEN
(CA. 450 KCAL/PORTION))

1 Rehschäufele (Blatt) ohne Unterbein (ca. 1.000 g)
• ½ Knoblauchzehe • Salz • 1 TL gemahlene Kräuter der
Provence • Pfeffer aus der Mühle • 30 g Butterschmalz
• 50 ml trockener Weißwein • 250 ml Wildbrühe (darf
auch Instantbrühe sein) • je ½ rote, grüne und gelbe
Paprikaschote • ½ Stange Lauch • 1 kleine Dose Mais

BEILAGE: Teigwaren oder Reis

ZUBEREITUNG

1 Knoblauchzehe mit etwas Salz zerdrücken und das Schäufele damit einreiben, mit den übrigen Gewürzen würzen. Butterschmalz in der Pfanne erhitzen und das Schäufele rundum anbraten. Zwischendurch Bratensatz mit Weißwein anlösen. Wildbrühe angießen. Das Schäufele bei mittlerer Hitze etwa 80 Minuten schmoren.

2 Die Paprikaschoten und den Lauch waschen, putzen, in kleine Stücke bzw. in Ringe schneiden. Den Mais in einem Sieb abtropfen lassen. Die Paprikastücke in Salzwasser kurz blanchieren, abseihen und abtropfen lassen. Gegen Ende der Garzeit Paprikastücke, Lauchringe und Mais zum Schäufele geben und ca. 10 Minuten mitgaren. Schäufele herausnehmen, Knochen entfernen, das Fleisch aufschneiden, in der Pfanne servieren.

WÜRZSUD-REHKEULE
mit Pfifferlingen

ZUTATEN FÜR 4–6 PORTIONEN (CA. 500 KCAL/PORTION))
1 Rehkeule • 750 ml Wasser • 6 zerdrückte Wacholder-beeren • 5 zerstoßene Pimentkörner • 1 Zweig Thymian oder 1 TL zerstoßener Thymian • 1 Zweig Liebstöckel oder 1 TL getrockneter Liebstöckel • Pfeffer • Salz • 1 Lorbeerblatt • 2 Gewürznelken • 5 g getrocknete, eingeweichte Steinpilze • 2 geviertelte Schalotten • 30 g Butterschmalz • Speisestärke
PFIFFERLINGE: 500 g Pfifferlinge (frisch und geputzt oder aus der Dose) • 20 ml Pflanzenöl • 1 kleine fein geschnit-tene Zwiebel • 80 g gewürfelter Frühstücksspeck • Pfeffer aus der Mühle • Salz

BEILAGEN: Klöße von rohen Kartoffeln, Apfel-Rotkohl

ZUBEREITUNG

1 Die Rehkeule hohl auslösen (s. Anleitungsbilder auf S. 18). Das Wasser mit den Gewürzen, den Steinpilzen und den Schalotten einmal aufkochen, bei mittlerer Hitze 10 Minuten ziehen lassen, dann kalt werden lassen. In eine Schüssel drei Gabeln (Zinken nach unten) sternförmig ein-legen, Keule daraufsetzen, mit Würzsud bedecken. Schüs-sel abdecken und über Nacht kühl stellen.

2 Backofen auf 180 °C vorheizen. Keule in einem Sieb abtropfen lassen, Würzsud durchsieben, auf die Hälfte einkochen. Keule mit Küchenkrepp trocken tupfen, pfeffern und salzen.

3 In einem Bratentopf das Fett erhitzen, die Keule rund-um anbraten. Zwischendurch mit etwas Würzsud Bratensatz anlösen. Zugedeckt im Backofen ca. 90 Minu-ten braten. Keule in Alufolie einschlagen. Bratensatz mit Würzsud loskochen, mit Speisestärke binden, mit Pfeffer und Salz abschmecken.

4 Die Pfifferlinge in eine Pfanne mit heißem Öl geben, Saft ziehen lassen. Zwiebel und Frühstücksspeck zu-fügen. Zugedeckt ca. 20 Minuten schmoren. Pfeffern und salzen.

REHFILET-SCHEIBEN
auf Toast

ZUTATEN FÜR 4 PORTIONEN (CA. 240 KCAL/PORTION))
4 kleine Rehfilets (von der Unterseite des Rückens) • Pfeffer aus der Mühle • Salz • 30 g Butterschmalz • 4 Scheiben Toastbrot • 4 EL Cumberlandsauce (darf auch Johannisbeer-, Preiselbeer- oder Kirsch-konfitüre sein)

ZUBEREITUNG

1 Filets waschen, lockere Häute ablösen, pfeffern und salzen. Im heißen Butterschmalz bei mittlerer Hitze ca. 7 Minuten braten. Zwischendurch mehrfach wenden.

2 Filets in Alufolie einschlagen und 5 Minuten ruhen lassen. Toastbrot toasten. Mit Cumberlandsauce bestreichen. Filets schräg in dünne Scheiben schneiden. Toasts damit belegen. Auf einem Teller anrichten und ausgarnieren.

HINWEIS: BEI DER ZUBEREITUNG EINES GANZEN REH-RÜCKENS LOHNT ES NICHT, DIE AN DER UNTERSEITE DES RÜCKENS SITZENDEN KLEINEN FILETS MITZU-BRATEN. SIE WERDEN DESHALB VORHER AUSGELÖST (S. ANLEITUNGSBILDER AUF S. 13) UND FÜR SICH ZU-BEREITET. ALS VORSPEISE SERVIERT ODER ALS KLEINE ZWISCHENMAHLZEIT GEREICHT, BIETEN SIE BESON-DERE GAUMENFREUDEN.

TIPP: SIND DIE FILETS VON ANGETROCKNETEM BLUT SCHWARZ GEFÄRBT, WERDEN SIE IN KALTEM WAS-SER CA. 10–15 MINUTEN GEWÄSSERT, NACHFOLGEND UNTER FLIESSENDEM WASSER ABGESPÜLT UND MIT KÜCHENKREPP TROCKEN GETUPFT.

**REHFILET-
SCHEIBEN**

auf Toast

GESPICKTES REHBLATT
mit *Kürbissauce*

ZUTATEN FÜR 4 PORTIONEN (CA. 510 KCAL/PORTION))
1 Rehblatt ohne Unterbein (ca. 800–1000 g) • 30 g fetter, in Streifen geschnittener Räucherspeck • Pfeffer aus der Mühle • 1 mittelgroße Mohrrübe • 50 g Sellerieknolle • 1 Zwiebel • 50 g Lauch • 1 Glas süßsauer eingelegte Kürbisse • Salz • 30 g Butterschmalz • 1 TL Zucker • 1 Zweig frischer Liebstöckel

BEILAGEN: Spätzle, Lollo rosso

ZUBEREITUNG

1 Backofen auf 200 °C vorheizen. Vom Rehblatt lose Häute entfernen. Speckstreifen mit Pfeffer übermahlen, im Tiefkühlfach frosten. Mohrrübe, Sellerieknolle und Zwiebel schälen und ebenso wie den gewaschenen Lauch in kleine Stücke schneiden. Kürbisse aus dem Glas abseihen, Flüssigkeit auffangen und mit Wasser auf 250 ml auffüllen.

2 Mit einem Spickmesser Spicklöcher ins Rehblatt schneiden, Speckstreifen hineinschieben. Fleisch pfeffern und salzen. In einem Bratentopf Butterschmalz erhitzen, darin das Fleisch rundum anbraten. Dann das Wurzelgemüse zufügen und mitanrösten. Fleisch und Gemüse im Topf auf die Seite schieben. Zucker einstreuen und karamelisieren lassen. Hälfte der abgeseihten Kürbisse und den Kürbissaft zufügen. Liebstöckelzweig einlegen.

3 Deckel auf den Bratentopf geben, in den Backofen (unterste Schiene) stellen, ca. 60 Minuten braten, danach das Fleisch herausnehmen und in Alufolie einschlagen. Etwas warmes Wasser angießen. Bratenfond und das Gemüse durch ein Sieb in eine Schüssel passieren. Fond entfetten und in einen Topf geben. Restliche Kürbisstücke zugeben und alles erwärmen. Fleisch aufschneiden, mit der Sauce und den Beilagen servieren.

REHBLATT
mit kandierten *Maronen*

ZUTATEN FÜR 4 PORTIONEN (CA. 850 KCAL/PORTION))
1 Rehblatt mit Unterbein (ca. 1.100 g) • 2 TL Weinbrand • zerstoßener Thymian • 5 zerdrückte Wacholderbeeren • Pfeffer aus der Mühle • Salz • 30 g Butterschmalz • 300 ml Wildknochenfond • 1 klein geschnittene Zwiebel • 100 ml Sahne
MARONEN: 750 g Maronen • 30 g Butter • 5 EL Zucker • 80 ml Sahne

BEILAGE: Rosenkohl

ZUBEREITUNG

1 Rehblatt mit Weinbrand beträufeln und 10 Minuten ruhen lassen. Backofen auf 150 °C vorheizen. Das Wildbret mit Thymian, Wacholderbeeren, Pfeffer und Salz würzen. Butterschmalz in einem Bräter erhitzen und das Blatt beidseitig anbraten, den Bratensatz zwischendurch mit etwas Fond anlösen.

2 Gegen Ende des Anbratvorganges die Zwiebel zufügen. Restlichen Wildfond zugeben und zugedeckt auf der untersten Schiene im Backofen ca. 2 Stunden schmoren, zum Schluss das Fleisch ohne Deckel 10 Minuten bei 200 °C und Grillfunktion bräunen. Das Blatt in Alufolie einschlagen, beiseitestellen. Sahne zum Fond gießen, zu einer cremigen Sauce einkochen. Sauce durch ein Sieb gießen.

3 Maronen an beiden Seiten mit einem gut schneidenden gezackten Messer kreuzweise einschneiden, auf ein Backblech geben und im Backofen (oberste Schiene über dem Bräter) ca. 15 Minuten braten. Maronen schälen und beiseitestellen.

4 In einem Topf Butter erhitzen, Maronen zufügen und schwenken, zwischendurch mit Zucker bestreuen und wieder umrühren. Wenn der Zucker bräunt, Maronen mit dem Schaumlöffel herausheben, beiseitestellen. Sahne in den Topf geben, unter ständigem Rühren leicht karamelisieren lassen. Maronen in den Sahne-Zucker-Sirup geben und durchmischen.

REHBLATT
mit kandierten Maronen

REHFILET
in der Biskuitrolle
(Rezeptfoto S. 31)

ZUTATEN FÜR 4–6 PORTIONEN (CA. 550 KCAL/PORTION)
1 gehäutetes Rehfilet (ca. 400–500 g) • 20 g Butter-
schmalz • Liebstöckelsalz • Wildgewürz • Pfeffer
BISKUITTEIG: 8 Eigelb • 25 g Zucker • 1 Msp. Salz
• etwas geriebene Muskatnuss • 4 Eiweiß
• 80 g Weizenmehl (Typ 405) • 20 g Speisestärke
AUFSTRICHMASSE: 100 ml Sahne • 350 g Blattspinat (TK)
• Pfeffer • Salz • 2 EL Weizenmehl

BEILAGE: Rapunzelsalat (Feldsalat)

ZUBEREITUNG

1 Backofen auf 200 °C vorheizen. Für den Teig Eigelbe mit Zucker, Salz und Muskatnuss schaumig rühren. Eiweiß steif schlagen. Eigelb unter den Eischnee ziehen. Mehl und Speisestärke miteinander mischen. Partienweise über den Eischnee sieben und mit dem Schneebesen einarbeiten.

2 Kuchenblech mit Backpapier auslegen, darauf den Teig in gleichmäßiger Stärke verstreichen. Im Backofen (unterste Schiene) ca. 6 Minuten hell backen. Biskuit auf ein feuchtes Tuch ziehen, mit einem feuchten Tuch abdecken, abkühlen lassen.

3 In einer Bratpfanne in heißem Butterschmalz das Filet rundum ca. 10 Minuten anbraten, dann in Alufolie einschlagen.

4 Für die Aufstrichmasse Sahne und Spinat erhitzen, pürieren und Flüssigkeit einkochen. Mit Pfeffer und Salz abschmecken. Das Mehl darüberstauben und einrühren. Erkalten lassen, danach auf das Biskuit aufstreichen

5 Filet mit Liebstöckelsalz, Wildgewürz und Pfeffer würzen. Quer zur schmalen Seite auf das Biskuit legen. Biskuit mit Hilfe des mitgebackenen Backpapiers einrollen (dieses während dem Einrollen entfernen).

6 Auf einem mit Backpapier ausgelegte Backblech auflegen und mit Backpapier abdecken. Auf der untersten Schiene bei 200 °C 15–18 Minuten backen.

TOURNEDOS VOM REH
mit Spargel-Kartoffel-Püree und Spargelspitzen

ZUTATEN FÜR 4 PORTIONEN (CA. 750 KCAL/PORTION)
600 g Rehrückenfilet • 800 g Kartoffeln • 1 kg Spargel
• 30 g Butter • Pfeffer • Salz • 2 unbehandelte Zitronen
• 20 g Butterschmalz • 120 g gekühlte Butterstücke

ZUBEREITUNG

1 Die aus dem Rehrückenfilet geschnittenen Tournedos (8 Stück) etwas klopfen. Die Kartoffeln schälen und in Salzwasser weich kochen. Den Spargel schälen, aus den Schalen im Schnellkochtopf ca. 200 ml Sud ziehen. Den Spargel in Stücke schneiden, die Spargelspitzen beiseitelegen. Spargelstücke im Sud ca. 20 Minuten dünsten, herausnehmen, abtropfen lassen und im Mixer pürieren.

2 Die Kartoffeln abseihen und sofort durch eine Kartoffelpresse drücken, Spargelpüree und Butter mit einem Schneebesen gut untermischen. Mit Pfeffer, Salz und fein abgeriebener Zitronenschale würzen.

3 Die Spargelspitzen in den Sud einlegen und bei mittlerer Hitze ca. 10–15 Minuten gar ziehen lassen.

4 Die Tournedos pfeffern und salzen, in heißem Butterschmalz von beiden Seiten jeweils ca. 6 Minuten braten, aus der Pfanne nehmen und warm stellen. Überschüssiges Fett vorsichtig abgießen. Den Bratensatz mit etwas kalter Butter anlösen und unter Zugabe der restlichen Butter eine schaumige Sauce aufschlagen.

5 Die Tournedos mit dem Spargel-Kartoffel-Püree, den Spargelspitzen und der Sauce anrichten.

TOURNEDOS VOM REH

mit Spargel-Kartoffel-Püree und Spargelspitzen

REHMEDAILLONS
mit Spargel

ZUTATEN FÜR 4 PORTIONEN (CA. 630 KCAL/PORTION)
800 g ausgelöstes, gehäutetes Rückenfilet vom Reh
• 24 dünne Stangen weißer Spargel • 12 Stangen grüner
Spargel • Salz • weißer Pfeffer aus der Mühle
• Butterschmalz
SAUCE: 1 Eigelb • 150 g zimmerwarme Butter
• 1 TL Zitronensaft • frisch gemahlener Pfeffer • Salz

BEILAGE: gekochte, junge Kartoffeln in der Schale

ZUBEREITUNG

1 Den Filetstrang in 8 gleich dicke Medaillons schneiden und diese von beiden Seiten leicht klopfen, beiseitelegen. Den weißen Spargel schälen, grünen Spargel nur im unteren Drittel.

2 Schalen mit einer Prise Salz in den Kochtopf geben, mit Wasser bedecken und 10 Minuten auskochen. Spargelsud durch ein Sieb in eine Schüssel gießen, Spargelschalen mit dem Kochlöffel gut ausdrücken. Sud wieder in den Topf geben. Weißen und grünen Spargel von den Köpfen her auf 8 cm Länge abschneiden. Je sechs weiße mit drei grünen Spargelköpfen in zwei verschiedenen Höhen mit Küchengarn (oder Schnittlauchhalmen) zusammenbinden.

3 Spargelenden schräg in ca. 5 cm große Stücke schneiden. Spargelsud aufkochen, gebundenen Spargel und Spargelstücke in den Sud geben und bei geringer Hitze ca. 12 Minuten garen.

4 Medaillons beidseitig würzen. In der Pfanne das Butterschmalz erhitzen. Darin die Medaillons auf beiden Seiten scharf anbraten und danach bei geringer Hitze ca. 7 Minuten fertig braten. Herausnehmen, auf einen Teller legen und mit Alufolie abdecken, ca. 6 Minuten ruhen lassen.

5 Für die Sauce in einer Rührschüssel über Wasserbad Eigelb und Butter mit dem Schneebesen verrühren und dann die Buttermasse cremig aufschlagen. Zitronensaft zufügen, mit Pfeffer und Salz abschmecken.

REHFILET
in der Biskuitrolle
(Rezept S. 28)

GRILLSTÜCKE

Aus Unterarm- und Unterschenkelbein geschnittene Haxen • Rehschäufele (Schulterstück mit Knochen) • Grillgewürz • Pflanzenöl • zu Spareribs zugeschnittene fleischige Rippenbögen • etwas Wurzelgemüse • Pfeffer aus der Mühle • Salz • Steaks aus der Oberschale der Keule oder aus dem Rückenfilet • Malzbier SAUCE (I.): 1 Becher Schmand oder Crème fraîche • 2 EL Tomatenmark aus der Tube • 2 TL Senf • 1 gestr. TL Rosenpaprika • 1 klein geschnittene Gewürzgurke • etwas geriebener Ingwer • einige Spritzer Zitrone • Cayennepfeffer • Salz SAUCE (II.): 1 Glas Ingwer-Chutney (Stücke separat klein schneiden) • 30 ml Madeira • 1 TL Tomatenmark • 1 TL grüne Pfefferkörner aus dem Glas • Worcestershiresauce • Zucker

BEILAGEN: Folienkartoffeln mit Kräuterquark, Grilltomaten, Baguette, süß-sauer angerichteter bunter Salat

ZUBEREITUNG

1 Die Haxen und die Schäufele in mit Grillgewürz vermischtem Pflanzenöl einlegen und für 4–5 Stunden kühl stellen.

2 Spareribs in kochendes Wasser geben, Wurzelgemüse, Pfeffer und Salz hinzufügen. Ca. 60 Minuten köcheln, bis sich das Fleisch fast von den Knochen löst. Alles im Sud erkalten lassen, dann in ein Sieb geben.

3 Steaks mit dem Fleischklopfer leicht plattieren, in eine aus Malzbier, einem Schuss Pflanzenöl, Salz und Pfeffer gerührte Marinade legen. Darin eine Stunde liegen lassen, zwischendurch wenden.

4 Schäufele und Haxen aus dem Öl nehmen, in einem Küchensieb abtropfen lassen. Ohne weitere Würzung auf den Grill geben. Ebenso mit den Steaks verfahren. Vorgekochte Rippenstücke (Spareribs) mit Öl einpinseln, pfeffern und salzen, auf den Grill legen. Schäufele, Haxen und Steaks während des Grillens leicht mit Öl einpinseln. Vor dem Servieren mit Pfeffer und Salz würzen.

5 Für die Saucen die jeweiligen Zutaten miteinander vermischen, mit Pfeffer und Salz bzw. Zucker abschmecken, 60 Minuten durchziehen lassen.

REHSCHNITZEL
in Mandelkruste mit Fruchtsauce

ZUTATEN FÜR 4 PORTIONEN (CA. 500 KCAL/PORTION)
4 aus der Keule (Oberschale) geschnittene Rehschnitzel à ca. 130 g • Salz • Pfeffer aus der Mühle • Mehl • 2 Eier • 100 g gehackte Mandeln • 50 g Butterschmalz SAUCE: 250 ml dunkler Wildfond • 50 ml Rotwein • 50 ml Sahne • Kartoffelmehl • Pfeffer aus der Mühle • Salz • 100 g Cranberries (TK oder getrocknet), ersatzweise Preiselbeeren

BEILAGEN: Kroketten, mit Obstessig und Kernöl angerichteter Salat

ZUBEREITUNG

1 Die Außenhaut der Rehschnitzel (sofern noch vorhanden) rundum einschneiden. Schnitzel beidseitig dünn klopfen, mit Salz und Pfeffer würzen.

2 Eier in einem tiefen Teller mit der Gabel verschlagen. Das Fleisch zuerst in Mehl, dann in Ei wenden und in gehackten Mandeln wälzen.

3 In einer Bratpfanne das Butterschmalz erhitzen und die Schnitzel bei mittlerer Hitze beidseitig goldbraun braten (insg. ca. 8 Minuten).

4 Für die Sauce Wildfond mit Rotwein und Sahne aufkochen, mit Kartoffelmehl leicht binden. Mit Pfeffer und Salz würzen. Die Cranberries in die Sauce geben und erwärmen. Die Sauce zu den Rehschnitzeln und der Beilage servieren.

HINWEIS: BEIM ZUSCHNITT DER SCHNITZEL SOLLTE DIE SCHNITTFÜHRUNG LEICHT SCHRÄG ERFOLGEN. DADURCH WERDEN DIE SCHNITZEL INSGESAMT GRÖSSER.

REHSCHNITZEL
in *Mandelkruste mit Fruchtsauce*

REHLEBER
in der Speckpfanne

ZUTATEN FÜR 4 PORTIONEN (CA. 700 KCAL/PORTION)
*1 Rehleber • 3 Äpfel • Essigwasser • 2 mittelgroße
Gemüsezwiebeln • 300 g dünn geschnittener Frühstücksspeck • geriebene Muskatnuss • gerebelter Majoran
• Pfeffer aus der Mühle • Salz*

BEILAGEN: Kartoffelpüree, Salat

ZUBEREITUNG

1 Die Rehleber häuten, Ausgang der Gallengänge wegschneiden. Leber in ca. 2–3 cm dicke Scheiben schneiden. Äpfel schälen, Kerngehäuse ausstechen, Äpfel in
Ringe schneiden, diese in Essigwasser einlegen (damit sie
nicht braun werden). Zwiebeln häuten, mit der Schneidemaschine in Ringe schneiden.

2 Bratpfanne mit Frühstücksspeck überlappend auslegen.
Hierauf eine Lage gut abgetropfter Äpfelringe legen,
darauf die Hälfte der Leberscheiben verteilen und mit
geriebener Muskatnuss und Majoran würzen. Auf den Le-
berstücken Zwiebeln verteilen, auf diese die restlichen Leberscheiben legen, mit Muskatnuss und Majoran würzen.
Restliche Äpfel- und Zwiebelringe auflegen und mit dem
restlichen Frühstücksspeck abdecken. Deckel auf die Pfanne geben und bei nicht zu starker Hitze ca. 25 Minuten gar
dünsten. Vor dem Servieren mit Pfeffer und Salz würzen.

**HINWEIS: DAMIT DAS IM SPECK ENTHALTENE SALZ
DIE LEBER NICHT HART MACHT, KOMMT ZWISCHEN
SPECK UND LEBERSCHEIBEN IMMER EINE LAGE APFEL-
ODER ZWIEBELRINGE. IM VERLAUF DES GARPROZES-
SES KANN SICH DIE IN DER PFANNE ANSAMMELNDE
FLÜSSIGKEIT AUFGRUND DES IM FRÜHSTÜCKSSPECK
ENTHALTENEN PÖKELSALZES RÖTLICH FÄRBEN.**

**TIPP: FALLS SICH IN DER PFANNE ZU VIEL FLÜSSIGKEIT
ANGESAMMELT HAT, DIESE MIT ETWAS IN KALTEM
WASSER AUFGELÖSTER KARTOFFELSTÄRKE BINDEN.**

REHRÜCKEN
mit Erdbeer-Spargel-Salat

ZUTATEN FÜR 6 PORTIONEN (CA. 350 KCAL/PORTION)
*1 Rehrücken (ca. 1.500 g) • 30 ml Olivenöl
• frisch gemahlener Pfeffer • Kräutersalz
SALAT: 500 g Spargelbruch • 10 ml Zitronensaft • Salz
• 1 TL Zucker • 1 Bund Rucola • 500 g Erdbeeren
(möglichst kleine) • Pfeffer aus der Mühle
SALATSAUCE: 50 ml weißer Balsamicoessig • 50 ml
Olivenöl • 4 EL Schnittlauchröllchen • 1 TL Zucker • Salz*

BEILAGE: Baguette

ZUBEREITUNG

1 Den Rehrücken häuten. Entlang der Wirbelsäule die Rü-
ckenfiletstücke bis zum Rippenansatz anlösen. Wirbelknochen entlang des Rückens mit der Schere kürzen. Im Bräter Olivenöl erhitzen. Den Rehrücken auf der Fleischseite ca.
5 Minuten anbraten. Zwischendurch Bräter mit dem Deckel
schließen. Rehrücken auf den Knochen stellen, mit Pfeffer
aus der Mühle und Kräutersalz würzen. Eine Tasse warmes
Wasser angießen. Bei geschlossenem Deckel und mittlerer
Hitze ca. 25 Minuten garen. Dann den Rehrücken in Alufolie
einschlagen und auskühlen lassen (am besten über Nacht).

2 Spargelstücke schälen. Schalen mit kaltem Wasser
zustellen, Zitronensaft, etwas Salz und den Zucker zufügen, ca. 5 Minuten simmern lassen. Spargelschalen mit
dem Schaumlöffel herausheben. In den Sud die Spargelstücke geben und ca. 15 Minuten garen. In ein Sieb geben
und abtropfen lassen. Abgekühlt in mundgerechte Stücke
schneiden.

3 Rucola waschen und trocken schleudern. Erdbeeren
putzen und halbieren. Spargel, Rucola und Erdbeeren in
eine Schüssel geben. Leicht mit Pfeffer übermahlen. Zutaten für die Salatsauce gut vermengen, Salat damit übergießen und alles vorsichtig durchheben.

4 Rückenfilets vom Rehrücken ablösen, mit schrägem
Schnitt halbieren und mit einer Schneidemaschine in
möglichst dünne Scheiben schneiden. Scheiben mit dem
Spargel-Erdbeer-Salat anrichten.

REHRÜCKEN
mit Erdbeer-Spargel-Salat

WILDSUPPE
mit Rehfilet und Pfifferlingen

ZUTATEN FÜR 4 PORTIONEN (CA. 300 KCAL/PORTION)
250 g Wildfleischknochen • 200 g Wildfleisch
(Blatt, Keule oder Abschnitte) • 1 Mohrrübe • 1 Zwiebel
• 1 Petersilienwurzel • 2 Lorbeerblätter • 5 Wacholder-
beeren • 10 Pfefferkörner • Salz • Petersilienstängel
EINLAGE: 2 Rehmedaillons à 100 g • 100 g geputzte und in
dünne Blätter geschnittene Pfifferlinge
• fein geschnittene Petersilie

ZUBEREITUNG

1 Knochen und Fleisch mit kaltem Wasser abwaschen.
In einen geeigneten Topf geben, mit kaltem Wasser
auffüllen, zum Kochen bringen und auf kleiner Stufe
ca. 90 Minuten köcheln lassen, zwischendurch den Eiweißschaum abschöpfen.

2 Mohrrübe, Zwiebel und Petersilienwurzel putzen, schälen und in 1 cm große Stücke schneiden.

3 Nach 30 Minuten die Gewürze zur Suppe geben, nach
60 Minuten das Gemüse einlegen und 15 Minuten kochen lassen.

4 Suppe abseihen, abschmecken, nochmals erhitzen,
Rehmedaillons darin pochieren und zuletzt Pfifferlinge
zugeben.

5 Die Medaillons aus der Suppe nehmen, in möglichst
dünne Scheiben schneiden, in vorgewärmten Tellern
anrichten, Suppe mit Pfifferlingen eingießen und mit Petersilie bestreut servieren.

MAIBOCK MIT KRÄUTERN
auf Pfefferkirschen und grünem Spargel

ZUTATEN FÜR 4 PORTIONEN (CA. 450 KCAL/PORTION)
800 g ausgelöste Rückenfilet vom Maibock
• Salz und Pfeffer • Öl zum Braten • 4 Wacholderbeeren
• Thymian • 4 Rosmarinzweige • 400 g grüner Spargel
(möglichst dünne Stangen) • 1 EL Butter
• 250 ml Wildfond • 100 g Kirschen • schwarzer Pfeffer

ZUBEREITUNG

1 Rückenfilet mit Salz und Pfeffer rundum würzen, Öl in
einem Bräter erhitzen, Fleisch einlegen und rundum
anbraten, Wacholderbeeren mit einem Fleischhammer
klopfen und anschließend fein hacken, mit Thymian und
Rosmarin auf den Maibockrücken geben und im vorgeheizten Backofen bei 100 °C ca. 20 Minuten rosa fertig braten.

2 Vom grünen Spargel nur die Enden etwas kürzen, in einem geeigneten Topf das Wasser leicht salzen und zum
Kochen bringen, Spargel einlegen und 2–3 Minuten kochen.
Spargel in Eiswasser abschrecken, herausnehmen und auf
einem Küchentuch abtropfen lassen, Butter in einer Pfanne
schmelzen, Spargel darin schwenken und mit Salz würzen.

3 Bräter aus dem Ofen nehmen, Maibock warm stellen und den Bratenansatz mit Fond aufgießen, kurz
reduzieren, abseihen. Entkernte Kirschen zugeben, mit
Pfeffer würzen und die Sauce abschmecken. Das Fleisch in
Scheiben schneiden und mit Spargel und Pfefferkirschen
anrichten.

MAIBOCK
MIT KRÄUTERN
auf Pfefferkirschen
und grünem Spargel

REHNÜSSCHEN
mit Mangoldspätzle

ZUTATEN FÜR 4 PORTIONEN (CA. 580 KCAL/PORTION)
*2 Rehnüsschen à ca. 350 g • 2 Lorbeerblätter
• 5 Wacholderbeeren • Salz • Pfeffer • 1 EL Öl
• 200 ml Wildjus • 1 EL Obers • Majoran zum Garnieren
BIRNEN: 4 Birnen • 1 TL Kristallzucker • Saft von
½ Zitrone • 8 TL Preiselbeer- oder Orangenmarmelade
MANGOLDSPÄTZLE: 150 g gedünsteter und passierter
Mangold • 200 g Mehl • 1 Ei • Salz • Pfeffer
• geriebene Muskatnuss • Milch nach Bedarf
• Butter zum Schwenken*

ZUBEREITUNG

1 Die Rehnüsschen im Ganzen im leicht gesalzenen Wasser mit Lorbeerblättern und angedrückten Wacholderbeeren ca. 1 Stunde pochieren, danach herausnehmen und abtrocknen, mit Salz und Pfeffer würzen. In einer Bratpfanne das Öl erhitzen und die Nüsschen darin rundum braun anbraten, danach warm stellen und gut 10 Minuten rasten lassen. Bratensaft mit Wildjus aufgießen, aufkochen, Obers zugeben und abschmecken.

2 Birnen waschen, schälen, halbieren und das Kerngehäuse entfernen. Wasser mit Kristallzucker und Zitronensaft zum Kochen bringen, die Birnen einlegen und je nach Reife 3–5 Minuten leise köcheln lassen, herausnehmen und warm stellen (Saft für Kompott verwenden).

3 Für die Spätzle alle Zutaten in einer Schüssel zu einem Teig vermischen, diesen kurz rasten lassen und anschließend durch ein Spätzlesieb oder mit einem Spätzlehobel in kochendes Salzwasser einkochen. Die fertigen Spätzle abseihen, abtropfen lassen und in heißer Butter schwenken.

4 Die Rehnüsschen in dünne Scheiben schneiden, Birnen mit Marmelade füllen und mit der Sauce und den Spätzle auf vorgewärmten Tellern anrichten, mit Majoranzweigen garnieren.

REHSCHNITZEL
mit Wacholderrahm und glasierten Trauben

ZUTATEN FÜR 4 PORTIONEN (CA. 550 KCAL/PORTION)
8 Rehschnitzel vom Schlögel (à 80 g) • Salz und Pfeffer
• Öl zum Braten
WACHOLDERRAHM: 200 ml Reh- oder Wildjus
• 10 angedrückte Wacholderbeeren • 2 cl Gin • 4 EL Obers
TRAUBEN: 1 EL Puderzucker • 200 g gemischte
Weintrauben • 4 EL weißer Traubensaft oder Wasser
• 1 TL Butter

BEILAGE: Kroketten

ZUBEREITUNG

1 Schnitzel mit Salz und Pfeffer würzen, in einer Pfanne im heißen Öl auf beiden Seiten anbraten und im vorgeheizten Backofen bei 160 °C 4–6 Minuten braten, aus dem Ofen nehmen und warm stellen. Jus in die Pfanne gießen, Wacholderbeeren zugeben, einmal aufkochen lassen, Gin und Obers einrühren, vom Herd nehmen und abschmecken.

2 Puderzucker in einer beschichteten Pfanne karamellisieren, Trauben zugeben, durchschwenken, mit Traubensaft ablöschen und so lange köcheln lassen, bis sich das Karamell vollständig aufgelöst hat, Butter einrühren und beiseitestellen.

3 Die Schnitzel mit dem Wacholderrahm auf den glasierten Trauben auf vorgewärmten Tellern anrichten und servieren.

ROTWILD
(CERVUS ELAPHUS)

Größte einheimische Hirschwildart, die im Gegensatz zu Rehwild in Familienverbänden (Rudeln) zusammenlebt. Ursprünglich ein Steppentier, besiedelt das Rotwild heute überwiegend weite, zusammenhängende Waldungen. Männliche Stücke werden in Hirschkalb, Schmalspießer (1 Jahr) und ältere Hirsche unterschieden. Weibliches Rotwild (Kahlwild) unterscheidet sich in Wildkalb, Schmaltier (1 Jahr) und Alttier. Die männlichen Stücke (Hirsche) tragen, wie beim Rehwild, nach dem ersten Lebensjahr ein Geweih. Es wird ab April aufgebaut, im Juli/August (altersabhängig) verfegt und im Februar/März wieder abgeworfen. In den Folgejahren werden die Geweihstangen länger, dicker und endenreicher, wobei die Endenzahl kein Altersmerkmal ist. Die Kälber werden im Mai/Juni geboren (gesetzt).

In Deutschland werden jährlich 67.000 bis 76.000, in Österreich 55.000 bis 58.000 und in der Schweiz etwa 8.000 Stück Rotwild erlegt. Dem Straßenverkehr fallen zwischen zwei bis fünf Prozent der als erlegt gemeldeten Stücke zum Opfer. Der Abschuss erfolgt nach wildbiologischen Kriterien (starker Eingriff in die Jugendklasse) im Rahmen eines amtlichen Abschussplanes. Reviere, in denen Rotwild dauerhaft seine Fährte zieht, sind in Rotwild-Hegeringen zusammengeschlossen. Aufgrund eines hohen Zivilisationsdruckes (Freizeittourismus) und Verbauung der Landschaft wurde der Lebensraum des Rotwildes in den vergangenen Jahrzehnten immer kleiner. Eine Verinselung der Populationen erfolgte. Außer aus freier Wildbahn kommt Wildbret von Rotwild auch aus landwirtschaftlicher Gehegehaltung in den Handel. Allein Neuseeland liefert jährlich rund 20.000 Tonnen schieres Wildfleisch aus Farmhaltung nach Europa. Dieses Fleisch gilt als qualitativ hochwertig, da es unter strengen Hygienestandards gewonnen wird.

Bei in der Paarungszeit (September/Oktober) erlegten älteren Tieren, insbesondere bei Hirschen, weist das Wildbret einen starken, unangenehmen urinösen Geruch und Geschmack auf. Es gilt als minderwertig. Der artspezifische Geschlechtsgeruch und -geschmack verschwindet nach mehrmonatiger Tiefkühllagerung (3–5 Monate).

ERLEGUNGSGEWICHT (AUSGEWEIDET):
je nach Alter, Geschlecht und Ernährungszustand
35 bis 250 kg

AUSSCHLACHTERGEBNIS:
55–60 Prozent mit Knochen, 40–50 Prozent
ohne Knochen

TIEFKÜHLLAGERUNG:
bis zu 18 Monaten

HAUPTJAGDZEIT:
(Achtung: regional stark unterschiedlich)
SCHMALSPIESSER: Juni bis Februar
SCHMALTIERE: Juni bis Januar

ALTTIERE: Juli bis Januar
KÄLBER: Juli bis Februar
HIRSCHE: August bis Januar

PAARUNGSZEIT:
September/Oktober

QUALITÄTSMERKMALE:
dunkles, rotbraunes Fleisch von kerniger Struktur

ZUBEREITUNGSEMPFEHLUNG:
RÜCKEN, RÜCKENFILET, MEDAILLONS, STEAKS: braten
KEULE UND BLÄTTER: schmoren oder braten
HALS, RIPPEN UND BAUCHLAPPEN: als Ragout oder
Rollbraten

ZERLEGEN EINER HIRSCHKEULE

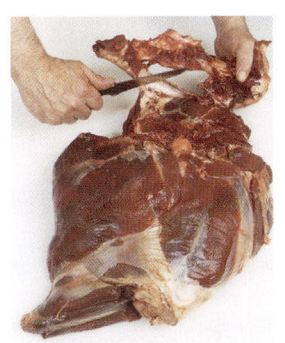

1. Beckenknochen durch Umschneiden aus dem Gelenk lösen.

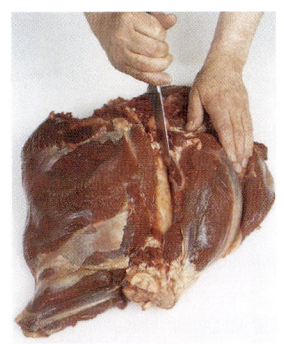

2. Verlauf des Oberbeinknochens ertasten und freilegen.

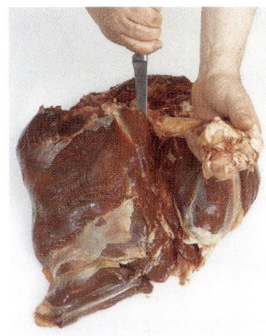

3. Oberbeinknochen aus der Keulenmuskulatur herausschneiden.

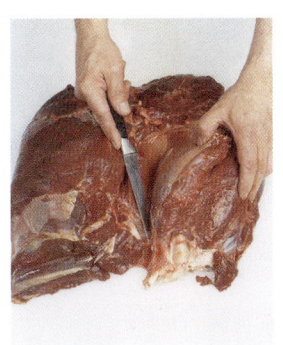

4. Nuss durch Trennschnitt im Bindehautgewebe herausschälen.

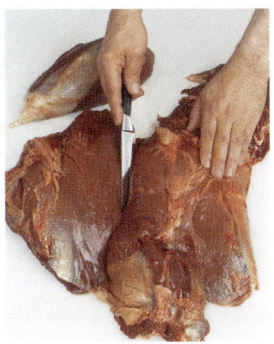

5. Oberschale (l.) von der Unterschale mit Schnitt ablösen.

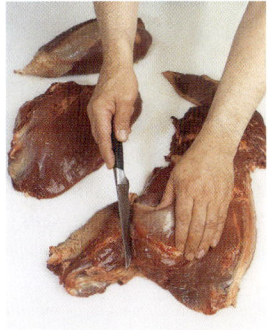

6. Kniegelenkmuskel von der Unterschale abdrücken und abtrennen.

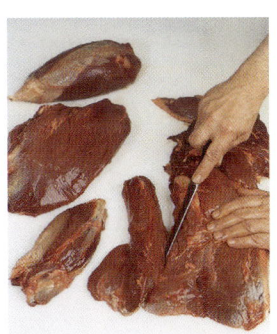

7. Das an der Unterschale anhängende falsche Filet ablösen.

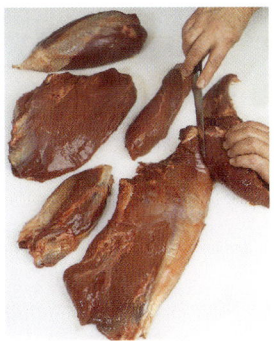

8. Den an der Unterschale anhängenden Beckenmuskel abtrennen.

9. In küchenfertige Teilstücke zerlegte Hirschkeule, die viele Bratenstücke liefert.

GESPICKTER HIRSCHBRATEN
mit sautierten Pfifferlingen

FÜR 6 PORTIONEN (630 KCAL/PORTION)

*ca. 1000 g Keulenfleisch vom Hirschkalb • 2 Mohrrüben
• 1 gelbe Mohrrübe • ½ Sellerieknolle • 150 g Bauchspeck
• 500 ml Rotwein • 100 ml Rotweinessig • 1 Knoblauchzehe • 2 Gewürznelken • 5 Wacholderbeeren
• einige Thymianzweige • Salz und Pfeffer
• Öl zum Braten • 1 große Zwiebel • 1 Lorbeerblatt
• 200 g kleine Pfifferlinge (getrocknet)
KLÖSSE: ca. 500 g altbackene Weißbrotscheiben
• 2 Schalotten • 1 Bund Petersilie • 60 g Butter
• 200 ml Milch • Salz und Pfeffer • 4 Eier*

1.

2.

ZUBEREITUNG

1 Zum Spicken Mohrrüben und Sellerie schälen und wie den Bauchspeck in schmalen Streifen schneiden. Mit einer Spicknadel die Fleischstücke in Faserrichtung spicken (s. Bild 1).

2 Rotwein mit Essig und 250 ml Wasser aufkochen und abkühlen lassen. Geschälte Knoblauchzehe, Gewürz-nelken, Wacholderbeeren und Thymianzweigen im Mörser zerstoßen, Fleisch damit einreiben und mit Salz und Pfeffer würzen.

3 In einer geeigneten Bratpfanne etwas Öl erhitzen und darin das Fleisch rundum scharf anbraten, vom Spi-cken übrige Gemüsestreifen und die geviertelte Zwiebel mit anrösten, mit der Rotwein-Essig-Marinade ablöschen, Lorbeerblatt hinzufügen (s. Bild 2), Deckel auf die Pfanne geben und die Bratenstücke im vorgeheizten Backofen bei 180 °C etwa 90 Minuten schmoren.

4 Für die Klöße das Weißbrot in Würfel schneiden und in eine Schüssel geben. Fein geschnittene Schalotten und Petersilie in der zerlassenen Butter kurz andünsten und über die Weißbrotwürfel geben. Die erwärmte Milch zugießen, mit Salz und Pfeffer würzen.

5 Eier in einer Schüssel mit dem Schneebesen verschlagen, zugeben und die Masse gut vermischen. Ca. 10 Minuten

ziehen lassen, nochmals durchmischen und anschließend mit angefeuchteten Händen glatte, runde Klöße formen.

6 Salzwasser aufkochen, die Klöße hineingeben und 10 Minuten im leise siedenden Wasser garen.

7 In einer Kasserolle etwas Öl erhitzen, Pfifferlinge kurz darin schwenken und leicht salzen. Den Hirschbraten aus dem Backofen nehmen, die Bratensauce durch ein Sieb gießen (falls gewünscht mit Speisestärke binden) und abschmecken.

8 Das Fleisch in Scheiben schneiden und mit der Sauce, den Klößen und den Pfifferlingen auf vorgewärmten Tellern anrichten.

ZUSCHNITT UND BEHANDLUNG VON KEULENTEILEN

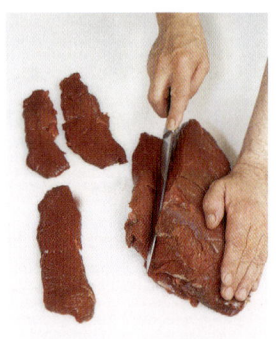

1. Nach dem Häuten aus der Oberschale Rouladen schneiden.

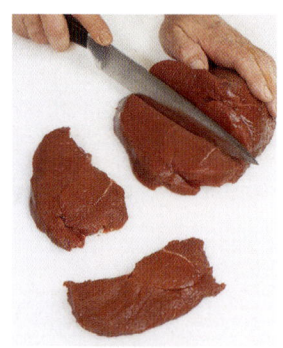

2. Aus der gehäuteten Nuss 2–3 cm dicke Steaks zuschneiden.

3. Die gehäutete Unterschale in 2 cm dicke Schnitzel schneiden.

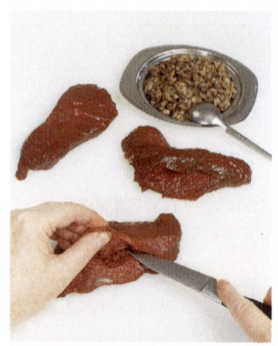

1. Füllen von Schnitzeln: Seitlich Tasche hineinschneiden.

2. Die mit dem Messer nach den Seiten erweiterte Tasche füllen.

3. Hölzchen durch Ränder stecken, mit Küchengarn schließen.

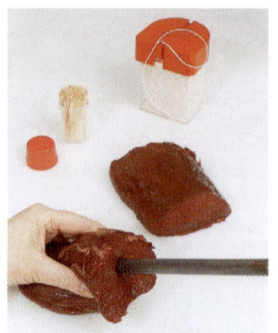

1. Füllen des Filets: Mit rundem Wetzstahl tiefes Loch stechen.

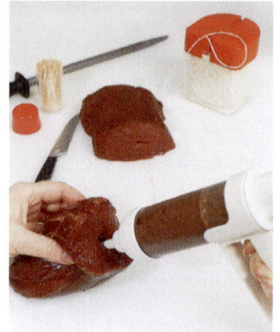

2. Mit einer Gebäckspritze (lange Tülle) Füllung hineinspritzen.

3. Hölzchen durchstecken, mit Küchengarn über Kreuz binden.

HIRSCH-
ROULADE
mit Gemüsefüllung

ZUTATEN FÜR 4 PORTIONEN (CA. 710 KCAL/PORTION)

*800–1.000 g als Rouladen zugeschnittenes Rippenfleisch /
Bauchlappen vom Rotwild • Senf • 60 g Mohrrüben
• 80 g Lauch (weißes Endstück) • 50 g Frühstücksspeck
am Stück • 80 g Staudensellerie • frisch gemahlener
Pfeffer • Salz • 30 g Butterschmalz • 100 ml Fleischbrühe
(Wildfond) • 1 Zwiebel • 1 Mohrrübe • 2 EL Tomatenmark
• 1 Speckschwarte • 1 Scheibe Pumpernickel
• 50 ml Sahne • Pfeffer aus der Mühle • Salz*

BEILAGEN: Klöße von rohen Kartoffeln (Rezept s. S. 196)

ZUBEREITUNG

1 Backofen auf 200 °C vorheizen. Fleischstücke mit der Außenseite nach oben legen, mit Senf bestreichen. Mohrrüben, Lauch und Frühstücksspeck in dünne Streifen schneiden, die Roulade damit belegen. Von der Staudensellerie die Fäden abziehen, der Länge nach vierteln. Jeweils ein Stück auf jede Roulade legen, mit Pfeffer und Salz würzen. Die Roulade zusammenrollen, binden, pfeffern und salzen.

2 Im heißen Butterschmalz die Rouladen von allen Seiten anbraten. Zwischendurch Bratensatz mit etwas Fleischbrühe anlösen. Fein geschnittene Zwiebel und würfelig geschnittene Mohrrübe zum Bratgut geben, Tomatenmark einrühren, mit 500 ml heißem Wasser angießen, die Speckschwarte zugeben und bei geschlossenem Deckel in den Backofen stellen. Zuerst bei 200 °C, nach 20 Minuten bei 180 °C schmoren.

3 Bräter aus dem Ofen nehmen. Speckschwarte entfernen, die Rouladen aus dem Topf nehmen und warm stellen. Pumpernickelscheibe in Stücke zerkrümeln und in den Saucenfond geben (falls gewünscht, die Sauce mit dem Stabmixer pürieren), Sauce ca. 5 Minuten köcheln lassen, mit Sahne verfeinern, mit Pfeffer und Salz abschmecken.

HIRSCH-GULASCH
an feinem Gemüse

ZUTATEN FÜR 4 PORTIONEN (CA. 580 KCAL/PORTION)
800 g in nicht zu kleine Stücke geschnittenes Wildbret vom Hals, Rippen oder Blatt • Pfeffer aus der Mühle • Salz • 80 g Butterschmalz • 150 ml Rotwein • 2 Zwiebeln • 1 TL Senf • 400 ml Wildknochenbrühe • 2 Fleischtomaten • 1 Stange Lauch • 2 mittelgroße Mohrrüben • 100 ml Sahne

BEILAGEN: Kartoffelklöße, Teigwaren, Salzkartoffeln, Salat der Saison

ZUBEREITUNG

1 Wildbret mit Pfeffer übermahlen und salzen. Im Bräter das Butterschmalz erhitzen, die Fleischstücke anbraten. Zwischendurch Bratensatz mit Rotwein ablösen. Gegen Ende des Anbratens eine fein geschnittene Zwiebel zufügen.

2 Den Senf unterrühren und mit zuvor erhitzter Brühe auffüllen (die Fleischstücke sollten gerade bedeckt sein). Das Fleisch bei milder Hitze ca. 90 Minuten weich schmoren. Tomaten kurz in siedendes Wasser geben, häuten und in Spalten schneiden. Lauch, Mohrrüben und die zweite Zwiebel putzen und in ca. 3 mm dicke Scheiben schneiden.

3 Die Hälfte der Lauchscheiben und Zwiebelscheiben ca. 3 Minuten, die Scheiben einer Mohrrübe ca. 10 Minuten in siedendem Salzwasser garen, mit dem Schaumlöffel herausheben und beiseitestellen.

4 Die restlichen Lauch- und Mohrrübenscheiben sowie die Hälfte der Tomatenspalten zum Gulasch geben und mitschmoren. Sahne unterrühren und das Wildgulasch mit Pfeffer und Salz abschmecken.

5 Vor dem Servieren das Gulasch mit den restlichen Tomatenspalten, den kurz gegarten Lauch- und Mohrrübenscheiben sowie den Zwiebelringen garnieren.

HINWEIS: DAMIT SÜSSE SAHNE BEIM ANREICHERN EINER SAUCE, DIE SÄUREBESTANDTEILE VON WEIN ODER GEMÜSE ENTHÄLT, NICHT GERINNT BZW. AUSFLOCKT, WIRD SIE EINMAL AUFGEKOCHT UND HEISS ZUGEGOSSEN.

TIPP: WIRD FÜR DIE HERSTELLUNG VON KLÖSSEN AUS ROHEN KARTOFFELN FERTIGES KNÖDELTEIGPULVER VERWENDET, DANN SCHMECKEN DIE KNÖDEL WIE SELBST GEMACHT, WENN MAN WIE FOLGT VERFÄHRT: ZWEI ROHE GESCHÄLTE KARTOFFELN UND EINE MITTELGROSSE ZWIEBEL IN EINE SCHÜSSEL REIBEN. DAS GANZE IN EINEN MESSBECHER UMFÜLLEN UND MIT SO VIEL WASSER AUFFÜLLEN, WIE NACH PACKUNGSANGABE FÜR DAS ANRÜHREN DES KNÖDELTEIGES ERFORDERLICH IST. DEN MESSBECHER IN DIE SCHÜSSEL ENTLEEREN, ETWAS GERIEBENE MUSKATNUSS ZUFÜGEN UND DAS PULVER IN DIE FLÜSSIGKEIT EINRÜHREN.

GESCHMACKLICH LASSEN SICH DIE KNÖDEL NOCH WEITER VERFEINERN, WENN IN DAS ANRÜHRWASSER FEIN GESCHNITTENE KRAUSPETERSILIE GEGEBEN WIRD. DAMIT DIESE BEIM GARZIEHEN DER KLÖSSE NICHT GRAU WIRD, DIE PETERSILIE VOR DEM KLEINSCHNEIDEN IN SIEDENDEM WASSER KURZ GAREN UND ANSCHLIESSEND IN EISWASSER GEBEN. AUCH MÖGLICH: DEM SIEDEWASSER EINEN GESTRICHENEN TEELÖFFEL HAUSHALTSNATRON ZUSETZEN. NACH DEM ABSEIHEN DIE PETERSILIE IN EINEM SIEB KALT ABSPÜLEN.

HIRSCHLENDE
mit Dattelfüllung

ZUTATEN FÜR 4 PORTIONEN (CA. 730 KCAL/PORTION)
750 g ausgelöste, gehäutete Hirschlende (= Rückenfilet)
• 20 g Butterschmalz • Pfeffer aus der Mühle • Salz
• 100 ml Fleisch- oder Wildbrühe
FÜLLUNG: 60 g altbackenes, entrindetes Weißbrot
• 50 g entkernte, klein geschnittene Datteln • 1 Ei
• 30 ml Sahne • Pfeffer • Salz
SAUCE: 10 g Butter • 1 fein geschnittene Schalotte
• 100 ml Rotwein • Bratensaft • Kartoffelmehl
• Pfeffer aus der Mühle • Salz

BEILAGEN: Teigwaren, Apfel-Rotkohl

ZUBEREITUNG

1 Rückenfilet in 2–3 gleich große Stücke teilen. Von einer Seite mit dem Wetzstahl bis kurz vor das andere Ende ein Loch hineinstechen. Mit dem Messer eine kleine Tasche hineinschneiden und das Fleisch beiseitelegen.

2 Für die Fülle das Weißbrot reiben, Datteln, Ei und Sahne zugeben, würzen und gut durchmixen. Masse in eine Gebäckspritze mit langer Tülle füllen. Filets mit der Dattelmasse füllen. 4–5 Zahnstocher neben und durch die Öffnung stechen und mit Küchengarn schließen (s. Anleitungsbilder auf Seite 44). Zahnstocher mit der Küchenschere kürzen. Filetstücke pfeffern und salzen.

3 In der Bratpfanne das Fett erhitzen, darin die Filetstücke rundum anbraten. Temperatur zurückschalten. Die Wildbrühe angießen und bei geschlossenem Deckel ca. 20 Minuten fertig garen. Filetstücke aus dem Bräter nehmen und in Alufolie einschlagen, 6–8 Minuten ruhen lassen. Zahnstocher herausziehen, Garn entfernen, mit einem scharfen Messer portionieren.

4 Für die Sauce Butter erhitzen, Schalotte darin andünsten. Rotwein angießen und einmal aufkochen. In die Bratpfanne gießen und aufkochen, die Sauce durch ein Haarsieb wieder in den Stieltopf gießen. Mit Kartoffelmehl leicht binden, mit Pfeffer und Salz abschmecken.

Gefüllte
WILDKALBBRUST

ZUTATEN FÜR 4–6 PORTIONEN (CA. 600 KCAL/PORTION)
Halber Rippenbogen vom Wildkalb • 2 EL Speiseöl
• Salz • Pfeffer aus der Mühle • 250 ml dunkle Wildbrühe
• 1 Becher saure Sahne
FÜLLUNG: 800 g Wildbret aus Bauchlappen und Rippenfleisch • 50 g entrindetes, zerriebenes Weißbrot
• 2 Eier • 50 ml Sahne • 3 g Pökelsalz • 3 g Kräutersalz
• weißer Pfeffer • 1 TL Kümmelpulver • 2 Messersp. Muskat
• 1 fein gehackte Zwiebel • 1 EL gehackte Petersilie

BEILAGEN: Salzkartoffeln, Gemüse der Saison

ZUBEREITUNG

1 Das Wildbret vom Brustbein entlang der Rippen vom Knochen ablösen (s. Anleitungsbilder auf S. 17), zu einem ovalen Fleischfladen von ca. 20 x 15 cm Größe zuschneiden. In diesen zum dickeren Ende hin eine Tasche schneiden, den Rand zu ¾ mit Küchengarn vernähen.

2 Für die Füllung Bauchlappen- und Rippenfleisch so gut wie möglich entsehnen, in kleine Stücke schneiden, durch den Fleischwolf (mittlere Scheibe) drehen. Fleischmasse mit den übrigen Zutaten gut vermischen, 30 Minuten kühlen, nochmals durchmengen.

3 Backofen auf 200 °C vorheizen. Fleischtasche mit der Masse füllen, mit Küchengarn schließen, mit Öl einpinseln und würzen. Im befetteten Bräter im Backofen etwa 80 Minuten braten, zwischendurch wenden und mit Bratensaft übergießen. Braten herausnehmen und in Alufolie einschlagen. Bratensatz mit Wildbrühe loskochen, saure Sahne zufügen, mit Salz und Pfeffer abschmecken.

HINWEIS: FÜR DIE FÜLLUNG KÖNNEN AUCH WILDBRETABSCHNITTE VON ANDEREM HAARWILD, Z. B. REH ODER WILDSCHWEIN, VERARBEITET WERDEN. ES KANN AUCH FERTIGES BRATWURSTBRÄT UND STATT PÖKELSALZ (GIBT FARBE) NORMALES SALZ VERWENDET WERDEN.

Gefüllte
WILDKALBBRUST

SAUCEN & BEILAGEN ZU WILD-GERICHTEN

Preiselbeer-Schalotten-Chutney

ZUTATEN FÜR CA. 600 ML

500 g Preiselbeeren• 250 g Schalotten• Saft von 1 Zitrone • Saft von 2 Orangen • 150 ml Rotwein • 200 g Braunzucker • ½ TL Zimtpulver • 1 TL fein gehackte Rosmarinnadeln • Salz und schwarzer Pfeffer

---

ZUBEREITUNG

1 Die Preiselbeeren verlesen, Schalotten schälen und in kleine Würfel schneiden. Alle Zutaten in eine Schüssel geben, vermischen und zugedeckt 12 Stunden ziehen lassen. In einem geeigneten Topf zum Kochen bringen und unter ständigem Rühren bei schwacher Hitze dicklich einkochen. Abschmecken und kalt oder warm zu Wildgerichten servieren.

Weißweinsauce

ZUTATEN FÜR CA. 150 ML

1 Ei • 1 EL Weißwein • 100 g Butter • Pfeffer aus der Mühle • Salz

---

ZUBEREITUNG

1 Ei mit dem Wein und der zimmerwarmen Butter in einer Schüssel mit einem Schneebesen gut verrühren. Schüssel ins Wasserbad setzen und die Sauce so lange schlagen, bis sie cremig wird. Mit Pfeffer und Salz abschmecken.

Wildsauce

ZUTATEN FÜR 300 ML

250 ml dunkler, entfetteter Wildfond* • 50 ml Sahne • 1 gestrichener TL Speisestärke

---

ZUBEREITUNG

1 Wildfond zusammen mit der Sahne erhitzen. Speisestärke in etwas kaltem Wasser anrühren, zufügen und aufkochenn

---

*TIPP: FÜR EINEN DUNKLEN WILDFOND GEPFEFFERTE UND GESALZENE FLEISCHABSCHNITTE, ZERKLEINERTE KNOCHEN UND KLEIN GESCHNITTENES WURZELGEMÜSE MIT MEHL BESTÄUBEN UND IN BUTTERSCHMALZ ANRÖSTEN. MIT ROTWEIN UND WASSER BEDECKEN UND GUT AUSKOCHEN. BRÜHE ABSEIHEN. IN EINEM TOPF IN ETWAS BUTTER UND ZUCKER KARAMELLISIEREN LASSEN, BRÜHE ANGIESSEN UND AUFKOCHEN. FOND AUF DIE HÄLFTE EINKOCHEN, ENTFETTEN, MIT PFEFFER UND SALZ ABSCHMECKEN.

Kartoffel-Möhren-Gratin

250 g Kartoffeln • 200 g Möhren • 1 Zwiebel • etwas Öl • 1 Ei • 125 g Crème fraîche • 100 g geraspelter Parmesan • frisch gemahlener Pfeffer • Salz

---

ZUBEREITUNG

1 Für das Gratin die Kartoffeln und die Möhren schälen und in dünne Scheiben schneiden. Zwiebel schälen und fein hacken, in einer großen Pfanne heißem Öl goldgelb anbraten, die Kartoffel- und Möhrenscheiben kurz mit anbraten und salzen. Bei geschlossenem Deckel und geringer Temperatur etwa 10 Minuten dünsten.

2 Eine Auflaufform (oder mehrere kleine Förmchen) mit Öl auspinseln, das Gemüse einfüllen. Eier, Crème fraîche, Parmesan und Gewürze gut vermischen und über dem Gemüse verteilen. Im Backofen etwa 20 Minuten garen.

HIRSCHLENDE
im Speckmantel mit
Kartoffel-Möhren-Gratin

ZUTATEN FÜR 4 PORTIONEN (CA. 650 KCAL/PORTION)

*4 aus der Hirschlende (Rückenfilet) geschnittene Steaks à
ca. 200 g • frisch gemahlener Pfeffer • Salz • 8 Frühstücksspeckscheiben • 250 g braune Champignons (können
auch Steinpilze oder Maronen sein) • 1 kleine Zwiebel
• 20 g Butterschmalz • 50 g geraspelter Emmentaler*

*BEILAGEN: Brokkoli, Feldsalat oder Pastinaken-Kartoffel-
Püree mit grünen und gelben Mini-Patissons (Squash)*

ZUBEREITUNG

1 Backofen auf 200 °C vorheizen. Hirschsteaks beidseitig
pfeffern und salzen. Jeweils mit zwei sich überlappenden
Speckscheiben umwickeln, mit Zahnstochern feststecken
oder mit Küchengarn fixieren.

2 Pilze putzen, Zwiebel schälen. Beides sehr klein schneiden. Das Butterschmalz erhitzen, darin die Pilze anbraten. Zwiebel zufügen, pfeffern und salzen, Pilz so lange
schmoren, bis die entstehende Flüssigkeit verdunstet ist.
Pilzmasse in eine Schüssel geben und erkalten lassen. Emmentaler zufügen und gut durchmischen, beiseitestellen.

3 Steaks auf ein mit Backpapier ausgelegtes Backblech
setzen und auf der 2. Schiene in den Backofen geben,
nach 15 Minuten herausnehmen.

4 Pilz-Käse-Masse auf den Steaks verteilen. Diese anschließend wieder in den Ofen geben und weitere 10 Minuten garen. Vor dem Servieren die Zahnstocher entfernen,
mit Beilagen und Saucen oder einem Chutney servieren.

HIRSCHFILET
mit Cognac-Pfeffer-Sauce

ZUTATEN FÜR 4 PORTIONEN (CA. 550 KCAL/PORTION)
800 g Rückenfilet vom Rotwild • 40 ml Cognac
• Kräutersalz • Pfeffer aus der Mühle • Salz • 1 EL grüne
Pfefferkörner aus dem Glas • 30 g Butterschmalz
• 3 fein geschnittene Schalotten • 2 x 100 ml Wildfond
• 100 g kalte Butterstücke

BEILAGEN: Kartoffel-Mandelbällchen, Salat

ZUBEREITUNG

1 Filet häuten, auf eine Platte legen, beidseitig mit 20 ml Cognac beträufeln und ca. 10 Minuten ruhen lassen. Mit Kräutersalz, Pfeffer und Salz würzen.

2 Pfefferkörner in ein Sieb geben, warm abspülen, abtropfen lassen. Butterschmalz erhitzen, das Filet rundum anbraten. Überschüssiges Fett abgießen. Schalotten zugeben und mitanbraten. Pfanne mit dem Deckel schließen. Das Filet bei mittlerer Hitze ca. 25–30 Minuten fertig braten (Kerntemperatur 70–80 °C). Den Bratensatz zwischendurch mehrfach mit Wildfond anlösen. Filet aus der Pfanne nehmen, in Alufolie einwickeln.

3 Bratensatz mit dem restlichen Cognac ablöschen, mit dem restlichen Wildfond loskochen und durch ein Sieb in einen Topf gießen. Einmal aufkochen lassen. Topf von der Feuerstelle nehmen. Kalte Butterstücke zufügen und die Sauce mit dem Stabmixer schaumig aufschlagen. Pfefferkörner in die Sauce geben.

KERNTEMPERATUR: DAS HIRSCHFILET SOLLTE BEIM ANSCHNITT INNEN ROSA, ABER KEINESFALLS BLUTIG SEIN. DIES LÄSST SICH VERMEIDEN, WENN ZUR KERNTEMPERATURMESSUNG EIN HIERFÜR GEEIGNETER TEMPERATURFÜHLER MIT DIGITALER ANZEIGE VERWENDET WIRD. EINE ANSCHAFFUNG, DIE ZWAR NICHT GANZ BILLIG IST, SICH ABER IN JEDEM FALLE LOHNT.

Gefüllte
HIRSCH-SCHNITZEL

ZUTATEN FÜR 4 PORTIONEN (CA. 460 KCAL/PORTION)
8 aus der Unterschale geschnittene, ca. 3 cm dicke
und 80–120 g schwere Hirschschnitzel • frisch
gemahlener Pfeffer • Salz • 30 g Butterschmalz • 2 Eigelb
• 60 g geraspelter Mozarella oder Edamer
• 2 EL Semmelbrösel
FÜLLUNG: 200 g Edelpilze • 1 kleine Zwiebel • 20 g Butter
• Pfeffer aus der Mühle • Salz • 30 ml Sahne • 1 Eigelb
• 1 EL fein gehackte Petersilie

BEILAGEN: Kartoffelgratin, Spargel, Schwarzwurzel oder Kohlrabi

ZUBEREITUNG

1 In die Hirschschnitzel Taschen schneiden (s. Anleitungsbilder auf S. 44). Für die Fülle Pilze putzen, mit der Zwiebel fein hacken. Butter erhitzen, Pilze und Zwiebel darin anbraten, im eigenen Saft schmoren. Mit Pfeffer und Salz würzen.

2 Flüssigkeit einkochen lassen, bis die Masse fast trocken ist. Sahne mit Eigelb verrühren, zur Pilzmasse geben und erhitzen, dann erkalten lassen. Petersilie untermischen. Hirschschnitzel mit der Pilzmasse füllen, mit den Zahnstochern verschließen, pfeffern und salzen.

3 In einem Bräter Butterschmalz erhitzen, Schnitzel auf beiden Seiten anbraten. Deckel auf den Bräter geben, Schnitzel im auf 180 °C vorgeheizten Backofen ca. 10 Minuten fertig braten.

4 Käse, Semmelbrösel und Eigelb vermischen und auf die Schnitzel verteilen. Bei Oberhitze ein paar Minuten überkrusten lassen.

5 Schnitzel mit Beilagen auf Tellern anrichten, zuvor Zahnstocher entfernen.

Gefüllte
HIRSCH-
SCHNITZEL

HIRSCHPFEFFER
mit Knusperstreifen

ZUTATEN FÜR 6 PORTIONEN (506 KCAL/PORTION)

800 g Hirschfleisch von der Schulter • 3 Zwiebeln
• 2 Lorbeerblätter • 2 Gewürznelken • 2 EL Öl • 1 EL Mehl
• Salz und Pfeffer • ½ TL edelsüßes Paprikapulver
• 200 ml Rotwein • 400 ml Wildfond
KNUSPERSTREIFEN: 8 Jungzwiebeln
• 100 g Bauchspeck • 4 Scheiben Weißbrot

ZUBEREITUNG

1 Fleisch in mundgerechte Stücke schneiden. Zwiebeln schälen, 2 davon in kleine Würfel schneiden, die dritte mit Lorbeer und Gewürznelken spicken.

2 Öl in einem Bräter erhitzen, Fleisch darin braun anbraten, Zwiebeln zugeben, kurz mitrösten. Mit Mehl stauben, umrühren und mit Salz, Pfeffer und Paprikapulver würzen. Mit Rotwein ablöschen, Fond und gespickte Zwiebel zugeben, aufkochen lassen und mit Flüssigkeit bedeckt ca. 90 Minuten leise köcheln lassen, bis das Fleisch weich und zart ist.

3 Jungzwiebeln putzen, Bauchspeck, Weißbrot und Jungzwiebeln in gleich lange Streifen schneiden, kurz bevor das Fleisch gar ist, in einer beschichteten Pfanne ohne Fett knusprig braten.

4 Die gespickte Zwiebel aus dem Hirschpfeffer entfernen, Gericht abschmecken und mit den knusprig gebratenen Streifen auf vorbereiteten Tellern anrichten, eventuell mit Preiselbeerkonfitüre garnieren.

HIRSCHKEULE
an Pfirsich-Rahmsauce

ZUTATEN FÜR 4 PORTIONEN (CA. 500 KCAL/PORTION)

1.000 g Hirschkeule (z. B. Oberschale)
- *½ Knoblauchzehe • Salz • gemahlener Thymian*
- *Rosmarin • Pfeffer aus der Mühle • 40 g Butterschmalz*
- *100 ml Wildfond • 200 ml Rotwein*

SAUCE: 1 Zwiebel • 10 g Butterschmalz
- *4–6 Pfirsiche (frisch oder aus der Dose)*
- *400 ml Wildfond • 50 ml Sahne • etwas Speisestärke*

BEILAGEN: Semmelklöße, Pfirsichscheiben, Blattsalat

ZUBEREITUNG

1 Backofen auf 200 °C vorheizen. Knoblauch mit Salz zerdrücken und das Fleisch damit einreiben. Mit Thymian und Rosmarin würzen, pfeffern und salzen. Im Bräter Butterschmalz erhitzen. Fleisch rundum anbraten. Bratensatz zwischendurch mit Wildfond lösen. Deckel auf den Bräter geben, im Backofen das Fleisch ca. 60 Minuten schmoren. Zwischendurch mit Rotwein begießen, dann ohne Deckel 30 Minuten braten.

2 Fleisch aus dem Bräter nehmen, in Alufolie einwickeln und ca. 10 Minuten ruhen lassen.

3 Für die Sauce die fein gehackte Zwiebel im Butterschmalz glasig dünsten, geviertelte Pfirsiche zugeben und kurz anschmoren. 300 ml Wildfond angießen und auf die Hälfte einkochen.

4 Braten aus dem Backofen nehmen und warm stellen, den Bratensatz mit 100 ml Wildfond loskochen und zur Sauce geben, einmal aufkochen lassen. Sauce durch ein Haarsieb gießen, mit der Sahne verfeinern, mit Salz und Pfeffer abschmecken und nach Belieben mit Speisestärke binden, mit dem portionierten Braten anrichten.

DAMWILD *(DAMA DAMA)*
SIKAWILD *(CERVUS NIPPON)*

Damwild zählt zu den ältesten kontinentalen Wildarten und befindet sich, was die Körpergröße betrifft, zwischen Reh- und Rotwild. Markantes Kennzeichen ist die mit hellen Punkten durchsetzte Decke. Vor der Eiszeit besiedelte es ganz Europa. Restbestände überlebten in Kleinasien. Von dort wurde Damwild durch die Römer nach Europa — um 170 n. Chr. bis nach England — verbracht. In Deutschland wurde es im 17. Jahrhundert ausgesetzt. In unterschiedlich großen Familienverbänden (Rudeln) lebend, ist Damwild überaus anpassungsfähig. Damwild unterliegt nach Alter und Geschlecht gegliederten amtlichen Abschussplänen. In Deutschland werden jährlich rund 70.000 Stück Damwild in freier Wildbahn erlegt, in Österreich zwischen 700 und 800 Stück, während es in der Schweiz in freier Wildbahn nicht vorkommt. Die Masse des angebotenen Damwildfleisches stammt aus landwirtschaftlicher Gehegehaltung. Damhirsche tragen mit zunehmendem Alter schaufelartige Geweihe. Männliche Tiere werden in Hirschkälber, Schmalspießer (1 Jahr) und Schaufler, weibliche Tiere in Wildkälber, Schmaltiere (1 Jahr) und Alttiere unterschieden. Das Wildbret von Damwild ist dem vom Reh vergleichbar. Hinsichtlich der Qualität des Wildbrets von in der Brunft (Oktober) erlegten Damhirschen gilt dasselbe wie beim Rotwild ausgeführt.

Sikawild kommt in Deutschland und Österreich nur in kleinen Beständen vor. Es wurde um die Jahrhundertwende aus Ostasien (Japan, Nordchina, Mandschurei u. a.) eingebürgert. In Größe und Aussehen ähnelt es dem Damwild, trägt aber ein dem Rothirsch gleichendes Geweih mit bis zu zehn Enden. In freier Wildbahn unterliegt es den gleichen jagdlichen Beschränkungen wie das Damwild. Die Bezeichnungen für die Tiere und Altersklassen sind wie beim Rotwild. Die Brunft findet im Oktober/November statt. Das gegenüber Damwild dunklere, würzigere Wildbret zählt (ausgenommen von brunftigen Stücken) zum Feinsten, was die Wildküche zu bieten hat.

ERLEGUNGSGEWICHT (AUSGEWEIDET):
je nach Alter, Geschlecht und Ernährungszustand
25–90 kg (Dam- und Sikawild)

AUSSCHLACHTERGEBNIS:
60–65 Prozent mit, 40–45 Prozent ohne Knochen

TIEFKÜHLLAGERUNG:
bis zu 18 Monaten

HAUPTJAGDZEIT:
(Achtung: regional stark unterschiedlich)
SCHMALTIERE: Juli bis Jänner
SCHMALSPIESSER: Juli bis Februar
KÄLBER: September bis Februar
HIRSCHE, ALTTIERE: September bis Jänner

PAARUNGSZEIT:
Oktober/November

QUALITÄTSMERKMALE:
DAMWILD: rotbraunes Fleisch von zarter Struktur, aus freier Wildbahn würziger, aus Gatterhaltung fetter, saftiger
SIKAWILD: dunkles, rotbraunes Fleisch von zarter Struktur, sehr aromatisch und saftig

ZUBEREITUNGSEMPFEHLUNG:
RÜCKEN, MEDAILLONS, STEAKS: braten
KEULEN UND BLÄTTER: braten, grillen, schmoren
HALS, RIPPEN UND BAUCHLAPPEN: als Ragout oder Rollbraten

GEWINNUNG VON BEINSCHEIBEN, BRÜHE UND MARKKLÖSSCHEN

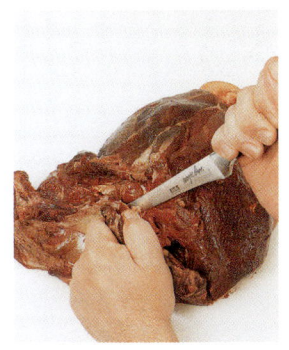

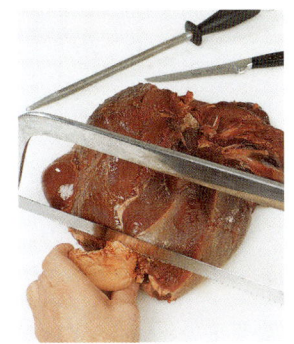

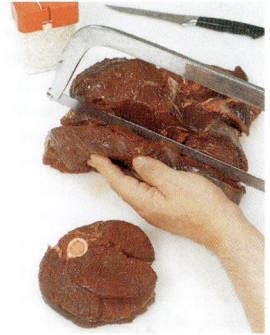

1. Hüftknochen von der Keule mit Schnitt durch das Gelenk auslösen.

2. Beide Köpfe des Oberbeinknochens freischneiden und absägen.

3. Keule in 5 cm dicke Beinscheiben zersägen, diese mit Schnur umbinden.

1. Knochen auf ein Blech geben. Bei 200 °C im Backofen rösten.

2. Knochen mit Suppengrün und Wasser im Bräter auskochen.

3. Brühe abseihen, entfetten und zum Einfrieren in Gefäße füllen.

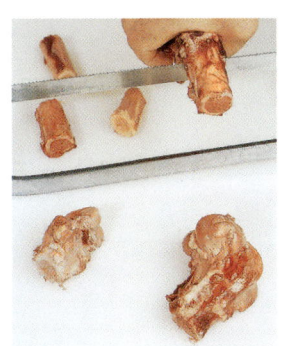

1. Röhrenknochen in Stücke zersägen, 3 Minuten kochen.

2. Knochenmark in ein Pfännchen geben, ausbraten und durchsieben.

3. Mark würzen, erst Semmelmehl, dann Eigelb (kalt) einarbeiten.

STEAK
mit Frucht-Butter-Sauce

ZUTATEN FÜR 4 PORTIONEN (CA. 450 KCAL/PORTION)
4 Steaks à 150 g vom Dam- oder Sikahirsch (geschnitten aus der Keule) • frisch gemahlener Pfeffer • Kräutersalz • 30 g Butter
SAUCE: 1 Ei • 150 g Butter • frisch gemahlener Pfeffer • Salz • 1 ½ EL Johannisbeergelee

BEILAGEN: Kartoffelplätzchen, gedünstete Zucchini

ZUBEREITUNG

1 Steaks, sofern erforderlich, häuten und leicht plattieren, pfeffern und salzen. Butter in einer Pfanne erhitzen. Steaks von beiden Seiten kurz anbraten, Hitze zurücknehmen, Deckel aufsetzen und das Fleisch bei milder Hitze und unter mehrfachem Wenden ca. 12–15 Minuten braten. Zwischendurch einen Schuss Wasser in die Pfanne geben. Fertige Steaks in Alufolie einwickeln und warm stellen.

2 Für die Sauce das Ei mit der Butter in einer Schüssel kurz mit dem Schneebesen verrühren, leicht pfeffern und salzen. Schüssel in ein Wasserbad setzen und den Inhalt so lange schlagen, bis er dickflüssig geworden ist. Zum Schluss das Johannisbeergelee zugeben und die Sauce so lange schlagen, bis sich das Gelee völlig aufgelöst hat. Mit Pfeffer und Salz abschmecken.

HINWEIS: DAMIT DIE BUTTER BEIM BRATVORGANG NICHT ZU DUNKEL WIRD, PFANNE ERHITZEN, ETWAS PFLANZENÖL HINEINGEBEN, PFANNENBODEN MIT KÜCHENKREPP AUSWISCHEN. HINTERGRUND: DER FEINE ÖLFILM ERHÖHT DIE TEMPERATURVERTRÄGLICHKEIT DER BUTTER, SO DASS SIE NICHT SO RASCH BRAUN WIRD. DER BEIM BRATEN ZUGEGEBENE SCHUSS WASSER BEWIRKT UNTER DEM DECKEL EINE 100-%IGE LUFTFEUCHTIGKEIT. DAS FLEISCH WIRD DADURCH SAFTIGER.

SCHMETTER-LING-STEAK
vom Sikahirsch

ZUTATEN FÜR 4 PORTIONEN (CA. 550 KCAL/PORTION)
4 Schmetterling-Steaks (aus dem Rücken geschnitten) à ca. 250 g • 40 ml Portwein • 30 ml Pflanzenöl • Pfeffer
WÜRZBUTTER: 1 Schalotte • Salz • 100 g Butter • 1 TL fein geschnittenes Basilikum

BEILAGEN: Folienkartoffeln mit saurer Sahne, mit Balsamico-Essig und Olivenöl angemachter Lollo rosso

ZUBEREITUNG

1 Steaks an den Rändern häuten, die Hälfte des Portweines beidseitig aufträufeln und mit den Fingern ins Fleisch massieren, 10 Minuten einwirken lassen.

2 Für die Würzbutter Schalotte schälen und in dünne Scheiben schneiden, diese mit Salz im Mörser zerdrücken. Butter in eine Schüssel geben, Schalottenmus und Basilikum zufügen, leicht pfeffern, mit einer Gabel gut durcharbeiten. Butter auf Alufolie setzen und zu einer Rolle formen. Im Tiefkühlfach fest werden lassen.

3 Öl in der Pfanne erhitzen, die Steaks von beiden Seiten scharf anbraten und danach bei milder Hitze zugedeckt fertig braten (Kerntemperatur 70 °C!), zwischendurch wenden.

4 Steaks mit Portwein beträufeln, mit grobem Pfeffer übermahlen. Mit der Würzbutter servieren.

SCHMETTER-LING-STEAK
vom Sikahirsch

BEINSCHEIBE
auf feinem Gemüse

ZUTATEN FÜR 4 PORTIONEN (CA. 500 KCAL/PORTION)

*2 aus der Keule geschnittene Beinscheiben à ca. 500 g
(ca. 5 cm dick) • gemahlener Thymian • gemahlene
Wacholderbeeren • Pfeffer aus der Mühle • Salz
• Mehl • 1 große Zwiebel • 200 g geputzte Mohrrüben
• 150 g Sellerieknolle • 4–5 mittelgroße Tomaten
• 70 ml Olivenöl • 150 ml Apfelsekt oder Apfelwein
• 100 ml Wildfond • 1 Lorbeerblatt • 1 Becher saure Sahne*

BEILAGEN: In Butter geschwenkte Pellkartoffeln

ZUBEREITUNG

1 Beinscheiben mit Küchenschnur in Form binden
(s. Anleitungsbilder auf S. 57), mit Thymian, Wacholderbeeren, Pfeffer und Salz würzen, mit Mehl bestauben.

2 Zwiebel schälen und in Ringe schneiden, Mohrrüben
und Sellerieknolle putzen und in Streifen schneiden.
Tomaten mit siedendem Wasser überbrühen, häuten und in
Spalten schneiden. Backofen auf 180 °C vorheizen.

3 Auf dem Herd das Öl in einem Bräter erhitzen. Beinscheiben von beiden Seiten anbraten, herausnehmen,
zur Seite stellen. Zwiebel, Mohrrüben und Sellerie in den
Bräter geben und kurz anschwitzen, pfeffern und salzen.
Apfelsekt oder -wein zugießen und aufschäumen lassen.

4 Beinscheiben auf das Gemüse setzen, die Hälfte der
Tomatenspalten zufügen, den Wildfond angießen und
das Lorbeerblatt hinzufügen. Deckel auf den Bräter geben,
90 Minuten im Backofen schmoren.

5 Beinscheiben und Gemüse aus dem Bräter nehmen und
warm stellen. Bratenflüssigkeit etwas einkochen, saure
Sahne zugeben und alles nochmals aufkochen.

6 Sauce durch ein Haarsieb gießen, mit Pfeffer und Salz
abschmecken. Gemüse auf einer Platte verteilen, die
Küchenschnur von den Beinscheiben entfernen. Beinscheiben auf das Gemüse legen, mit der Sauce übergießen und
mit den restlichen Tomatenspalten garnieren.

HINWEIS: IM GEGENSATZ ZU EINER AUS DEM UN-
TERBEIN GESCHNITTENEN BEINSCHEIBE SETZT SICH
DIE AUS DER KEULE GESCHNITTENE BEINSCHEIBE
AUS VERSCHIEDENEN MUSKELN ZUSAMMEN. DAMIT
DIESE WÄHREND DES ANBRATENS UND SCHMORENS
NICHT AUSEINANDERFALLEN, WIRD UM DIE BEIN-
SCHEIBE, WIE IM REZEPT ERWÄHNT, EIN STÜCK KÜ-
CHENSCHNUR GEBUNDEN. DIE BINDUNG VERHINDERT
JEDOCH NICHT, DASS SICH BEIM ANBRATEN EINZEL-
NE MUSKELPARTIEN HOCHWÖLBEN UND DAMIT AUS
DER BINDUNG HERAUSRUTSCHEN (VERURSACHT
DURCH EIN ZUSAMMENZIEHEN DER AUF DIESEN
MUSKELPARTIEN AUSSEN AUFLIEGENDEN HAUT). UM
EIN HOCHWÖLBEN ZU VERMEIDEN, WIRD VOR DEM
UMBINDEN DER BEINSCHEIBE MIT KÜCHENSCHNUR
DIE AUSSENHAUT AN ZWEI, DREI STELLEN MIT EINEM
KLEINEN, SCHARFEN MESSER SENKRECHT EINGE-
SCHNITTEN. EIN ENTFERNEN DER HAUT VON DEN
MUSKELTEILEN ERFOLGT NICHT, DA SIE ZUM ZUSAM-
MENHALT DER BEINSCHEIBE BEITRÄGT. NACH DEM
SCHMOREN IST DIE HAUT SO WEICH WIE DAS ÜBRIGE
FLEISCH.

TIPP: VON DER HIRSCHKEULE NUR SO VIEL BEINSCHEI-
BEN ABSÄGEN, WIE FÜR DEN JEWEILIGEN VERZEHR
BENÖTIGT WERDEN. DIE VERBLIEBENEN KEULENTEILE
KÖNNEN ZU STEAKS UND GULASCH ZUGESCHNITTEN
UND GEGEBENENFALLS NOCHMALS EINGEFROREN
WERDEN.

Asiatische
WILDPFANNE

ZUTATEN FÜR 4 PORTIONEN (CA. 250 KCAL/PORTION)

400 g Filet von Dam-, Sika-, Gams- oder Muffelwild
* *25 g getrocknete chinesische Baumpilze*
* *50 ml Soja- oder Sesamöl • 150 g Mohrrüben*
* *1 mittelgroße Zwiebel • 80 g Lauch • ½ grüne oder gelbe Paprikaschote • 100 g Sprossen von Soja- oder Mungobohnen • 10 Blätter Chinakohl • 1 gestrichener TL Curry*
* *Sojasauce • indonesische Würzsauce • Pfeffer aus der Mühle • Salz*

BEILAGE: Glasnudeln oder Reis

ZUBEREITUNG

1 Filet in Streifen oder kleine Stücke schneiden. Getrocknete Baumpilze in einen Topf mit kaltem Wasser geben, zum Kochen bringen und 15 Minuten kochen lassen, danach abseihen und kalt abspülen, mit der Schere in kleine Stücke schneiden.

2 Im Wok das Öl erhitzen, darin zuerst die Filetstücke unter stetigem Rühren garen. Nach ca. 10 Minuten Pilze zufügen.

3 Nach weiteren 5 Minuten die in Juliennestreifen geschnittenen Mohrrüben, die in Ringe geschnittene Zwiebel und den in Ringe geschnittenen Lauch beigeben, pfeffern und salzen.

4 Dann unter ständigem Umrühren in Abständen von 2 Minuten die in Streifen geschnittene Paprikaschote, die Sprossen und den in Streifen geschnittenen Chinakohl zugeben. Mit Curry, Sojasauce und indonesischer Würzsauce würzen.

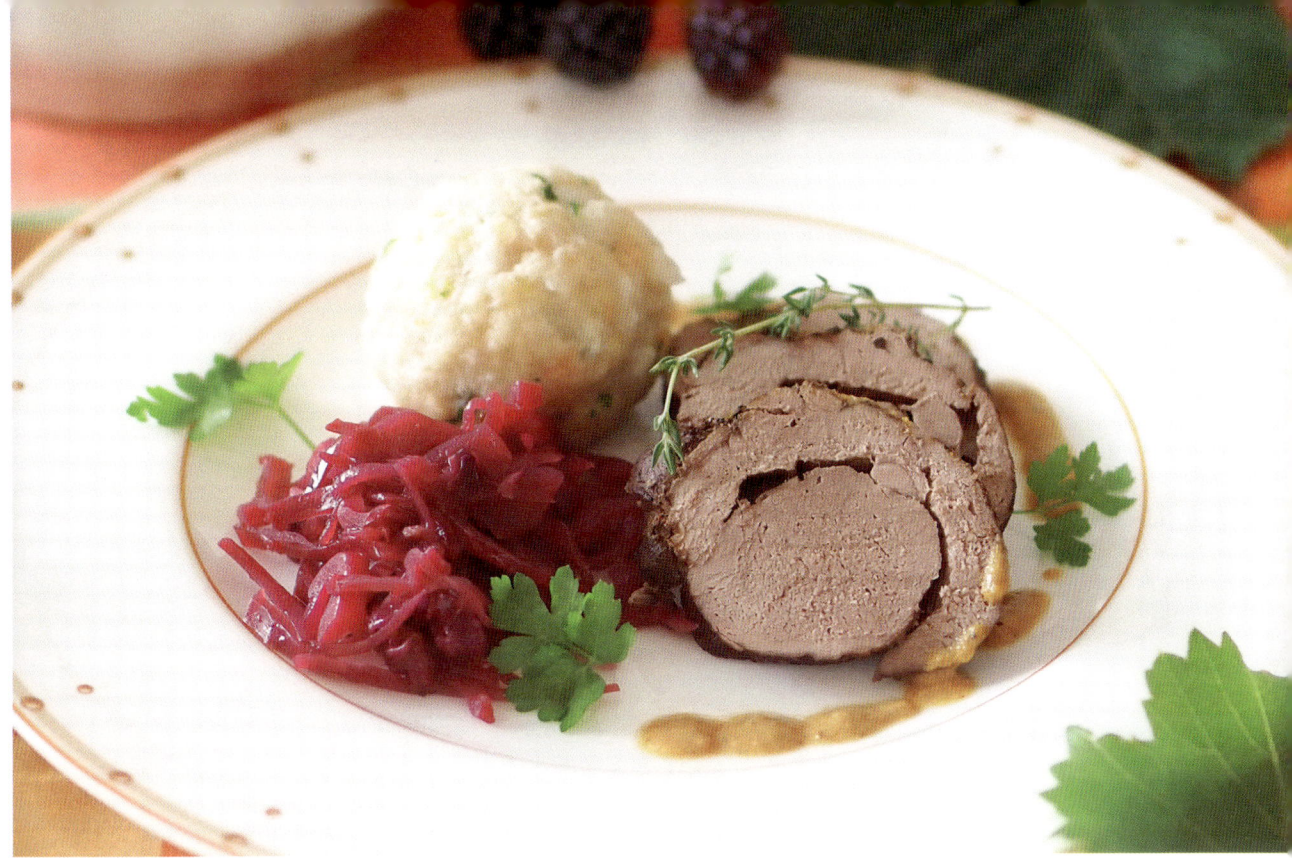

WILDROLLBRATEN
mit Rotkohl

ZUTATEN FÜR 4–6 PORTIONEN (CA. 639 KCAL/PORTION)

1,5 kg Wildbret (z. B. aus der Schulter oder Keule,
zu einem Rollbraten gebunden) • Salz und Pfeffer
• Wildgewürz • Öl zum Anbraten • 1 Zwiebel
• 100 g Frühstücksspeck • 200 g Wurzelwerk
• 2 EL Tomatenmark • ca. 250 ml Rotwein • 500 ml Wild-
fond • 2 EL Preiselbeerkonfitüre • 125 ml Crème fraîche
ROTKOHL: 1000 g Rotkohl • 3 Äpfel • 1 EL Salz • 1 Küm-
mel • Pfeffer • Saft von 1 Zitrone • 1 EL Zucker • ca. 80 g
Schweineschmalz • 1 Zwiebel • 100 g Speck • 1 Schuss
Essig • 4 Wacholderbeeren • 2 Lorbeerblätter • 125 ml
Rotwein zum Aufgießen • 4 EL Preiselbeerkonfitüre

BEILAGE: Klöße (Rezept s. S. 20)

ZUBEREITUNG

1 Backofen auf 200 °C vorheizen. Fleisch würzen, mit Wildgewürz einreiben, in einem Bräter in heißem Öl rundherum anbraten, herausnehmen und warm stellen. Im Bratenrückstand fein geschnittene Zwiebel goldbraun anbraten, würfelig geschnittenen Frühstücksspeck und Wurzelwerk dazugeben. Tomatenmark einrühren und rösten, mit Rotwein ablöschen. Kurz einkochen lassen, mit Fond aufgießen, Fleisch dazugeben, Deckel auf den Bräter geben, im Backofen ca. 2 Stunden garen. Immer wieder mit Bratensaft begießen, eventuell mit Rotwein und Wasser aufgießen.

2 Kohl hobeln, Äpfel raspeln, mit Gewürzen und Zitronensaft vermischen, zugedeckt mindestens 2 Stunden marinieren. Zucker in etwas Schweineschmalz karamellisieren. Fein geschnittene Zwiebel und klein geschnittenen Speck darin goldgelb anrösten, mit Essig ablöschen. Kohl beigeben, etwas Wasser zugießen. Wacholderbeeren und Lorbeerblätter zugeben, ca. 20 Minuten dünsten, mit Rotwein aufgießen und mit Preiselbeerkonfitüre verfeinern.

3 Wenn der Braten gar ist, Bratensauce mit Preiselbeerkonfitüre und Crème fraîche pürieren, Fleisch portionieren und mit den Beilagen servieren.

GRILLADEN VOM WILD

ZUTATEN INSG. FÜR CA. 10 PORTIONEN

Fleischbällchen

500 g faschiertes Damwildfleisch • 40 g zerriebenes Weißbrot • ½ EL gerebelter Majoran • 1 TL Kümmel • ½ fein geschnittene Zwiebel • 1 Ei • 6 g Pökelsalz • ½ TL weißer Pfeffer • 60 ml Sahne • 750 ml Wildbrühe

ZUBEREITUNG

1 Fleischmasse mit allen Zutaten durchmengen, 20 Minuten kühlen, nochmals durcharbeiten. Fleischbällchen formen, leicht flach drücken und in der Wildbrühe ca. 5 Minuten köcheln. In Alufolie einschlagen, auskühlen lassen.

2 Auf dem Grill beidseitig 5–8 Minuten grillen, zwischendurch mit Öl bestreichen.

Schaschlikspieße

500 g Keulenfleisch • je 1 rote und grüne Paprikaschote (in Stücke geschnitten) • 4 Frühlingszwiebeln • 8 zu Röllchen gedrehte Scheiben Frühstücksspeck • 1 grüne Gurke (in Stücke geschnitten) • Paprikapulver (edelsüß) • Curry • Pfeffer aus der Mühle • Salz • Schaschlikspieße

ZUBEREITUNG

1 Keulenfleisch in große Würfel schneiden und abwechselnd mit den anderen Zutaten auf den Spieß stecken. Mit Öl bepinseln, ca. 12 Minuten grillen.

2 Vor dem Servieren mit Pfeffer aus der Mühle, Salz, Paprika und etwas Curry würzen.

TIPP: WER SORGE HAT, DASS ÖL AUF DIE GLUT TROPFT, DER KANN DIE GRILLTEILE ENTWEDER IN ALUSCHALEN AUF DEN ROST GEBEN ODER DEN GRILL-ROST MIT ALUFOLIE GROSSFLÄCHIG ABDECKEN.

Grillrouladen

6 Rouladen vom Sikahirsch 10 x 15 cm (zugeschnitten aus Rippenfleisch) • 200 g püriertes Wildfleisch • 20 g geriebenes Weißbrot • 1 Ei • je 1 TL fein gewiegte Zwiebel und Petersilie • 20 g geriebener Parmesan • 2 g Pökelsalz • ½ TL weißer Pfeffer • 1 ½ l Wildbrühe

ZUBEREITUNG

1 Aus den Zutaten eine Füllung herstellen, auf den Rouladen verteilen. Rouladen wickeln und binden. In der Wildbrühe ca. 10 Minuten köcheln, in einem Teil der Brühe erkalten lassen, dann abtropfen lassen.

2 Vor dem Grillen mit Öl einpinseln, dann rundum ca. 10 Minuten grillen.

Grillsauce

10 EL Mayonnaise aus dem Glas • 4 EL Tomatenmark • 2 Eigelb • edelsüßer Paprika • Curry • 20 ml Cognac • Pfeffer • Salz • 2 TL Zitronensaft.

ZUBEREITUNG

Gut durchmischen, ziehen lassen.

Grill-Steaks

1 4 aus der Keule geschnittene Grill-Steaks für 30 Minuten in eine aus 200 ml Olivenöl, gehackten Kräutern (z. B. Estragon, Thymian, Kerbel, Petersilie, Liebstöckel, Basilikum), Pfeffer und Salz gefertigte Marinade einlegen.

2 Vor dem Grillen Kräuter vom Fleisch mit Messerrücken abstreifen, auf beiden Seiten insg. ca. 12 Minuten grillen.

TIPP: ZUM GRILLEN KÖNNEN SIE NATÜRLICH BELIEBIGES WILDBRET VERWENDEN. ANLEITUNGSFOTOS ZUM ZUSCHNEIDEN VON GRILLTEILEN FINDEN SIE AUF S. 41 UND 67.

RÜCKENFILET
vom Damhirsch mit Blumenkohl

ZUTATEN FÜR 4 PORTIONEN (585 KCAL/PORTION)

4 Wacholderbeeren • 6 schwarze Pfefferkörner
• ½ TL Thymianblätter • ½ Chilischote • 1 TL Salz
• 800 g ausgelöstes Rückenfilet vom Damhirsch
(oder auch Sikahirsch) • 4 EL Öl • 1 Zwiebel
• 50 g Bauchspeck • 200 ml Wildfond oder Suppe
zum Aufgießen • 1 EL Butter • 1 Blumenkohl • Salz
• 2 EL Butter • 1 EL Paniermehl

ZUBEREITUNG

1 Die Gewürze mit dem Salz in einem Mörser fein zerstoßen, das Rückenfilet mit kaltem Wasser waschen und abtrocknen, mit der Gewürzmischung gut einreiben (kann auch schon am Vortag gemacht werden).

2 Das Öl in einem geeigneten Bräter erhitzen, das Fleisch einlegen und rundum anbraten. Zwiebel schälen und grob schneiden, Speck in Streifen schneiden und mit der Zwiebel in den Bräter geben, kurz mitrösten, danach mit Fond ablöschen. Das Fleisch im vorgeheizten Backofen bei 180 °C ca. 30–35 Minuten fertig braten.

3 Den Blumenkohl putzen und in Röschen teilen, diese in Salzwasser bissfest kochen, abseihen und warm stellen.

4 Den Bräter aus dem Ofen nehmen, Fleisch zum Rasten warm stellen, den Fleischsaft durch ein Sieb in einen Topf seihen, etwas einkochen lassen und mit kalten Butterflocken montieren, abschmecken.

5 2 EL Butter in einer Pfanne schmelzen, Paniermehl dazugeben und hell rösten, Blumenkohlröschen dazugeben und schwenkend erhitzen.

6 Das Rückenfilet in Scheiben schneiden, mit etwas Sauce und Blumenkohl anrichten.

SCHWARZWILD
(SUS SCROFA)

Diese Wildart ist Millionen Jahre alt und Ursprung unseres Hausschweines. Anpassungsfähigkeit an Lebensraum und Nahrung (Allesfresser) und ein durch Maisanbau reich gedeckter „Tisch" ließen die Wildschweinzahlen in Deutschland „explodieren". In den letzten Jahren wurden jährlich zwischen 400.000 und 600.000 Stück erlegt, mehr als die Gesamtzahl in osteuropäischen Ländern. In Österreich werden pro Jahr zwischen 33.000 und 45.000 Stück und in der Schweiz über 3.000 Stück bei steigender Tendenz geschossen.

Schwarzwild lebt in Rotten (Familienverbänden) zusammen, die sich aus Bachen (Muttertieren), Frischlingen (Jungen) und meist weiblichen Überläufern (1 Jahr) zusammensetzen. Einjährige männliche Stücke (Überläuferkeiler) bilden eigene Rotten. Ältere männliche Stücke (Keiler) sind Einzelgänger. Eine amtliche Abschussbegrenzung besteht nicht. Bejagt wird Schwarzwild vom Ansitz in hellen Mondscheinnächten und auf Drückjagden. Schwarzwild muss nach dem Gesetz auf Trichinen untersucht werden. Wer Schwarzwild oder -teile vom Jäger oder Forstamt kauft, der sollte sich die amtliche Trichinenuntersuchung bestätigen lassen. Wildbret von Schwarzwild wird auch aus Gatterhaltung und aus Übersee, speziell aus Australien, angeboten. Australische „Wildschweine" sind verwilderte schwarzborstige Hausschweine meist philippinischer Herkunft. Ab und zu gelangt auch als „Wildschwein" deklariertes Fleisch in den Handel, das von schwarzborstigen südosteuropäischen Hausschweinen (Mangalitza genannt) stammt. Das ist nachweisbar durch Untersuchung der Chromosomenzahl (Hausschwein 38, europäisches Wildschwein 36). Der Käufer erkennt die „häusliche" Herkunft seines Wildschweinbratens an der hellen Farbe des gebratenen Fleisches. Echtes Wildschweinfleisch ist dagegen dunkel. Wildbret von in der Paarungszeit (November bis Januar) erlegtem älterem männlichem, teils auch weiblichem Schwarzwild hat einen unangenehmen urinösen Geruch und Geschmack, feststellbar durch die Koch- oder Bratprobe eines kleinen Stückes Fleisch. Es gilt als nicht verzehrfähig (allergische Reaktionen möglich!) und lässt sich auch nicht brauchbar machen.

ERLEGUNGSGEWICHT (AUSGEWEIDET):
je nach Alter, Geschlecht und Ernährungszustand
8–250 kg

AUSSCHLACHTERGEBNIS:
40–55 Prozent mit Knochen, 35–45 Prozent ohne Knochen

TIEFKÜHLLAGERUNG:
ca. 6 Monate, danach Gefahr des Ranzigwerdens

HAUPTJAGDZEIT:
(Achtung: regional stark unterschiedlich)
FRISCHLINGE: ganzjährig
ÜBERLÄUFER: ganzjährig
KEILER UND BACHEN: Juni bis Januar

PAARUNGSZEIT:
November bis Januar

QUALITÄTSMERKMALE:
dunkelrotes Fleisch, hocharomatisch und saftig durch reichen Fettzellenanteil

ZUBEREITUNGSEMPFEHLUNG:
KOTELETTS, SCHNITZEL, STEAKS, RÜCKEN: braten und grillen
RÜCKEN, KEULEN, BLÄTTER: braten und schmoren
NACKEN: schmoren
RIPPEN UND BAUCHLAPPEN: für Grilladen, Rollbraten und Ragout

ZUSCHNITT
VON GRILLTEILEN

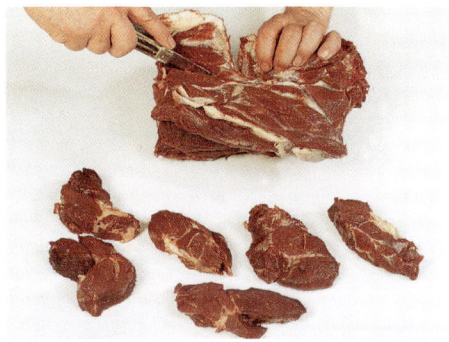

1. Spareribs: Bei jeder zweiten Rippe Wildbret durchschneiden, mit Zangenschere abtrennen.

2. Nackensteaks: Muskel vom Nackenknochen beidseitig ablösen und zu Steaks schneiden.

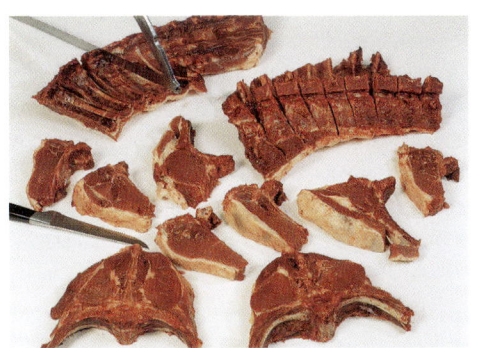

3. Koteletts: In der Länge gespaltenen Rücken von der Unterseite durchsägen und -schneiden.

4. Steaks und Koteletts in eine würzige Ölmarinade einlegen, Spareribs nur würzen.

WILDSCHWEIN-FILET
mit Backpflaumenfüllung und Kartoffelklößen

ZUTATEN FÜR 4 PORTIONEN (CA. 650 KCAL/PORTION)

1.000 g Wildschweinrücken am Knochen

• 30 g Butterschmalz • 1 TL gemahlener Thymian

• Pfeffer aus der Mühle • Salz

FOND: 3 EL Pflanzenöl • Suppengrün

FÜLLUNG: 150 g Backpflaumen ohne Kern

• 150 ml Rotwein • 1 Ei

KARTOFFELKLÖSSE: 250 g mehlig kochende gegarte Kartoffeln vom Vortag • 250 g mehlig kochende rohe Kartoffeln

• 1 Ei • 50 g Mehl • Salz • frisch geriebene Muskatnuss

SAUCE: 500 ml Wildfond • 2–3 EL Pflaumenmus • 30 ml Vieille Prune (dunkler Pflaumenschnaps, ersatzweise Weinbrand) • Pfeffer aus der Mühle • Salz • Zitronensaft

BEILAGEN: Maronen, in Rotwein gedünstete Backpflaumen

ZUBEREITUNG

1 Für die Füllung Backpflaumen in kleine Stücke schneiden, in eine Schüssel geben, mit dem Rotwein begießen und über Nacht weichen lassen.

2 Vom Wildschweinrücken die Filets in ganzer Länge vom Knochen lösen und häuten, Knochen zerkleinern.

3 Für den Fond in einem Schnellkochtopf das Öl erhitzen. Knochen mit den Häuten und Fleischabschnitten im Öl anbraten. Suppengrün zufügen, mit 1 l Wasser bedecken und ca. 35 Minuten auskochen. Brühe durch ein Sieb gießen, entfetten und auf 600 ml einkochen.

4 Backpflaumen mit der Einweichflüssigkeit in einen Mixer geben und fein pürieren. Zum Schluss das Ei zufügen. Masse in die Einfüllspritze geben.

5 Für die Klöße die gekochten Kartoffeln schälen und durch die Kartoffelpresse drücken. Die rohen Kartoffeln schälen und nicht zu fein reiben, auf ein Tuch geben und fest auspressen, den Saft auffangen. Beide Kartoffelmassen mit Ei, Mehl, Salz und etwas Muskat vermischen.

6 Wenn sich die Stärke im aufgefangenen Kartoffelsaft abgesetzt hat, die klare Flüssigkeit abgießen und die Stärke unter den Kartoffelteig mischen, noch einmal durchkneten. Den Teig 30 Minuten kühl stellen.

7 Die Wildschweinfilets in 4–6 gleichgroße Stücke teilen und mit der Backpflaumenmasse füllen (s. Anleitungsbilder auf S. 44). In der Pfanne das Butterschmalz erhitzen, die Fleischstücke rundum anbraten. 100 ml Fond zugießen und bei geschlossenem Deckel ca. 25 Minuten fertig garen.

8 Reichlich Salzwasser zum Kochen bringen. Den Kartoffelteig auf einer bemehlten Fläche zu einer Rolle formen und in 4 gleich große Stücke teilen, daraus Klöße formen. Die Klöße ins kochende Salzwasser einlegen, Temperatur zurückdrehen und 25 Minuten gar ziehen lassen (nicht kochen!).

9 In der Zwischenzeit für die Sauce Bratensatz mit 500 ml Wildfond loskochen, entfetten und in einen Stieltopf geben. Pflaumenmus einrühren, Pflaumenschnaps zugeben und die Sauce auf die Hälfte einkochen. Mit Pfeffer, Salz und Zitronensaft abschmecken. Die Sauce durch ein Sieb gießen und mit den portionierten Filets und den Kartoffelklößen servieren.

HINWEIS: WER SICH DIE MÜHE MIT DEN BACKPFLAUMEN FÜR DIE FÜLLUNG NICHT MACHEN WILL, DER KANN SICH AUCH EINE FÜLLUNG WIE FOLGT HERSTELLEN: 40 G ALTBACKENES WEISSBROT REIBEN, 2 EL PFLAUMENMUS, 1 EI ZUFÜGEN UND ALLES DURCHMIXEN.

TIPP: MIT EI UND OHNE WEISSBROT ALS BINDEMITTEL ZUBEREITETE FÜLLUNGEN, DIE ZU FLÜSSIG SIND, IN EIN TÖPFCHEN GEBEN, 2–3 MESSERSPITZEN SPEISESTÄRKE ZUFÜGEN UND UNTER STÄNDIGEM RÜHREN SO LANGE ERHITZEN, BIS DIE FÜLLUNG DICKBREIIG WIRD. DEN TOPF SOFORT IN KALTES WASSER SETZEN UND DIE MASSE ERKALTEN LASSEN.

WILDSCHWEIN-FILET
mit Steinpilzen

ZUTATEN FÜR 4 PORTIONEN (CA. 430 KCAL/PORTION)
400 g frische Steinpilze • 20 g Butterschmalz
• 2 Schalotten • 20 ml Weinbrand • 150 ml Wasser
• 200 ml Sahne • 600 g Wildschweinfilet
• 20 g Butterschmalz • Pfeffer • Salz

BEILAGEN: Teigwaren, Semmelklöße, Kartoffelklöße
(Rezepte s. S. 20 und S. 68)

ZUBEREITUNG

1 Steinpilze putzen und in nicht zu dünne, kleine Scheiben schneiden. Putzabfälle sorgfältig waschen und abtropfen lassen. Butterschmalz in einem Topf erhitzen, fein geschnittene Schalotten zugeben und andünsten. Weinbrand angießen und verdampfen lassen.

2 Pilzabfälle ins Fett geben und schmoren, mit dem Wasser auffüllen und aufkochen. Die Sahne zufügen und 5 Minuten bei milder Hitze köcheln lassen. Saucensud durchseihen, 100 ml davon beiseitestellen. Rest in einen Stieltopf geben.

3 Wildschweinfilet pfeffern und salzen. Butterschmalz in der Pfanne erhitzen. Das Filet rundum anbraten, dann bei geschlossenem Deckel ca. 30 Minuten bei milder Hitze weiterbraten. Zwischendurch mehrmals wenden. Filet aus der Pfanne nehmen und abgedeckt 5 Minuten ruhen lassen.

4 Bratensatz mit beiseitegestelltem Saucensud loskochen und zu der übrigen Sauce geben. Geschnittene Steinpilze zufügen und bei milder Hitze ca. 3 bis 4 Minuten garen. Mit Pfeffer und Salz abschmecken.

HINWEIS: WILDBRET VOM WILDSCHWEIN IST DAS GANZE JAHR ÜBER ERHÄLTLICH, NICHT NUR IM HERBST.

WILDSCHWEIN
mexikanisch

ZUTATEN FÜR 4 PORTIONEN (CA. 620 KCAL/PORTION)
BRÜHE: 1.000 g Wildschweinknochen • 3 Möhren
• 1 Stange Porree • ¼ Knolle Sellerie • ½ Petersilienwurzel
• 3 Knoblauchzehen • ½ Ingwerwurzel • 60 ml Olivenöl
• 3 Thymianzweige • 1 Lorbeerblatt • 8 Pfefferkörner
• 800 g Fleischabschnitte vom Wildschwein
• 60 ml Olivenöl • 500 ml Brühe • je ½ gelbe, grüne und rote Paprikaschote • 1 Dose rote Bohnen • 4–5 Schalotten
• Körner eines Maiskolbens (oder ½ Dose Maiskörner)
• 100 g gewürfelter Frühstücksspeck
• 250 ml saure Sahne • scharfes Paprikapulver
• Pfeffer aus der Mühle • Salz

BEILAGEN: Reis, Salzkartoffeln

ZUBEREITUNG

1 Für die Brühe Gemüse putzen bzw. schälen und in Streifen schneiden, Knoblauch und Ingwer fein hacken. Knochen in heißem Öl anrösten, Wurzelgemüse zugeben, ca. 10 Minuten mitschmoren.

2 Alles in einen Suppentopf umfüllen, Thymian, Lorbeer und gestoßene Pfefferkörner zugeben, mit heißem Wasser bedecken und 60–70 Minuten köcheln lassen (Schnellkochtopf: Stufe II 35 Minuten). Brühe abseihen und einkochen.

3 Fleischabschnitte pfeffern, salzen und in Öl anbraten. Die Hälfte der Brühe zugießen und das Fleisch ca. 50 Minuten schmoren. Die Paprikaschoten mit kochendem Wasser überbrühen, häuten und in Streifen schneiden. Bohnen abseihen, Schalotten schälen und in dicke Ringe schneiden. Paprikastreifen, Maiskörner, Zwiebelringe, Bohnen und Frühstücksspeck zum Fleisch geben und 10 Minuten mitschmoren. Saure Sahne zufügen, mit Paprikapulver, Pfeffer und Salz kräftig würzen.

WILDSCHWEIN-HAXE
auf Chinakohl

ZUTATEN FÜR 4 PORTIONEN (CA. 380 KCAL/PORTION)

4 Wildschweinhaxen • ¼ Stange Lauch • ein Stück
Sellerieknolle • 2 Mohrrüben • 1 Petersilienwurzel
• 1 Zwiebel • 1 Zweig Liebstöckel • 12 weiße Pfefferkörner
• 1 Lorbeerblatt • 1 TL Salz
SAUCE: 2 TL Zucker • 300 ml Brühe • 50 ml Sahne
• Speisestärke • Pfeffer aus der Mühle • Salz
SONSTIGES: 1 Kopf Chinakohl

BEILAGE: Salzkartoffeln

ZUBEREITUNG

1 Wurzelgemüse putzen, in Stücke schneiden und in einen großen Kochtopf geben. Liebstöckel, Pfefferkörner, Lorbeerblatt und Salz zufügen. Topf bis zur Hälfte mit Wasser füllen und alles aufkochen.

2 In den kochenden Sud die Haxen einlegen und ohne Deckel bei mittlerer Hitze so lange köcheln, bis sie weich sind (ca. 80 Minuten). Haxen aus dem Sud herausnehmen und in Alufolie einschlagen. Vor dem Servieren im Backofen (Grillfunktion) 6–9 Minuten bräunen.

3 Für die Sauce Kochsud (von den Haxen) durch ein Haarsieb seihen, in einem Stieltopf den Zucker bräunen, 300 ml vom Kochsud zugeben, aufkochen lassen. Sahne beigeben und mit Speisestärke leicht binden, mit Pfeffer und Salz abschmecken.

4 Chinakohl waschen, in Stücke schneiden und im verbliebenen, erhitzten Kochsud 1 Minuten blanchieren. Herausnehmen und auf einer Platte anrichten. Haxen darauf anrichten, mit der Sauce und den Beilagen servieren.

WILDSCHWEIN-NACKEN
im Gemüse-Aspik

**ZUTATEN FÜR 1 TERRINENFORM (CA. 2 L) ODER
MEHRERE EINMACHGLÄSER (CA. 130 KCAL/100 G)**

BRÜHE: 1.000 g zerkleinerte Wildschweinknochen
- *1 Stück von der Sellerieknolle • 1 Petersilienwurzel*
- *1 mittelgroße Mohrrübe • ½ Stange Lauch*
- *1 Lorbeerblatt • 1 EL weiße Pfefferkörner*
- *1 Zweig Liebstöckel • 1 TL Salz*

EINLAGE: 1.000 g ausgelöster Wildschweinnacken
- *1 große Mohrrübe • ½ Stange Lauch*

ASPIK: 20 Blatt weiße Gelatine • 600 ml entfettete Brühe
- *150 ml trockener Weißwein • Pfeffer • Salz*

*SAUCE: 2 klein geschnittene Schalotten • 50 ml Apfel-
essig • 30 ml Balsamico-Essig • 50 ml Kürbiskernöl*
- *Pfeffer aus der Mühle • Salz • Zucker*

BEILAGEN: Bratkartoffeln, Feldsalat

ZUBEREITUNG

1 Wildschweinknochen in einem Sieb kalt abspülen und in einen großen Kochtopf geben. Gemüse schälen, putzen und zusammen mit Lorbeerblatt, Pfefferkörnern, Liebstöckel und Salz zu den Knochen geben, alles mit Wasser bedecken und aufkochen lassen, 40 Minuten simmern lassen, immer wieder Schaum entfernen, zum Schluss Knochen aus der Brühe nehmen.

2 Ausgelösten Wildschweinnacken in die siedende Brühe geben und 60 Minuten köcheln, im Sud abkühlen lassen. Fleisch mit der Fleischgabel herausnehmen, abtropfen lassen, in Alufolie einschlagen und im Kühlschrank gut auskühlen lassen.

3 Brühe durch ein Haarsieb gießen und entfetten. Mohrrübe und Lauch waschen, putzen und in Juliennestrei-

fen schneiden. Etwas von der Brühe in einem Topf erhitzen. Darin die Juliennestreifen ca. 5 Minuten garen. Mit einem Schaumlöffel herausheben, kurz in kaltes Wasser geben und auf einem Teller auskühlen lassen. Erkaltetes Fleisch in ca. 5 mm dicke Scheiben schneiden.

4 Für das Aspik Gelatine in kaltem Wasser quellen lassen. Entfettete Brühe und Weißwein in einen Stieltopf geben und erwärmen, mit Pfeffer und Salz würzen. Gelatine ausdrücken und im Sud auflösen.

5 Terrinenform mit kaltem Wasser ausspülen und mit Klarsichtfolie auskleiden. Etwas Geliersud eingießen, erkalten lassen. Dann wechselweise in mehreren Schichten Fleischscheiben und Gemüsestreifen einlegen, zwischendurch immer mit Geliersud bedecken. Zum Schluss mit Gelierflüssigkeit auffüllen. Im Kühlschrank erstarren lassen, dann stürzen. Folie abziehen, Sülze aufschneiden.

6 Für die Sauce alles vermischen und abschmecken, Sülze mit Salat und Sauce auf Tellern anrichten.

TIPP: ZUM PORTIONIEREN EIN SCHARFES MESSER MIT DÜNNER KLINGE VERWENDEN.

HINWEIS: DAS NACKENSTÜCK STELLT DAS BESTE BRATENSTÜCK VOM WILDSCHWEIN DAR. WEDER RÜCKEN NOCH KEULE ODER BLATT WEISEN EIN SO FEIN STRUKTURIERTES, MIT FETTZELLEN ANGEREICHERTES UND DESHALB ÜBERAUS SAFTIGES FLEISCH WIE DER NACKEN AUF. SEIN FEINES AROMA KOMMT AM BESTEN ZUR GELTUNG, WENN DAS NACKENSTÜCK MIT KNOCHEN IM BRATENTOPF ODER BRÄTER RUNDUM ANGEBRATEN UND DANN BEI MILDER HITZE GESCHMORT WIRD.

WILDSCHWEIN-NACKEN
mit Meerrettichsauce

ZUTATEN FÜR 4 PORTIONEN (CA. 450 KCAL/PORTION)
Wildschweinnacken mit Knochen (ca. 1.300 g)
• 1 Zwiebel • 2 Gewürznelken • 1 Lorbeerblatt
• 6 Wacholderbeeren • 8–10 weiße Pfefferkörner
• 1 Bund Suppengrün (Mohrrübe, Sellerie, Porree,
Petersilienwurzel) • einige Thymianzweige • Salz
WIRSINGGEMÜSE: ½ Wirsingkopf • 1 TL Natron
• 30 g Butter • 100 ml Brühe vom Wildschweinnacken
• Muskatnuss • Pfeffer • Salz
SAUCE: 20 g Butter • 1 Zwiebel • 2 EL Mehl
• 30 ml trockener Weißwein • 500 ml Brühe vom Wild-
schweinnacken • 30 ml Sahne • 2 EL frisch geriebener
Meerrettich • Zitronensaft • Pfeffer • Salz

BEILAGEN: Salzkartoffeln

ZUBEREITUNG

1 Geschälte Zwiebel mit Gewürznelken und Lorbeerblatt spicken. Den gewaschenen und trocken getupften Wildschweinnacken mit der Zwiebel, den Gewürzen und dem geputzten Suppengrün ins siedende Wasser (ca. 2 l) geben und bei mittlerer Hitze ca. 90–110 Minuten köcheln (Schnellkochtopf: Stufe II ca. 45 Minuten).

2 Fleisch herausnehmen, warm stellen, Suppengemüse und Gewürze herausseihen, Brühe um ein Drittel einkochen.

3 Für das Gemüse Wirsing putzen, in Streifen schneiden, in kochendem, mit Natron angereichertem Wasser blanchieren und abseihen. Butter zerlassen, Wirsing kurz darin schwenken und 100 ml der eingekochten Brühe zugeben, 15–20 Minuten dünsten, abschmecken.

4 Für die Sauce die Butter in einem Topf zerlassen, die fein gehackte Zwiebel und das fein gesiebte Mehl zugeben. Alles glatt rühren, mit Wein ablöschen und mit 500 ml der eingekochten Brühe auffüllen. Einmal aufkochen, Sahne zufügen, Meerrettich unterrühren, mit Zitronensaft, Pfeffer und Salz abschmecken.

WILDSCHWEIN-„VÖGELI"

ZUTATEN FÜR 6 PORTIONEN (CA. 980 KCAL/PORTION)
6 Wildschweinkoteletts (mit langem Rippenknochen)
• Liebstöckelsalz • Wildgewürz • Pfeffer aus der Mühle
• 80 g Butterschmalz • 750 g frische Champignons
• 2 Zwiebeln • 400 ml Sahne • frischer Pfeffer • Salz
• 3 Eigelb • 1 ½ Bund Petersilie • 150 g Emmentaler

BEILAGEN: Kartoffelgratin, Kroketten, Kohlrabigemüse

ZUBEREITUNG

1 An den Wildschweinkoteletts das Fleisch entlang des Rippenknochens so weit ablösen, dass es noch am unteren Knochenteil hängt. Fleisch mit dem Klopfer beidseitig zu einem dünnen, breiten Fladen ausklopfen, mit Liebstöckelsalz, Wildgewürz und Pfeffer würzen, Koteletts beiseitelegen.

2 Im Topf 50 g Butterschmalz erhitzen, klein geschnittene Champignons und fein geschnittene Zwiebeln zufügen und andünsten. 70 ml Sahne zugeben, pfeffern und salzen. Unter ständigem Rühren die Flüssigkeit so lange einkochen, bis das Pilzgemüse nahezu fest ist, dann erkalten lassen. Eigelb und Hälfte der fein gehackten Petersilie einarbeiten, den Backofen auf 200 °C vorheizen.

3 Auf jeden Fleischfladen 1 EL Pilzgemüse geben und das Fleisch tütenförmig so einrollen, dass ein vogelähnliches Gebilde (Rippenknochen als nach oben gerichteter Hals, gefüllter Fleischfladen als daran hängender Körper) entsteht.

4 Auflaufform mit Butterschmalz ausstreichen. Wildschwein-Vögeli nebeneinander in die Form setzen. Restliches Pilzgemüse über das Fleisch verteilen, verbliebene Sahne zugießen. Wildschwein-Vögeli mit Alufolie abdecken und im Ofen ca. 25 Minuten garen. Form aus dem Ofen nehmen, Alufolie entfernen, restliche Petersilie darübergeben, mit Käsescheiben belegen und im Ofen ca. 10 Minuten überbacken.

WILDSCHWEIN-
„VÖGELI"

SCHMALZ UND RILETTES
vom Wildschwein

ZUTATEN

**1.000 g Wildschweinspeck • 1 säuerlicher Apfel
• 1 Zwiebel • 1.000 g durchwachsenes Bauch- oder
Rippenfleisch • frische Kräuter nach Wahl
(z. B. Petersilie, Majoran, Schnittlauch, 2–3 Blättchen
Basilikum, 2–3 Blatt Liebstöckel, Estragon, Kerbel)
• Pfeffer aus der Mühle • Salz**

ZUBEREITUNG

1 Den Speck durch einen Fleischwolf treiben (grobe
Scheibe), bei nicht zu hoher Temperatur zu Schmalz
auslassen, Apfel und geschälte Zwiebel zufügen. Wird die
Zwiebel braun, Schmalz durch ein Haarsieb gießen und
dickflüssig werden lassen.

2 Bauchlappen und Rippenfleisch in Stücke schneiden,
pfeffern und salzen. In etwas Schmalz anbraten, in
einen Topf geben, mit Wasser oder Wildfond auffüllen,
weich kochen. Fleisch herausnehmen, abtropfen lassen,
handwarm in Stücke schneiden und in einem Standmixer
oder Cutter fein hacken, gut pfeffern und salzen, danach
20–25 Minuten tiefkühlen.

3 Kräuter fein hacken, mit dem gekühlten Fleisch und
dem Schmalz in einer Rührschüssel (Küchenmaschine)
gut durchmengen.

**TIPP: WILDSCHWEINFETT (SPECK UND BAUCHFETT),
DAS DURCH DEN FLEISCHWOLF GEDREHT UND MIT
ZWIEBEL UND APFEL AUSGELASSEN WIRD, ERGIBT
LEICHT GESALZEN EIN VORZÜGLICHES SCHMALZ.
EINE VERFEINERUNG STELLT EINE ART FLEISCHPASTE
(RILETTES) VOM WILDSCHWEIN DAR.**

ROLLBRATEN mit
Mangold-Champignon-Füllung

ZUTATEN FÜR 4–6 PORTIONEN (CA. 460 KCAL/PORTION)

**1 Stück Rippen- oder Bauchfleisch vom Überläufer
(ca. 1.000 g) • Pfeffer • Salz
GEMÜSE: 750 g Mangold (ersatzweise Spinat)
• 1 TL Natron • 10 g Butter • 1 kleine Zwiebel
FÜLLE: 20 g Butter • 400 g Champignons
• 1 mittelgroße Zwiebel • 20 g Butter • 40 ml Sahne
• Pfeffer • Salz • 80 g entrindetes Weißbrot • 1 Ei**

BEILAGEN: Salzkartoffeln, Mangoldgemüse

ZUBEREITUNG

1 Mangoldblätter waschen, den größten Teil der Stiele
herausschneiden, in kochendes Wasser Natron geben,
darin 4 große Mangoldblätter ca. 3 Minuten blanchieren.
Mit Schaumlöffel herausheben, in kaltes Wasser und anschließend in ein Sieb geben.

2 Restliche Mangoldblätter (Beilage) in Streifen schneiden, im Kochwasser 5–7 Minuten garen, herausheben,
in einem Sieb kalt abspülen und beiseitstellen.

3 Für die Fülle Champignons und Zwiebel im Mixer pürieren. Butter erhitzen, Püriermasse hineingeben und
aufkochen. Sahne zugießen, alles zu einem dicken Brei
einkochen, pfeffern und salzen. Abkühlen lassen, mit dem
klein geschnittenen Weißbrot und dem Ei gut vermischen.

4 Backofen auf 180 °C vorheizen. Bauchfleisch mit der
Außenseite nach unten auf ein Brett legen, pfeffern
und salzen. Zwei blanchierte Mangoldblätter auflegen,
Pilzmasse darauf verteilen, mit den restlichen Mangold-
blättern abdecken. Zum Rollbraten zusammenrollen, mit
Küchengarn binden. Braten in Bratfolie geben, auf mittlerer
Schiene im Backofen ca. 90 Minuten braten, danach Bra-
ten aus der Bratfolie nehmen und in Alufolie einschlagen.

5 Für die Sauce Bratensaft durchsieben, entfetten, etwas
einkochen lassen, pfeffern und salzen.

6 Für das Gemüse die Butter erhitzen, klein geschnittene
Zwiebel darin andünsten, den beiseitegestellten
Mangold zufügen und erwärmen, mit Pfeffer und Salz ab-
schmecken.

ROLLBRATEN mit
Mangold-Champignon-Füllung

WILDSCHWEIN-BLATT
im Spargelsud geschmort

ZUTATEN FÜR 4 PORTIONEN (CA. 820 KCAL/PORTION)
1.000 g Spargel • 1 Wildschweinblatt (ca. 1.200 g)
• 30 g Butterschmalz • Pfeffer aus der Mühle
• Salz • 50 g Butter
SAUCE: 1 Ei • 150 g Butter • 10 ml Zitronensaft
• Pfeffer • Salz

BEILAGEN: Schupfnudeln, Spargel

ZUBEREITUNG

1 Spargel schälen, Schalen waschen, mit 400 ml Wasser im Schnellkochtopf (Stufe I) 5 Minuten auskochen, abseihen, Schalen ausdrücken, Sud auf ca. 300 ml einkochen.

2 Backofen auf 180 °C vorheizen. In einem Bräter Butterschmalz erhitzen, Wildschweinblatt pfeffern, salzen und beidseitig anbraten. Spargelsud angießen und das Fleisch bei geschlossenem Deckel im Ofen ca. 80 Minuten weich schmoren.

3 Spargel in Stücke schneiden, die Kopfstücke beiseitelegen. Butter zerlassen, Spargelstücke zufügen und unter ständigem Umrühren langsam erhitzen, abdecken, bei geringer Hitze ca. 10 Minuten dünsten, danach Spargelspitzen einlegen und ca. 5 Minuten fertig garen.

4 Für die Sauce Ei und Butter in einer Schüssel verrühren, über Wasserbad so lange schlagen, bis die Sauce dickflüssig ist (eventuell etwas Wasser angießen).

5 Wildschweinblatt aus dem Bräter nehmen, warm stellen, Bratensaft einkochen, Bratensatz mit einem Spatel lösen und in die Sauce einarbeiten, mit Zitronensaft, Pfeffer, Salz abschmecken.

6 Wildschweinblatt portionieren und mit Spargel und Sauce anrichten.

HINWEIS: VERARBEITET WIRD NUR DER VORDERE TEIL DES BLATTES, ALSO DIE BLATTSCHAUFEL OHNE OBERARMBEIN.

WILDSCHWEIN-BLATT
mit Obst und Pfifferlingen

ZUTATEN FÜR 4 PORTIONEN (CA. 430 KCAL/PORTION)
1 Wildschweinblatt mit Knochen (ca. 1.200 g) • Pfeffer
• Salz • 1 Zwiebel • 40 g Butterschmalz
OBST: 50 ml Apfelessig • je 2 Birnen, Äpfel und
Pfirsiche • 8–10 Zwetschgen (ersatzweise Pflaumen oder
Aprikosen) • Pfeffer • Salz • Zucker
PFIFFERLINGE: 200 g Pfifferlinge • 20 g Butterschmalz
• Pfeffer • Salz

BEILAGE: kleine Semmelklöße (Rezept s. S. 20)

ZUBEREITUNG

1 Vom Wildschweinblatt die Fett tragenden Häute herunterschneiden, Fleisch pfeffern und salzen. Zwiebel schälen und klein schneiden.

2 In einem Bratentopf Butterschmalz erhitzen, darin das Wildschweinblatt anbraten. Bratensatz mit etwas warmem Wasser anlösen. Zwiebel zufügen, glasig werden lassen. Wildbret bei geschlossenem Deckel und mittlerer Hitze ca. 60 Minuten schmoren.

3 Apfelessig und etwas Wasser mischen. Die Hälfte des Obstes entkernen, in Stücke schneiden und in Essigwasser geben.

4 Nach etwa 60 Minuten das klein geschnittene Obst abseihen (Essigwasser auffangen!), zum Wildschweinblatt geben, ca. 20 Minuten mitschmoren. Nach Garende das Fleisch aus dem Topf herausnehmen, in Alufolie einwickeln.

5 250 ml warmes Wasser zum Schmorobst geben, aufkochen lassen und durch ein Haarsieb streichen. Kernobstsauce erhitzen, mit Pfeffer, Salz und Zucker abschmecken.

6 Restliches Obst ebenfalls entkernen, in Stücke schneiden und in das aufgefangene Essigwasser geben.

7 Pfifferlinge putzen, Butterschmalz erhitzen, darin die Pfifferlinge braten, bis die Flüssigkeit verdampft ist, pfeffern und salzen, kurz vor dem Servieren die Obststücke abseihen und zu den Pilzen geben. Alles durchmischen und ca. 1 Minuten erwärmen. Sauce und Beilage zum portionierten Fleisch reichen.

WILDSCHWEIN-BLATT

mit Obst und Pfifferlingen

GEFÜLLTE FRISCHLINGS- KEULE
im Brotteig

ZUTATEN FÜR 6–8 PORTIONEN
(CA. 820 KCAL/PORTION)

1 Frischlingskeule (ca. 2.000–2.300 g) • Pfeffer • Salz
• Wildgewürz • Thymian (gerebelt) • 50 g Pflanzenfett
• ca. 1.000 g frischer Roggenbrotteig (vom Bäcker oder
selbst gemacht, siehe unten) • Mehl
BROTTEIG: 400 g Weizenvollkornmehl • 400 g Roggen-
vollkornmehl • 2 P. Trockenhefe • 1 TL Braunzucker
• ca. 400 ml lauwarmes Wasser • 1 EL klein geschnittene
Rosmarinnadeln • 80 ml Milch • 80 ml Öl • 1 ½ EL Salz
FÜLLUNG: 30 g Butter • 1 gehackte Zwiebel • 50 g klein
geschnittene Champignons • Pfeffer • Salz
• 50 g frisches entrindetes Weißbrot • 15 g gehackte
grüne Pistazien • 1 Ei • 1 EL fein gewiegte Petersilie
SAUCE: 200 g Crème fraîche • 4 EL Hagebuttengelee
• Pfeffer • Salz • Zitronensaft

BEILAGEN: Salat

ZUBEREITUNG

1 Für die Füllung Butter erhitzen. Zwiebel mit Champignons andünsten, pfeffern, salzen, kalt stellen. Weißbrot
ganz fein schneiden, in eine Schüssel geben. Champignon-
masse, Pistazien, Ei und Petersilie zufügen, mischen, pfeffern, salzen.

2 Frischlingskeule hohl auslösen (s. Anleitungsbilder auf
S. 18), Unterbein abtrennen. Innen pfeffern und salzen.
Keule an einer Seite mit Zahnstochern und Küchengarn
(s. Anleitungsbilder auf S. 44) schließen.

3 Füllung hineingeben, zweite Öffnung ebenso schließen.
Fleisch mit Wildgewürz, Thymian, Pfeffer und
Salz einreiben, 10 Minuten ruhen lassen. Backofen auf
220 °C vorheizen.

4 In einem Bräter Fett erhitzen, Keule rundum anbraten,
bei geschlossenem Deckel im Backofen braten, bis die
Kerntemperatur 80 °C beträgt (mit Bratenthermometer
überprüfen!), zweimal wenden.

5 Für den Teig die Mehlsorten mit Trockenhefe und
Braunzucker in einer großen Schüssel vermischen und
das Wasser dazugießen. Mit den Knethaken des Handmi-
xers oder der Küchenmaschine zu einem geschmeidigen
Teig kneten. Zugedeckt an einem warmen Ort 30 Minuten
gehen lassen.

6 Milch mit Rosmarin, Öl und Salz erwärmen, umrühren,
bis sich das Salz vollständig aufgelöst hat, danach
beiseitestellen und leicht abkühlen lassen, die Mischung
lauwarm zum Teig geben, nochmals gut durchkneten und
wieder etwa 20 Minuten gehen lassen.

7 Die gebratene Frischlingskeule mit Alufolie abdecken,
im Bratentopf erkalten lassen. Zahnstocher und Garn
entfernen.

8 Brotteig auf bemehlter Fläche ca. 2 cm dick ausrollen. Die Keule zur Gänze mit Teig ummanteln, mit dem
Schluss nach unten auf ein mit Backpapier ausgelegtes
Backblech legen, mit einem Holzspieß die Oberfläche
mehrmals stupfen (damit der Dampf entweichen kann) und
auf der untersten Schiene des Backofens ca. 20 Minuten
bei 220 °C backen, Temperatur auf 200 °C reduzieren und
weitere 25 Minuten backen. Vor dem Aufschneiden ca.
15 Minuten ruhen lassen.

9 Für die Sauce den Bratensatz von der Frischlingskeule
mit etwas Wasser loskochen, durch ein Tuch in eine
Schüssel gießen. Crème fraîche und Hagebuttengelee zufügen, Sauce glatt rühren, mit Pfeffer, Salz und Zitronensaft abschmecken. Frischlingskeule im Brotteig am besten
mit einem Elektromesser in Portionen schneiden und mit
der Sauce servieren.

KESSELFLEISCH
vom Überläufer

ZUTATEN FÜR 4–6 PORTIONEN (CA. 550 KCAL/PORTION)
2 kg Wildschweinnacken • 1 Stange Lauch
• 1 Petersilienwurzel • 2–3 Mohrrüben
• 1 Stück Sellerieknolle • 1 Zwiebel • 1 Zweig
Liebstöckel • 1 EL weiße Pfefferkörner • 1 TL Salz
SAUCE: 250 ml Kochsud • 150 ml Sahne • 3–4 EL frisch
geriebener Meerrettich • Kartoffelmehl • Pfeffer • Salz

BEILAGEN: Salzkartoffeln, Lauch-Mohrrüben-Gemüse

ZUBEREITUNG

1 Nackenfleisch vom Wirbelknochen beidseitig in einem Stück herunterschneiden, Knochen zerkleinern.

2 Lauch, Petersilienwurzel, Mohrrüben, Sellerieknolle und Zwiebel putzen bzw. schälen und in grobe Stücke schneiden. Die eine Hälfte des Wurzelgemüses zusammen mit den Knochen, dem Liebstöckel, den Pfefferkörnern und dem Salz in einen großen Topf geben. Gut mit Wasser bedecken und ca. 45 Minuten bei mittlerer Temperatur kochen lassen. Kochsud durch ein Haarsieb in eine Schüssel, dann wieder in den gesäuberten Topf gießen und erhitzen.

3 Restliches Wurzelgemüse und das Nackenfleisch in die Brühe geben. Aufkochen, dann bei mittlerer Temperatur ca. 60 Minuten köcheln lassen.

4 Fleisch aus dem Kochsud herausnehmen, in Alufolie einwickeln und etwas ruhen lassen.

5 Für die Sauce 250 ml vom Kochsud mit der Sahne aufkochen. Meerrettich einrühren, Sauce mit in kaltem Wasser gelöstem Kartoffelmehl binden, mit Pfeffer und Salz abschmecken.

6 Fleisch portionieren und mit den Beilagen und der Sauce anrichten.

HINWEIS: DER BEGRIFF „KESSELFLEISCH" STAMMT AUS DEM BEREICH DER HAUSSCHLACHTUNG UND BEZEICHNET IM WURSTKESSEL IN KNOCHENBRÜHE GEGARTES FLEISCH (SCHWEINEBACKE, SCHWEINEBAUCH).

Geschmorter
FRISCHLINGS-NACKEN

ZUTATEN FÜR 4 PORTIONEN (CA. 600 KCAL/PORTION)
1.000 g Frischlingsnacken mit Knochen
• 3 Knoblauchzehen • Pfeffer aus der Mühle • Salz
• 30 g Butterschmalz • 1 Schalotte
SAUCE: 100 ml Sahne • 250 ml Wildbrühe (ersatzweise
Fleischbrühe, darf auch Instantbrühe sein)
• 1 TL fein gehackte Rosmarinnadeln • 30 ml Madeira
• Speisestärke • frisch gemahlener Pfeffer • Salz

BEILAGEN: geschmorte Champignons, Klöße von rohen und gekochten Kartoffeln (Rezept s. S. 196)

ZUBEREITUNG

1 Den Knoblauch in Salz zerreiben. Den Frischlingsnacken damit einreiben, pfeffern und salzen. In einem Bratentopf das Butterschmalz erhitzen, darin bei zurückgeschalteter Temperatur das Fleisch rundum anbraten. Die geschälte und klein geschnittene Schalotte zufügen und mit anbraten.

2 Etwas warmes Wasser angießen und bei geschlossenem Deckel im auf 180 °C vorgeheizten Backofen ca. 60 Minuten schmoren, dann ca. 40 Minuten bei 200 °C braten. Zwischendurch das Fleisch wenden und gegebenenfalls etwas Wasser nachgießen. Am Ende der Garzeit das Fleisch aus dem Topf nehmen und in Alufolie einschlagen.

3 Für die Sauce den Bratensatz mit Sahne aufkochen. Wildbrühe und Rosmarin zugeben und 5 Minuten köcheln lassen, Madeira angießen. Sauce mit Speisestärke leicht binden, mit Pfeffer und Salz abschmecken. Vor dem Servieren durch ein Haarsieb gießen.

4 Fleischstränge vom Knochen ablösen, schräg aufschneiden und mit der Sauce und den Beilagen servieren.

HINWEIS: WIRD FÜR DIESE ZUBEREITUNG EIN NACKENSTÜCK VON EINEM ÄLTEREN STÜCK VERWENDET, DANN VERLÄNGERT SICH DIE GARZEIT UM CA. 30 MINUTEN.

Geschmorter
FRISCHLINGS-
NACKEN

GESCHNETZELTES
von der *Wildschweinleber*

ZUTATEN FÜR 4 PORTIONEN (CA. 550 KCAL/PORTION)
500 g Wildschweinleber • Pfeffer • 50 g Butterschmalz
• 1 Zwiebel • 300 ml Fleischbrühe • gerebelter Majoran
• gemahlene Kräuter der Provence • Muskat • Salz • 60 ml
Sahne • 20 ml Calvados • 40 g Butter • 1 EL Weizenmehl

BEILAGEN: Wilder Reis, Salat, gedünsteter Chicorée

ZUBEREITUNG

1 Die Leber häuten, in 1 cm dicke Streifen schneiden und pfeffern. In einer Pfanne das Butterschmalz erhitzen, die Leberstücke mit der geschälten, fein geschnittenen Zwiebel anbräunen.

2 Fleischbrühe zugießen, aufkochen, mit den Gewürzen aromatisieren. Mit Sahne und Calvados verfeinern.

3 Butter in eine kleine Schüssel geben, Mehl mit einer Gabel in die Butter einarbeiten. Dann die Sauce mit der Mehlbutter binden (nicht mehr aufkochen lassen).

HINWEIS: UNGEWÖHNLICH, ABER SEHR WOHL-SCHMECKEND IST DIE KOMBINATION VON WILDLEBER UND PILZEN. DAFÜR EINFACH IN EINEM STIELTOPF BUTTERSCHMALZ ERHITZEN, DARIN EINE GESCHÄL-TE, FEIN GESCHNITTENE SCHALOTTE ANDÜNSTEN, GEPUTZTE UND KLEIN GESCHNITTENE PFIFFERLINGE (ODER STEINPILZE) ZUFÜGEN UND SCHMOREN. VOR DEM SERVIEREN DIE PILZE UNTER DIE LEBER HEBEN.

TIPP: SOLLTEN SIE TIEFGEFRORENE PILZE VERWENDEN, DANN DÜRFEN SIE DIESE NICHT NORMAL AUFTAUEN, DA SIE SONST LAPPIG WERDEN UND BITTER SCHME-CKEN. DIE PILZE NOCH GEFROREN IN KOCHENDES WAS-SER GEGEBEN, NACH 2 MINUTEN ABSEIHEN UND DANN WIE FRISCHE PILZE WEITERVERARBEITEN. FRISCHE PFIFFERLINGE (UND AUCH DOSENWARE!) MÜSSEN IN HEISSEM FETT ANGEBRATEN WERDEN, DAMIT SIE IHR AROMA VOLL ENTFALTEN. ERST DANN WERDEN SIE EI-NEM FLEISCHGERICHT ODER EINER SAUCE ZUGEGEBEN.

WILDSCHWEIN-SCHMORBRATEN
mit *Kastanien-Speck-Kroketten*

ZUTATEN FÜR 4–6 PORTIONEN (CA. 778 KCAL/PORTION)
BRATEN: *1.500 g Wildschweinkeule (ohne Knochen und zugeputzt) • Salz und Pfeffer • 60 g Schweineschmalz*
• 250 ml Starkbier (Pils) • 2 Zwiebeln • 4 EL Johannis-beergelee • 500 ml Wildfond • 1 TL Speisestärke
• 4 EL Sahne • Salz und Pfeffer
KROKETTEN: *250 g Topinamburs • 100 g Mehl • 1 Ei*
• 100 g gekochte, geschälte und klein geschnittene Kastanien • 50 g in kleine Würfel geschnittener Schinkenspeck • Salz • Pfeffer • Muskatnuss
ZUM PANIEREN: *Mehl • 1 Ei • Paniermehl*
• Öl zum Ausbacken

ZUBEREITUNG

1 Fleisch abwaschen, abtrocknen und mit Salz und Pfeffer würzen, Schweineschmalz in einem geeigneten Bräter erhitzen und das Fleisch rundum anbraten.

2 Mit Bier aufgießen, im vorgeheizten Backofen bei 160 °C zugedeckt ca. 60–90 Minuten schmoren, mehr-mals mit dem eigenen Bratensaft übergießen.

3 Für die Kroketten Topinamburs gut waschen und bürs-ten, kochen, abseihen, schälen und warm durch eine Erdäpfelpresse drücken, übrige Zutaten zugeben, gut vermischen.

4 Aus der Masse auf einer bemehlten Arbeitsfläche Kroketten formen, diese in Mehl, Ei und Paniermehl wälzen und anschließend in heißem Öl schwimmend aus-backen, herausnehmen und auf einem Gitter oder Küchen-papier abtropfen lassen.

5 Die Zwiebeln schälen, grob schneiden und in den letzten 20 Minuten der Garzeit zum Braten geben und mitschmoren. Den Braten aus dem Ofen nehmen und warm stellen, die Sauce passieren und das Johannisbeergelee sowie den Wildfond zugeben, Speisestärke und Obers glatt rühren, zur Sauce geben, unter ständigem Rühren mit dem Schneebesen aufkochen lassen und abschmecken.

6 Braten in dünne Scheiben schneiden, diese mit Sauce und Kroketten auf vorgewärmten Tellern anrichten.

WILDSCHWEIN-SCHMORBRATEN
mit Kastanien-Speck-Kroketten

BURGUNDER WILDSCHWEIN-RAGOUT

mit Schalotten und Champignons

ZUTATEN FÜR CA. 6 PORTIONEN
(CA. 350 KCAL/PORTION)

RAGOUT: 800 g ausgelöste Wildschweinschulter • etwas Salz • frisch gemahlener Pfeffer • 15 kleine Schalotten • 200 g Champignons • 30 g Öl • 500 ml Rotwein (Blauburgunder) • 500 ml Wildfond • 25 g glattes Mehl • 30 g Butter • gehackte Petersilie zum Bestreuen

BEILAGE: 500 g Bandnudeln • Salz • 15 g Butter

ZUBEREITUNG

1 Fleisch zuputzen, in etwa 40 g schwere Würfel schneiden, mit Salz und Pfeffer würzen, die Schalotten schälen, die Champignons putzen und waschen.

2 Öl in einem geräumigen Topf erhitzen, die Fleischwürfel beifügen und rundum anbraten, mit etwas Rotwein aufgießen und unter häufigem Aufgießen mit dem restlichen Wein und dem Wildfond zugedeckt ca. 60 Minuten schmoren lassen, bis das Fleisch weich ist.

3 20 Minuten vor Ende des Kochvorganges geschälte Schalotten und geputzte Champignons beifügen, zum Schluss Mehl mit Butter verkneten und das Ragout damit binden.

4 Die Bandnudeln in Salzwasser bissfest kochen, dann abseihen und in Butter schwenken.

5 Zuletzt das Ragout mit gehackter Petersilie bestreuen und mit Bandnudeln servieren.

Gefüllte
WILDSCHWEIN-RIPPE

ZUTATEN FÜR 4–6 PORTIONEN
(CA. 480 KCAL/PORTION)

*1 Wildschweinrippenbogen (ca. 1.200 g) • Pfeffer
aus der Mühle • Salz • 400 ml Wildknochenbrühe
• ca. 1 TL Speisestärke
FÜLLUNG: 1 altbackenes Brötchen • 300 g Wild-
Hackfleisch • 1 klein geschnittene Zwiebel • 1 Ei
• 50 ml Sahne • je 1 gestrichener TL Pökelsalz, Salz und
weißer Pfeffer • je 1 TL Kräutersalz und Wildgewürz
• 1 EL fein geschnittene Petersilie*

BEILAGEN: Rosenkohl, Kartoffelpüree

ZUBEREITUNG

1 Für die Füllung Brötchen in lauwarmem Wasser wei-
chen lassen, dann gut ausdrücken. Mit den übrigen
Zutaten (außer der Petersilie) in einen leistungsstarken
Standmixer (mit Schneidmesseraufsatz) geben und zu einer
Fleischfarce verarbeiten. Masse in eine Schüssel geben
und Petersilie einarbeiten. Backofen auf 200 °C vorheizen.

2 Wildschweinrippenbogen so zurichten, dass alles ge-
wachsene Fleisch auf den Rippen verbleibt. Quer zu
den Rippen zwischen diese und das Fleisch eine Tasche
schneiden. Diese mit der Fleischfarce füllen. Öffnung mit
Nadel und Küchengarn schließen.

3 Auf der Unterseite der Rippenknochen die Haut mit
dem Messer anritzen. Rippenbogen mit Pfeffer und
Salz würzen, mit etwas Wildbrühe in einen Bräter geben,
im Backofen (2. Schiene von unten) während des Garens
immer wieder mit etwas Wildbrühe begießen.

4 Nach etwa 70 Minuten herausnehmen und in Alufolie
einschlagen. Bratensatz mit etwas Wildbrühe anlösen,
durch ein Haarsieb in einen Topf geben. Mit Speisestärke
leicht binden, mit Pfeffer und Salz abschmecken.

WILDBURGER
mit Dinkelflocken

ZUTATEN FÜR CA. 16 KLEINE BURGER
(CA. 230 KCAL / STÜCK)

ca. 150–200 g Dinkelflocken • ca. 250 ml Gemüsebrühe
• ca. 800 g Hackfleisch vom Wild (z. B. Wildschwein,
Hirsch, Gams, Hase …) • 1 Ei • Apfelminze, Liebstöckel,
Majoran, Oregano, Petersilie (wenn möglich frisch
aus dem Garten) • Salz und Pfeffer • etwas Koriander
• Galgant • Paprikapulver • 16 kleine Brötchen*
• Senf oder Curryketchup zum Bestreichen
• Blattsalat, Tomaten und Gurken zum Füllen

ZUBEREITUNG

1 Die Dinkelflocken in der Gemüsebrühe aufkochen und ausquellen lassen. Das Hackfleisch mit dem Ei, den fein gehackten Kräutern und den Gewürzen vermischen.

2 Die ausgekühlten Dinkelflocken untermischen und nochmals mit Salz und Pfeffer abschmecken.

3 Mit nassen Händen kleine Laibchen formen und auf dem Grill oder in der Pfanne langsam braten.

4 Die Brötchen aufschneiden und mit Senf oder Ketchup bestreichen, mit jeweils einem Salatblatt, einem Hack-fleischlaibchen, mit Tomaten- und Gurkenscheiben füllen.

* STATT DER KLEINEN BRÖTCHEN KÖNNEN SIE AUCH 8 BURGERBRÖTCHEN VERWENDEN ODER SELBST BELIEBIGE BRÖTCHEN BACKEN. DIESE BURGER SIND EINE GESUNDE ALTERNATIVE ZU HERKÖMMLICHEN BURGERN. DAS HOCHWERTIGE WILDFLEISCH WIRD MIT DINKELFLOCKEN NOCHMALS AUFGEWERTET, OBWOHL MAN FAST NICHT MERKT, DASS ES KEINE REINEN FLEISCHBURGER SIND.

SPARERIBS VOM WILDSCHWEIN
mit Kartoffel-Speck-Salat

ZUTATEN FÜR 4 PORTIONEN (CA. 650 KCAL/PORTION)

Zu Spareribs geschnittene, vollfleischige Rippen vom Wildschwein (ca. 1.500 g) • 250 ml Pflanzenöl • Pfeffer aus der Mühle • Salz

KARTOFFELSALAT: 1.000 g Kartoffeln • 50 g durchwachsener und 50 g fetter geräucherter Speck • 1 mittelgroße Zwiebel • 250 ml Gemüse- oder Fleischbrühe (darf Instant sein) • 200 g Radieschen • 40 g Schnittlauchröllchen • Pfeffer aus der Mühle • Salz

BEILAGEN: Grüner Salat, Grillsaucen nach Wahl

ZUBEREITUNG

1 Die Spareribs nacheinander in eine Schüssel legen. Über jedes Stück etwas Öl gießen und im Kühlschrank ca. 8 Stunden marinieren lassen.

2 Spareribs in ein großes Sieb geben, abtropfen lassen, Öl auffangen. Spareribs im auf 140 °C vorgeheizten Backofen ca. 50 Minuten braten (abhängig von der Stärke der Spareribs). Immer wieder wenden, zwischendurch mit Öl einpinseln. Kurz vor dem Servieren mit Pfeffer und Salz würzen.

3 Für den Salat die Kartoffeln nicht zu weich kochen, noch warm schälen, in nicht zu dünne Scheiben schneiden und in eine Schüssel geben.

4 Speck in Würfel schneiden. Zwiebel schälen und klein schneiden. Speck in einem Topf anbraten, Zwiebelstücke zugeben und kurz anschwitzen lassen. Gemüsebrühe zugießen und erwärmen. Diese Marinade über die Kartoffeln gießen und alles vorsichtig vermengen.

5 Den Salat mindestens 30 Minuten ziehen lassen. Radieschen waschen, in Scheiben schneiden und zu den Kartoffeln geben. Schnittlauchröllchen zufügen, pfeffern und salzen. Alles vorsichtig durchmischen, kurz ruhen lassen und zu den Spareribs servieren.

HINWEIS: STATT DIE SPARERIBS ZU MARINIEREN, KANN MAN SIE AUCH IN KOCHENDEN WURZELSUD GEBEN UND CA. 30 MINUTEN VORKOCHEN. ANSCHLIESSEND IM SUD ERKALTEN LASSEN, DANN BRATEN ODER GRILLEN. DER VORTEIL: DAS FLEISCH BLEIBT SAFTIG UND IST SCHNELLER GAR.

SÜLZE VOM WILDSCHWEIN-HAUPT

ZUTATEN FÜR 1,5 L TERRINENFORM
(CA. 150 KCAL/100 G)
600 g vom abgekochten Wildschweinhaupt*
abgelöstes Fleisch • 150 g geschälte, gekochte
Mohrrüben • 150 g Delikatessgurken • 3 EL fein
geschnittene Petersilie • Pfeffer aus der Mühle • Salz
• 1 hart gekochtes Ei
GELIERSUD: 20 Blatt Haushaltsgelatine • 600 ml Fleisch-
brühe (darf Instant sein) • 60 ml Apfelessig

BEILAGEN: Bratkartoffeln, Endiviensalat bzw. Bauernbrot

ZUBEREITUNG

1 Das Fleisch klein, aber nicht zu fein schneiden. Mohrrüben und Delikatessgurken in Würfel, Scheiben oder
Stifte schneiden. Alles in eine Schüssel geben, Petersilie
zufügen, pfeffern, salzen und durchmischen.

2 Blattgelatine in kaltem Wasser einweichen. Fleischbrühe und Essig zusammen in einem Stieltopf erwärmen.
Blattgelatine ausdrücken und in der Fleischbrühe auflösen.
Eine Terrinen- oder Kastenform mit kaltem Wasser ausspülen und mit Frischhaltefolie so auskleiden, dass sie auf
allen Seiten über den Rand hängt.

3 Etwas vom Geliersud in die Form gießen, warten, bis
er leicht geliert ist, dann das geschälte, in Scheiben
geschnittene Ei hineinlegen. Danach das mit den Mohrrüben und Delikatessgurken vermischte Wildschweinfleisch
schichtweise in die Form geben. Zwischendurch Gelierflüssigkeit aufgießen.

4 Die mit der Sülze gefüllte Form mit Frischhaltefolie
abdecken und in den Kühlschrank stellen. Erstarrte Sülze aus der Form stürzen, die Folie abziehen und die Sülze
portionieren.

*** FÜR DAS ABKOCHEN DES ABGESCHWARTETEN, AB-
GESPÜLTEN UND GESÄUBERTEN WILDSCHWEIN-
HAUPTES EINEN MIT SELLERIE, LAUCH, PETERSILIE,
LIEBSTÖCKELZWEIG, MOHRRÜBEN, PFEFFERKÖRNERN,
LORBEERBLATT, WACHOLDERBEEREN, PIMENTKÖR-
NERN UND ETWAS SALZ AUFGEKOCHTEN SUD VER-
WENDEN.**

**TIPP: STATT DER FLEISCHBRÜHE KANN ZUM GELIEREN
AUCH EINE AUS WILDKNOCHEN GEZOGENE, KLARE
BRÜHE VERWENDET WERDEN.**

**TIPP: DAMIT DIE SÜLZE BEIM AUFSCHNEIDEN NICHT
ZERBRÖCKELT, GEGEN DIE SCHNITTFLÄCHE EINEN
TEIGSCHABER HALTEN UND FÜR DAS AUFSCHNEIDEN
EIN LACHSMESSER ODER EIN ELEKTROMESSER VER-
WENDEN.**

**HINWEIS: DIE SÜLZE KANN ALS KALTES HAUPTGE-
RICHT MIT BRATKARTOFFELN UND SALAT SERVIERT
WERDEN. ALS VORSPEISE KANN EINE DURCH EIN
TUCH GESEIHTE, MIT SHERRY AROMATISIERTE WILD-
BRÜHE, ALS DESSERT EIN STÜCK GEWÜRZKUCHEN
MIT NUSSEIS UND SAHNE GEREICHT WERDEN.
DOCH AUCH ALS KALTER IMBISS SCHMECKT DIE
SÜLZE MIT EINER MARINADE AUS ESSIG UND ÖL, MIT
ZWIEBELRINGEN UND MIT BROT HERVORRAGEND!**

GAMS-, MUFFEL- & STEINWILD
(RUPICAPRA RUPICAPRA – OVIS AMMON MUSIMON – CAPRA IBEX)

Alle drei Wildarten sind Hornträger. Beim Stein- und Gamswild haben beide Geschlechter Stirnwaffen. Sie werden nicht abgeworfen, sondern wachsen jährlich – anfangs mehr, später weniger – weiter. Gams- und Steinwild zählen zu den Wildziegen, Muffelwild zu den Wildschafen. Entsprechend sind die Bezeichnungen: Kitz/Lamm für nicht einjährige Stücke, Schmalgeiß/Schmalschaf für einjährige weibliche, Geiß/Schaf für ältere weibliche Stücke, Bock/Widder für ein- und mehrjährige männliche Stücke. Geißen/Schafe, Kitze/Lämmer, junge Böcke/Widder leben in Familienverbänden (Schar, Rudel). Ältere Böcke/Widder bei Stein- und Muffelwild bilden ebenfalls Rudel, ältere Gamsböcke hingegen sind sie Einzelgänger. Lebensraum für Gams- und Steinwild sind alpine Gebirge, für Muffelwild überwiegend Mittelgebirge. Alle drei Wildarten unterliegen amtlichen Abschussplänen. In Deutschland werden jährlich mehr als 7.000 Stück Muffel- und rund 5.000 Stück Gamswild, in Österreich an die 2.500 Stück Muffel- und rund 20.000 Stück Gamswild, in der Schweiz 2.000 bis 3.000 Stück Stein- und an die 24.000 Stück Gamswild erlegt.

Das Wildbret von in der Paarungszeit (Brunft) erlegten männlichen, teilweise auch weiblichen Stücken weist einen starken Geschlechtsgeruch und -geschmack auf (Brunft: Gams und Muffel im November/Dezember, Steinwild im Dezember/Januar). Dieser verliert sich durch mehrmonatige Tiefkühllagerung. Junge Tiere haben ein zartes und saftiges, ältere Tiere ein kerniges, aromatischeres Wildbret. Für die Zubereitung in der Küche ist alles sichtbare Fett zu entfernen, weil es leicht talgig ist. Gourmets rühmen das Wildbret vom Muffelwild, das wegen seiner Kurzfaserigkeit (wie Reh) und seiner Saftigkeit (wie Wildschwein) mit als Europas bestes Wildfleisch gilt. Die Besorgnis, es könne – da Wildschaf – auch nach Schaf schmecken, ist unbegründet. Ausnahme: Wildbret von brunftigen Stücken.

ERLEGUNGSGEWICHT (AUSGEWEIDET):
je nach Alter, Geschlecht und Ernährungszustand
15–35 kg (Gams- und Muffelwild), 20–80 kg (Steinwild)

AUSSCHLACHTERGEBNIS:
ca. 65 Prozent mit Knochen, ca. 50 Prozent ohne Knochen

TIEFKÜHLLAGERUNG:
6–8 Monate, danach beginnende Ranzigkeit

HAUPTJAGDZEIT:
(Achtung: regional stark unterschiedlich)
GAMSWILD (ALLE): August bis Dezember
MUFFELWILD (ALLE): Mai bis Dezember/Januar
STEINWILD (ALLE): August bis Dezember

PAARUNGSZEIT:
GAMS- UND MUFFELWILD: November bis Dezember
STEINWILD: Dezember bis Januar

QUALITÄTSMERKMALE:
GAMSWILD: dunkel- bis schwarzbraunes, leicht talgiges Wildbret von würzigem Aroma
MUFFELWILD: helles, rotbraunes Wildbret, kurzfaserig, saftig
STEINWILD: dunkles, rotbraunes Wildbret, leicht talgig, würzig

ZUBEREITUNGSEMPFEHLUNG:
RÜCKEN: braten; KEULEN UND BLÄTTER: schmoren
HALS-, RIPPEN- UND BAUCHFLEISCH: zu Ragout oder Gulasch verarbeiten

GEBACKENES WILDSCHNITZEL
mit Pilzrisotto

ZUTATEN FÜR 4 PORTIONEN (CA. 1140 KCAL/PORTION)

800 g ausgelöstes Keulenfleisch vom Stein- oder
Muffelwild • Salz und Pfeffer • Thymian
PANIER: 2 Eier • etwas Milch • Mehl • Paniermehl
• Schweineschmalz oder Öl zum Ausbacken
PILZRISOTTO: 1 kleine Zwiebel • 60 g Butter
• 300 g Risottoreis • 250 ml Weißwein • 1 l Wildbrühe
• 250 g Pilze (Pfifferlinge, Steinpilze, Champignons)
• Olivenöl zum Anbraten • 50 g geriebener Parmesan
• Salz • Pfeffer aus der Mühle • Thymian • Majoran

BEILAGE: Salat

ZUBEREITUNG

1 Aus der Keule 1 cm dicke Schnitzel schneiden, diese an den Rändern einschneiden, zwischen Frischhaltefolie klopfen, mit Salz, Pfeffer und Thymian würzen.

2 Zum Panieren die Eier mit der Milch verquirlen und die Schnitzel in Mehl, Eiern und Paniermehl wenden. In heißem Schmalz oder Öl beidseitig goldbraun backen, so dass innen noch ein rosa Kern bleibt.

3 Für den Risotto die Zwiebel schälen, fein schneiden und in der Hälfte der Butter glasig dünsten, den Reis dazugeben, kurz mitdünsten, mit dem Wein aufgießen und bei mittlerer Hitze eindicken lassen.

4 Ein Drittel der heißen Wildbrühe zugießen, wieder eindicken lassen, nach und nach die restliche Brühe dazugeben und den Risotto unter Rühren garen, bis der Reis bissfest ist.

5 Die geputzten und in Stücke geschnittenen Pilze in Olivenöl anbraten, unter den Risotto mischen, mit der restlichen Butter und dem Parmesan binden, abschmecken.

6 Den Risotto in der Mitte der Teller anrichten, die Schnitzel drauflegen, mit Kräutern garnieren und mit Salat servieren.

GAMSKEULE
im Kräutermantel mit Schlehensauce

ZUTATEN FÜR 6 PORTIONEN (CA. 600 KCAL/PORTION)
Gamskeule ohne Knochen, ca 1.000–1.500 g
* *1 Knoblauchzehe • Salz • Pfeffer aus der Mühle*
* *1 Schweinenetz • 50 ml Pflanzenöl • 250 ml trockener Rotwein • 1 Schalotte*
KRÄUTERMANTEL: 100 g altbackenes Weißbrot
* *1 Bund Petersilie • 2 Zweige Estragon • 2 Stängel Staudensellerie • ½ Stange Lauch • 4 Zweige Kerbel*
* *1 Ei • 2 EL saure Sahne • Pfeffer aus der Mühle • Salz*
SAUCE: 100 ml Schlehensaft • 200 ml Sahne

BEILAGEN: Schupfnudeln und gedünstete Mohrrüben

ZUBEREITUNG

1 Von der Gamskeule alle locker sitzenden Häute ablösen (aber nicht die am Fleisch anliegende blaue Sehnenhaut!). Knoblauchzehe in etwas Salz zerreiben, die Keule damit einreiben und pfeffern. Schweinenetz in kaltem Wasser wässern.

2 In einem Bräter Öl erhitzen, das Fleisch von allen Seiten anbraten. Bratensatz zwischendurch mit etwas Rotwein anlösen. Bräter vom Herd nehmen, das Fleisch abkühlen lassen.

3 Für den Kräutermantel Weißbrot fein zerreiben, in eine Schüssel geben. Von der Petersilie und vom Estragon die Stängel entfernen, bei der Staudensellerie die Fäden abziehen. Staudensellerie und gründlich gewaschenen Lauch klein schneiden.

4 Alle Kräuter mit Ei und saurer Sahne mit einem Stabmixer pürieren, Kräutermasse mit dem geriebenen Weißbrot vermischen, mit Pfeffer und Salz würzen. Backofen auf 120 °C vorheizen.

5 Das Schweinenetz aus dem Wasser nehmen, ausdrücken, auslegen und mit der Kräuter-Weißbrot-Mischung bestreichen. Keule in das Schweinenetz einschlagen und in den Bräter legen. Fein geschnittene Schalotte zugeben, restlichen Rotwein angießen. Den mit einem Deckel verschlossenen Bräter in den Backofen schieben und das Fleisch 3–4 Stunden garen.

6 Dann die Hitze auf 200 °C hochschalten, Fleisch auf eine Kerntemperatur von 80 °C (Fleischthermometer!) bringen (die letzten 20 Minuten den Deckel entfernen). Keule aus dem Bräter nehmen, in Alufolie einschlagen, ca. 15 Minuten ruhen lassen.

7 Bratensatz mit Wasser loskochen, durch ein Sieb gießen und entfetten, in einen Stieltopf geben, den Schlehensaft zugießen und einmal aufkochen. Sahne erhitzen, zufügen und die Sauce cremig einkochen, mit Pfeffer und Salz abschmecken. Keule aufschneiden und mit der Sauce servieren.

HINWEIS: DAS GAREN BEI NIEDRIGER TEMPERATUR FÖRDERT DIE ENTWICKLUNG VON ENZYMEN, DIE DAS FLEISCH ZART MACHEN. DIES ERFOLGT IM TEMPERATURBEREICH ZWISCHEN 20 °C UND 45 °C (KERNTEMPERATUR FLEISCH!). DIE ENZYME ZERSETZEN DIE MYOFIBRILLEN (MUSKELVERHÄRTER) UND DAS KOLLAGEN (EIWEISSKÖRPER, BINDEHAUTGEWEBE) UND LASSEN DADURCH SELBST DAS FLEISCH ALTER TIERE ZART WERDEN. DA SICH ABER IM GLEICHEN TEMPERATURBEREICH AUCH ANDERE IM FLEISCH BEFINDENDE MIKROORGANISMEN (BAKTERIEN) HEFTIG VERMEHREN, MUSS ES ANSCHLIESSEND AUF EINE KERNTEMPERATUR VON 80 °C GEBRACHT WERDEN, UM DIESE UNSCHÄDLICH ZU MACHEN.

GULASCH VOM STEINWILD

ZUTATEN FÜR 4 PORTIONEN
(CA. 600 KCAL/PORTION)
800 g Zuschnitte aus Keule oder Blatt
• 500 ml Rotwein • gemahlene Wacholderbeeren
• Pfeffer aus der Mühle • Salz • 30 g Butter-
schmalz • je ein Stück Sellerieknolle, Petersilien-
wurzel, Mohrrübe • ½ Zwiebel • 250 ml Wildfond
• 1 EL Balsamico-Essig • 1 EL Preiselbeeren
• 70 g kalte Butterstücke

BEILAGEN: Polenta, Lauchgemüse

ZUBEREITUNG

1 Fleisch in grobe Stücke schneiden, in eine Schüssel geben, Rotwein zugießen und eine Stunde im Kühlschrank ziehen lassen. Fleischstücke abseihen, Rotwein auffangen. Fleisch mit Wacholder, Pfeffer und Salz würzen.

2 Butterschmalz in einem Bräter erhitzen, Fleischstücke darin anbraten. Bratensatz zwischendurch mit Rotwein anlösen. Das geschälte Wurzelgemüse zufügen, den restlichen Rotwein angießen und das Fleisch ca. 50–60 Minuten schmoren.

3 Wildfond erwärmen und nach halber Schmorzeit zum Gulasch geben. Wenn das Fleisch weich ist, die Fleischstücke mit einer Gabel herausnehmen und abgedeckt in einer Schüssel im auf 80 °C vorgeheizten Backofen warm halten.

4 Bratflüssigkeit mit dem Gemüse durch ein Sieb in einen Stieltopf passieren. Essig und Preiselbeeren zufügen, Sauce mit kalten Butterstücken aufschlagen, mit Pfeffer und Salz abschmecken, das Fleisch wieder in die Sauce geben. Gulasch mit der Sauce und den Beilagen servieren.

FILET VOM MUFFEL *im Spinatmantel*

ZUTATEN FÜR 4 PORTIONEN (CA. 560 KCAL/PORTION)
1 Rückenfilet vom Muffel (ca. 700 g) • Pfeffer • Salz • 30 ml Rapsöl
FÜLLUNG: 20 ml Rapsöl • 1 kleine Zwiebel • 150 g Champignons
• 20 g getrocknete Steinpilze (eingeweicht) • 2 EL Tomatenmark
• 50 g Weißbrot • 1 Ei • Thymian • Salz • Pfeffer
MANTEL: 350 g Spinat • 20 ml Rapsöl • 1 kleine Knoblauchzehe
• 4 Eigelb • 4 Eiweiß • 50 g Mehl • 1 Pkg. Blätterteig • 1 Eigelb
SAUCE: 500 ml Wildfond • 125 ml Rotwein • 1 EL Tomatenmark
• 20 ml Sherry • Pfeffer • Salz

BEILAGEN: Teigwaren, Eichblattsalat

ZUBEREITUNG

1 Filet häuten, pfeffern und salzen, im Öl 6–8 Minuten braten. In Alufolie einschlagen, erkalten lassen.

2 Für die Fülllung Öl erhitzen, gehackte Zwiebel zufügen und glasig dünsten. Geputzte Champignons und Steinpilze zugeben, ca. 10 Minuten schmoren. Tomatenmark unterrühren, erkalten lassen. Weißbrot fein schneiden, Ei und Pilzmasse zugeben und würzen, durchmixen, im Kühlschrank kühlen. Backofen auf 200 °C vorheizen.

3 Spinat waschen und putzen. Öl erhitzen, klein gehackte Knoblauchzehe anbraten. Spinat zugeben, dünsten, erkalten lassen. Spinat mit Eigelb pürieren, pfeffern und salzen. Eiweiß steif schlagen, Mehl darübersieben und unterarbeiten. Spinatmasse locker einarbeiten. Spinatschaum auf mit Backpapier belegtem Kuchenblech 1–2 cm dick aufstreichen, 15 Minuten backen, danach das Spinat-Biskuit noch warm auf ein Tuch stürzen, das Backpapier abziehen.

4 Darauf Pilzmasse in Filetbreite auftragen, Filet aufsetzen, mit Pilzmasse bedecken. Spinat-Biskuit mithilfe des Tuchs zu einer Rolle formen, fest andrücken, ca. 20 Minuten auskühlen lassen.

5 Blätterteig ausrollen, Filet-Roulade darauflegen und einrollen, mit verquirltem Eigelb bestreichen (eventuell mit geflochtenen Teigstreifen verzieren). Auf ein mit Backpapier ausgelegtes Backblech setzen, im Ofen ca. 30 Minuten backen.

6 Für die Sauce Wildfond mit Rotwein auf ein Drittel der Menge einkochen. Tomatenmark einrühren, Sherry zugeben, mit Pfeffer und Salz würzen. Filet aus dem Ofen nehmen, 10 Minuten ruhen lassen, aufschneiden und mit der Sauce servieren.

GAMSKEULE
gesotten und gegrillt

ZUTATEN FÜR 8–10 PORTIONEN (CA. 250 KCAL/PORTION)
1 Gamskeule ohne Unterbein • 1 Bund Suppengemüse
• Olivenöl • 200 ml Malzbier • Pfeffer aus der Mühle • Salz
WÜRZSUD: 1 Zweig Rosmarin • 5–6 Zweige Thymian
• 5 zerdrückte Wacholderbeeren • 8–10 schwarze
Pfefferkörner • 1 kleiner Zweig Liebstöckel • 1 Stück
Ingwer • 1 klein geschnittene Zwiebel • 1 TL Pökelsalz
• 1 TL Salz • 50 ml Rotwein • 150 ml Wasser

BEILAGEN: Folienkartoffel mit Schmand, Cumberland-
sauce, verschiedene Salate

ZUBEREITUNG

1 Für den Würzsud am Abend zuvor alle Zutaten in einen
Topf geben und zum Kochen bringen. Nach ca. 15 Minu-
ten vom Herd nehmen und abkühlen lassen, dann durch ein
Tuch seihen.

2 Die Keule entbeinen, den Oberschenkelknochen hohl
auslösen (s. Anleitungsbilder auf S. 16, 17). Knochen
mit der Knochensäge zerkleinern. Fleisch in eine Schüssel
legen, den Würzsud in eine Gewürzspritze füllen und in das
Fleisch spritzen. Über Nacht einwirken lassen.

3 Suppengemüse putzen, klein schneiden und zusammen
mit den Knochen in den Kochtopf geben, 3–4 l Wasser
und 1 TL Salz zufügen, aufkochen und gut 1 Stunde köcheln
lassen, Sud erkalten lassen.

4 Suppengemüse und Knochen mit
einem Schaumlöffel herausnehmen. Sud erhitzen, Keule hineingeben und bei mittlerer Hitze ca. 90
Minuten garen. Am Ende der Garzeit
Keule aus dem Sud nehmen und in
Alufolie einschlagen. Nach einer Ruhezeit von ca. 20 Minuten die Keule
auf einen Drehspieß stecken, mit Olivenöl einpinseln und grillen. Gegen
Ende der Grillzeit mit Bier einpinseln.
Fleischscheiben nach dem Aufschneiden mit Pfeffer und Salz würzen.

MUFFELBLATT
mit grüner Sauce

ZUTATEN FÜR 4 PORTIONEN (CA. 650 KCAL/PORTION)
1 Muffelblatt • 30 ml Olivenöl • 1 Knoblauchzehe
• Pfeffer aus der Mühle • Salz
SAUCE: 1 Päckchen 7-Kräuter-Mischung
• 250 ml saure Sahne oder Schmand • 200 ml Joghurt
• 30 ml Olivenöl • Saft einer halben Zitrone
• frisch gemahlener Pfeffer • Salz

BEILAGE: Pellkartoffeln

ZUBEREITUNG

1 Muffelblatt beidseitig mit Öl bepinseln. Fein geschnittene Knoblauchzehe in Salz zerdrücken und auf dem
Fleisch verteilen, beidseitig pfeffern und salzen und in einer Schüssel ca. 1 Stunde ruhen lassen.

2 Für die Sauce die Kräuter mit den übrigen Zutaten gut
verrühren.

3 Muffelblatt auf einen Rost geben und unter mehrma-
ligem Wenden ca. 30 Minuten grillen (im Backofen
beträgt die Garzeit bei 180 °C ca. 60 Minuten). Das Blatt
aufschneiden und mit grüner Sauce auf Tellern anrichten.

**HINWEIS: FALLS DIE 7-KRÄUTER-MISCHUNG FÜR
GRÜNE SAUCE NICHT ERHÄLTLICH IST, KANN MAN
DIE KRÄUTER-MISCHUNG NACH JAHRESZEIT WECH-
SELND SELBST ZUSAMMEN-
STELLEN. FOLGENDE KRÄUTER
– JE EINE HANDVOLL – GELTEN
ALS KLASSISCH: PETERSILIE,
SCHNITTLAUCH, KERBEL, KRES-
SE, PIMPINELLE, SAUERAMPFER,
BORRETSCH, DILL, ESTRAGON,
ZITRONENMELISSE, KRESSE.**

MUFFELBLATT
mit grüner Sauce

GESCHMORTES GAMSBLATT
mit Pfifferlingen

ZUTATEN FÜR 4 PORTIONEN (CA. 650 KCAL/PORTION)
1 Gamsblatt (ca. 1.000 g) • 1 TL Wildgewürz • 1 TL Salz
• 50 g fetter geräucherter Speck • Pfeffer aus der Mühle
• 5 g Butterschmalz • 50 g geputzte Pfifferlinge
• 1 Mohrrübe • 1 Rosmarinzweig • 200 ml Wildbrühe
SAUCE: 15 g Butterschmalz • 300 g geputzte Pfifferlinge
• 1 klein geschnittene Schalotte • frisch gemahlener
Pfeffer • Salz • 50 ml Sahne • Bratensaft • Speisestärke

BEILAGEN: Semmelknödel, Eisbergsalat

ZUBEREITUNG

1 Vom Gamsblatt Häute und Fett entfernen. Wildgewürz und Salz miteinander mischen. Speck in ca. 5 mm dicke Streifen schneiden. Diese in der Würzmischung wälzen und für kurze Zeit in die Tiefkühlung geben.

2 Mit einem spitzem Messer in das Gamsblatt Spicklöcher stechen. In diese die gefrosteten Speckstreifen schieben. Gamsblatt pfeffern und mit verbliebener Würzmischung würzen.

3 Butterschmalz erhitzen, darin die Pfifferlinge anbraten, pfeffern und salzen, abkühlen lassen. Mohrrübe schälen und in dünne Scheiben schneiden. Vom Rosmarinzweig ca. 10 Nadeln abzupfen. Gamsblatt in einen Bratfolienschlauch geben, Pfifferlinge, Mohrrübenscheiben und Rosmarinnadeln dazugeben. Wildbrühe zugießen, Schlauch verschließen, auf den Rost geben und mit untergeschobener Fettpfanne auf mittlerer Schiene in den kalten Backofen geben, mit einem Zahnstocher 4–6 Löcher in die Folie stechen. Backofen auf 180 °C einschalten und das Gamsblatt 90 Minuten garen, danach aus der Bratfolie nehmen und in Alufolie einschlagen.

4 Für die Sauce Bratensaft abseihen, Butterschmalz erhitzen, darin die Pfifferlinge braten, bis sie trocken sind. Schalotte zufügen, pfeffern und salzen. Sahne angießen, Bratensaft zufügen, aufkochen lassen, mit Speisestärke leicht binden, abschmecken.

GAMSLENDE
im Speckmantel

ZUTATEN FÜR 4 PORTIONEN (CA. 600 KCAL/PORTION)
800 g Fleisch aus dem Gamsrücken (Lendenstück)
• 1 TL milder Senf • 1 TL Kräutersalz • frisch gemahlener
Pfeffer • 2 Zwiebeln • 1 Stück Mohrrübe • 1 Tomate
• je 100 g in ca. 5 cm breite Streifen geschnittener
Frühstücksspeck und Räucherspeck • 150 ml trockener
Rotwein • Kartoffelmehl

BEILAGEN: Kartoffelklöße, Salat

ZUBEREITUNG

1 Das Filet häuten. Senf mit Kräutersalz und etwas Pfeffer vermischen. Zwiebeln und Mohrrübe putzen und klein schneiden, Tomate vierteln. Backofen auf 200 °C vorheizen. Alufolie in Länge des Lendenstückes auslegen. Darauf abwechselnd nebeneinander und überlappend Frühstücksspeck und Räucherspeck auf der Länge des Fleisches (quer zu diesem) auflegen.

2 Speckschicht mit der Senf-Gewürzmischung dünn bestreichen, Filet auflegen. Speck mit Hilfe der Alufolie über das Fleisch legen. Alufolie entfernen, Speckmantel mit Küchengarn umwickeln.

3 Fleisch in einen Bratfolienschlauch einlegen. Zwiebel-, Mohrrüben- und Tomatenstücke zugeben. Wein zugießen, Bratfolienschlauch schließen. Folie auf den Ofenrost legen, mit untergeschobener Fettpfanne auf mittlerer Schiene in den Ofen geben, mit einer Nadel drei Löcher in die Folie stechen. Nach dem Aufblähen der Folie ca. 30 Minuten garen. Fleisch aus der Folie nehmen, in Alufolie einschlagen. Vor dem Servieren Küchengarn entfernen und die Gamslende portionieren.

4 Für die Sauce den Bratensaft aus der Folie auffangen, durch ein Haarsieb gießen und entfetten. Bratensaft erhitzen, mit Kartoffelmehl leicht binden, mit Pfeffer und Salz abschmecken.

GAMSLENDE
im Speckmantel

Gebackene
WILDLEBER-KLÖSSE

ZUTATEN FÜR CA. 15 STÜCK

*ca. 90 g altbackene Brötchen • Milch nach
Bedarf zum Einweichen • 1 große Zwiebel
• 60 g Fett • 160 g Leber von Gams-, Muffel-
oder Steinwild • 2 Eier • Salz und Pfeffer
• Majoran, Knoblauch, Petersilie • 20 g Mehl
• 80 g Paniermehl • Fett zum Herausbacken
• ca. 1,2 l Wildbrühe • Schnittlauch*

ZUBEREITUNG

1 Brötchen in Würfel schneiden, diese in Milch
einweichen. Zwiebel schälen, klein schneiden und in erhitztem Fett anlaufen lassen, die
fein geschabte oder durch die feine Scheibe des
Fleischwolfs gedrehte Leber dazugeben, Eier,
Gewürze, Kräuter, Mehl und Panioermehl
untermengen.

2 Aus der Masse Klöße formen und diese
in heißem Fett schwimmend langsam ausbacken.

3 Die Wildbrühe erhitzen und die Klöße in
der heißen Brühe mit fein geschnittenem
Schnittlauch servieren.

**TIPP: AUCH EIN LUNGENSTRUDEL VOM WILD
IST EINE HERVORRAGENDE SUPPENEINLAGE.**

GAMSSUPPE
mit Fleischklößchen

ZUTATEN FÜR 4 PORTIONEN (CA. 400 KCAL/PORTION)

*1 Gamshals • 500 g Rippenknochen • 80 g Sellerieknolle
• 80 g Porree • 80 g Petersilienwurzel • 80 g Mohrrüben
• 2 mittelgroße Zwiebeln • 1 Lorbeerblatt • 1 Liebstöckelzweig
• 10 weiße Pfefferkörner • 250 g Kartoffeln • 100 ml Sahne
• ½ TL gemahlene Kräuter der Provence • Pfeffer aus der Mühle
• Salz • 20 ml Cognac • 2 EL Schnittlauchröllchen
FLEISCHKLÖSSCHEN: 400 g Gamsfleisch aus der Schulter
• 1 Zwiebel • 1 Ei • 50 ml Sahne • 1 EL gerebelter Majoran
• Muskatnuss • Pfeffer aus der Mühle • Salz*

ZUBEREITUNG

1 Gamshals, Knochen, geputztes Wurzelgemüse, Zwiebeln und Gewürze in einen großen Topf geben und mit Wasser bedecken. Einmal aufkochen, dann bei milder Hitze ca. 3 Stunden köcheln lassen.
Darauf achten, dass die Knochen immer mit Flüssigkeit bedeckt sind.

2 Für die Fleischklößchen Gamsfleisch häuten und entsehnen, klein
schneiden und zusammen mit der Zwiebel zweimal durch die feine Scheibe des Fleischwolfes drehen.

3 Fleischmasse in einen leistungsstaren Standmixer geben, Ei, Sahne und Majoran zufügen. Mit Muskatnuss, Pfeffer und Salz würzen. Masse pürieren, im Kühlschrank durchkühlen lassen.

4 Fertige Brühe durch ein Sieb gießen, entfetten und 750 ml davon
in einen Suppentopf, die restliche Brühe in einen Stieltopf geben.

5 Aus dem Fleischteig Klößchen formen und in der Brühe im Stieltopf 20 Minuten gar ziehen lassen.

6 Die gekochten Kartoffeln schälen und in die Brühe im Topf reiben, die Sahne und Kräuter der Provence zufügen und mit dem
Stabmixer alles pürieren. Mit Pfeffer und Salz würzen, mit Cognac
aromatisieren.

7 Fleischklößchen in die heiße Suppe geben und diese mit Schnittlauchröllchen bestreuen.

**TIPP: FÜR DIESE SUPPE KANN MAN ALTERNATIV NATÜRLICH
KNOCHEN UND WILDBRET VON STEIN- ODER MUFFELWILD VER-
WENDEN. ABER AUCH REH-, HIRSCH- ODER DAMWILDFLEISCH
UND -KNOCHEN ERGEBEN SO ZUBEREITET EINE KÖSTLICHE
SUPPE!**

GAMSSUPPE
mit Fleischklößchen

MIT WILDHACK GEFÜLLTE KLÖSSE
und Pfifferling-Rahmsauce

ZUTATEN FÜR 4 PORTIONEN (CA. 750 KCAL/PORTION)
*FÜLLE: 300 g entsehntes Wildbret vom Muffel-,
Gams- oder Steinwild (z. B. vom Blatt) • 1 kleine Zwiebel
• einige Stängel Majoran • einige Stängel Thymian • 1 Ei
• frisch gemahlener weißer Pfeffer • Salz • 1 EL Pflanzenöl
TEIG: 400 g einen Tag alte Brötchen • 300 ml Milch
• 50 g Butter • 2 Eier • 1 Zwiebel • einige Stängel
Petersilie • 1 TL Backpulver • geriebene Muskatnuss
• 1 TL Salz • Pfeffer aus der Mühle • Mehl zum Binden
SAUCE: 500 g Pfifferlinge • 40 g fetter, geräucherter
Speck • 20 g Butterschmalz • 1 kleine Zwiebel
• Pfeffer aus der Mühle • Salz • 300 ml Sahne
• 2 EL Schnittlauchröllchen*

*BEILAGE: Blattsalat mit Dressing aus saurer Sahne und
Kräutern*

ZUBEREITUNG

1 Für die Fülle das Wildbret in Stücke schneiden und zweimal durch den Fleischwolf drehen. Zwiebel schälen und klein schneiden, Kräuter waschen, abtropfen lassen und fein hacken, mit dem Ei zum faschierten Wildbret geben, pfeffern und salzen. Fleischteig gut durchkneten.

2 In einem Topf etwas Wasser erhitzen, ein kleines Fleischbällchen formen und darin garen (= Probeklößchen, das dann verkostet wird, damit man feststellen kann, ob die Würzung passt).

3 Gegebenenfalls die Hackfleischmasse mit Pfeffer und Salz nachwürzen, dann in 4 oder 8 Portionen teilen (je nach gewünschter Größe der Klöße), daraus Fleischbällchen formen.

4 Für den Teig die Brötchen in dünne Scheiben schneiden und diese in eine Schüssel geben. In einem Topf die Milch mit der Butter erhitzen, über die Brötchenscheiben gießen, ca. 15 Minuten weichen lassen.

5 Die Zwiebel schälen und klein schneiden, die Petersilie waschen, die Blättchen abzupfen und fein hacken, mit dem Backpulver sowie den Eiern zur Brötchenmasse geben. Mit Muskat, Salz und Pfeffer würzen. Teig mit der Hand gut durchkneten, mit Mehl binden, damit die Masse zwar weich, aber gut formbar ist, weitere 15 Minuten ruhen lassen.

6 Im Kochtopf Wasser erhitzen. Teig in 4 oder 8 Portionen teilen, auf der flachen Hand eine Portion verteilen, ein Fleischbällchen aufsetzen, mit dem Teig umschließen und zu einem Kloß formen. Alle Klöße auf diese Art formen, dann die Klöße in das siedende Wasser geben. Nach etwa 30–40 Minuten die Klöße herausnehmen und ca. 5 Minuten ruhen lassen.

7 Für die Sauce Pfifferlinge putzen und klein schneiden. Speck in kleine Würfel schneiden. In einem Stieltopf das Butterschmalz erhitzen, darin die Speckwürfel auslassen.

8 Pfifferlinge zugeben und anbraten, fein geschnittene Zwiebel zufügen und so lange köcheln, bis alle Flüssigkeit verdampft ist. Zum Schluss pfeffern und salzen. Wenn die Masse knistert, mit Sahne aufgießen und bei milder Hitze köcheln lassen, mit Pfeffer und Salz abschmecken. Vor dem Servieren Schnittlauchröllchen zur Sauce geben.

HINWEIS: BEI DER HERSTELLUNG DER KLÖSSE SOLLTE AUF DIE ANREICHERUNG DES TEIGES MIT KLEIN GESCHNITTENER ZWIEBEL VERZICHTET WERDEN, UM DAS SAUCENAROMA NICHT ZU VERFÄLSCHEN.

KRUSTEN-SCHNITZEL
mit Sanddornsauce

ZUTATEN FÜR 4 PORTIONEN (CA. 500 KCAL/PORTION)
4 etwa 3 cm dicke Schnitzel (aus der Nuss oder der Oberschale von Gams, Steinbock oder Muffel geschnitten)
• Pfeffer aus der Mühle • Salz • 1 Ei • 2 EL fein gehackte Haselnüsse • Paniermehl • 1 Knoblauchzehe
• 50 g Pflanzenfett
SAUCE: 50 g Fleischabschnitte • Haut- und Sehnenstücke vom Wild • frisch gemahlener Pfeffer • Salz
• 1 Zwiebel • 20 g Butterschmalz • 50 ml Tokajer (oder anderer, süßlicher Weißwein) • 2 EL Sanddornmus
• 250 ml Wildfond • 150 ml Sahne

BEILAGEN: *Salzkartoffeln, Mischgemüse*

ZUBEREITUNG

1 Für die Sauce Fleischabschnitte, Haut- und Sehnenstücke pfeffern und salzen, Zwiebel schälen und klein schneiden.

2 Im Bratentopf Butterschmalz erhitzen, die Fleischabschnitte, Haut- und Sehnenstücke rundum anbraten. Bratensatz mit dem Tokajer ablösen.

3 Zwiebel zugeben und mitdünsten, Sanddornmus unterrühren. Mit Wildfond auffüllen und bei milder Hitze 30 Minuten kochen lassen.

4 Dann abseihen, die Flüssigkeit auffangen, entfetten und in einen Stieltopf geben. Sahne zufügen und die Sauce sämig einkochen. Mit Pfeffer, Salz und Sanddornmus abschmecken.

5 Die Wildschnitzel beidseitig klopfen, pfeffern und salzen, das Ei verquirlen, die gehackten Haselnüsse mit dem Paniermehl vermischen. Die Schnitzel durch das Ei ziehen, dann in der Nuss-Paniermehl-Mischung wälzen.

6 Den Boden einer Bratpfanne mit der geschälten, halbierten Knoblauchzehe ausreiben. Die Pfanne erhitzen, das Fett hineingeben und heiß werden lassen, dann auf mittlere Hitze herunterschalten.

7 Die Schnitzel ins heiße Fett geben, ca. 4–5 Minuten knusprig und goldbraun braten, dann die Schnitzel wenden und die zweite Seite bei geschlossenem Deckel 4 Minuten knusprig braun braten. Die Schnitzel mit der Sauce und den Beilagen servieren.

TIPP: SCHNITZEL NACH DEM KLOPFEN MIT TOKAJER BETRÄUFELN UND 10 MINUTEN EINZIEHEN LASSEN.

VARIANTE FÜR DIE KRUSTE: SCHNITZEL NACH DEM SALZEN UND PFEFFERN IN MEHL WENDEN. DAS VERQUIRLTE EI MIT WILDGEWÜRZ UND LIEBSTÖCKEL-SALZ WÜRZEN, SCHNITZEL DARIN WÄLZEN UND ANSCHLIESSEND PANIEREN.

DAS PANIERMEHL KANN MIT BELIEBIGEN ANDEREN, FEIN GEHACKTEN NÜSSEN ODER KERNEN VERMISCHT WERDEN (Z. B. PINIENKERNE, WALNÜSSE, KÜRBISKERNE …)

BESONDERS KNUSPRIG WIRD DIE PANIER, WENN MAN CORNFLAKES FEIN ZERKLEINERT UND UNTER DAS PANIERMEHL MISCHT BZW. DIESES DADURCH ERSETZT.

WILDFONDUE

ZUTATEN FÜR 4 PORTIONEN (CA. 400 KCAL/PORTION)
*800–1.000 g Rückenfilet von Gams-, Muffel- oder Stein-
wild • 1 Schalotte • 1 kleine Knoblauchzehe • 100 ml
Pflanzenöl • 100 ml Rotwein • 1 Zweig Rosmarin
• Pfeffer aus der Mühle • Salz • 1,5 bis 2 l Wildknochenbrühe
SAUCE (I): 2 EL Mayonnaise • 1 EL milder Senf • Zitronen-
saft • Worcestershiresauce
SAUCE (II): 2 EL Tomatenketchup • 2 EL Joghurt
• süßes Paprikapulver • 1 TL Cognac
SAUCE (III): 50 ml Sahne • 2 EL Johannisbeergelee
• Sojasauce • Tabasco*

*BEILAGEN: eingelegte Pilze, Scheiben von Frühstücks-
speck, Chutneys, kleine Pellkartoffeln, Saucen, Weißbrot*

ZUBEREITUNG

1 Filet häuten, leicht anfrosten, in ca. 5 mm dünne Scheiben schneiden. Fleischscheiben in eine Schüssel geben.

2 Schalotte schälen und klein schneiden, Knoblauchzehe
schälen und fein hacken.

3 In einem Topf Öl, Rotwein, Schalotten, Knoblauch und
Rosmarin aufkochen, pfeffern und salzen. Sud abkühlen lassen, über die Filetscheiben gießen. Eine Stunde
einwirken lassen. Fleisch zwischendurch mehrmals umschichten.

4 Für die Saucen die jeweiligen Zutaten gut verrühren,
mit Pfeffer und Salz abschmecken.

5 Die Wildbrühe auf dem Herd aufkochen, in den Fondue-
topf umgießen und über dem Rechaud am Köcheln
halten. Filetscheiben mit Champignonköpfen und Frühstücksspeck auf die Spieße stecken, in der Brühe garen.
(Es sollten nie zu viele Spieße in der Suppe sein, da sonst
der Garvorgang zu lange dauert.)

**TIPP: AUCH WILDBRET VON REH-, DAM- ODER ROT-
WILD, VON HASE ODER WILSCHWEIN KANN GUT FÜR
FONDUE VERWENDET WERDEN. NATÜRLICH SIND DIE
RÜCKENFILETS DIE ZARTESTEN FLEISCHSTÜCKE, ES
EIGNET SICH ABER AUCH FLEISCH AUS DER KEULE.**

**HINWEIS EIN WILDFONDUE LÄSST SICH DURCH SAU-
CEN UND BEIGABEN VIELFACH VARIIEREN. ALS VOR-
SPEISE KANN EIN MIT ZERLASSENEN SPECKWÜRFELN
UND APFELESSIG ANGERICHTETER RAPUNZELSALAT,
ALS DESSERT EIN WÜRZIGER KÄSE (Z. B. EIN STÜCK
PARMESAN) GEREICHT WERDEN. ALS GETRÄNK WIRD
EIN KRÄFTIGER ROTWEIN GEREICHT.**

Hagebuttensauce

ZUTATEN FÜR CA. 500 ML (CA. 150 KCAL/100 G)
*200 g Hagebutten • 1 kleine Zwiebel • 1 EL Olivenöl
• ¼ Sellerieknolle • 1 Bouquet garni • 1 Knoblauchzehe
• 1 TL Oreganoblätter • Saft von ½ Zitrone • Salz
• 1 Msp. Chilipulver • 1 TL Honig*

ZUBEREITUNG

1 Den Blütenansatz von den Hagebutten entfernen, die
Zwiebel schälen, klein schneiden und mit den Hagebutten im Olivenöl andünsten, mit 500 ml Wasser auffüllen.

2 Den Sellerie schälen und in Würfel schneiden, mit dem
Bouquet garni zu den Hagebutten geben und 30 Minuten köcheln lassen. Danach das Bouquet garni entfernen.

3 Die Sauce mit dem Mixstab pürieren und durch ein
feines Sieb passieren. Den Knoblauch schälen und fein
hacken, mit den fein gehackten Oreganoblättern unter die
Sauce rühren.

4 Mit Zitronensaft, Salz, Chilipulver und Honig würzen
und abschmecken.

GAMS-SCHNITZEL
mit Quitten-Rotkohl und Walnuss-Nudeln

ZUTATEN FÜR 4 PORTIONEN (CA. 950 KCAL/PORTION)
8 Gamsschnitzel vom Schlögel (à ca. 80 g)
• Salz und Pfeffer • glattes Mehl zum Wenden • 4 EL ÖL
• 250 ml Rotwein • 125 ml Wildfond zum Aufgießen
QUITTEN-ROTKOHL: ½ Kopf Rotkohl ohne Strunk
(ca. 400 g) • 1 Zwiebel • 2 EL Butterschmalz • 1 EL Honig
• 250 ml Apfelsaft • 2 Quitten • etwas Gewürznelken- und
Zimtpulver • Pfeffer aus der Mühle • Salz
WALNUSS-NUDELN: 200 g Bandnudeln • Salz
• 1 EL Kristallzucker • 1 EL Butter • 10 Walnusshälften

ZUBEREITUNG

1 Die Gamsschnitzel auf beiden Seiten klopfen, mit Salz und Pfeffer würzen und beidseitig in Mehl wenden.

2 Etwas Öl in einer geeigneten Pfanne erhitzen und die Schnitzel kurz auf beiden Seiten anbraten, die gebratenen Schnitzel aus der Pfanne nehmen und auf eine Platte legen, so fortfahren, bis alle Schnitzel gebraten sind.

3 Den Bratensatz mit Rotwein ablöschen, mit einem Schneebesen umrühren und zum Kochen bringen, den Wildfond dazugießen, die gebratenen Schnitzel einlegen und mit einem Deckel verschlossen bei geringer Hitze ca. 40 Minuten weich dünsten.

4 Den Rotkohl in dünne Streifen schneiden, die Zwiebel schälen und fein schneiden.

5 Butterschmalz in einem geeigneten Topf erhitzen, Zwiebeln hineingeben und hell anschwitzen, den Honig dazugeben, leicht karamellisieren lassen und mit dem Apfelsaft ablöschen. Alles aufkochen lassen und dann den Rotkohl beifügen.

6 Die Quitten schälen, halbieren und das Kerngehäuse ausstechen, das Fruchtfleisch mit einer groben Reibe zum Rotkohl schaben, mit Gewürznelken- und Zimtpulver sowie mit Pfeffer und Salz würzen. Alles gut vermischen und zugedeckt ca. 25 Minuten nicht zu weich kochen, vor dem Servieren abschmecken.

7 Die Nudeln in reichlich Salzwasser bissfest kochen, den Kristallzucker in einer beschichteten Pfanne karamellisieren, Butter dazugeben und den Karamell auflösen, die Nüsse grob hacken und hinzufügen.

8 Die Nudeln abseihen, abtropfen lassen und zu den Nüssen geben, gut durchmischen und abschmecken.

9 Die Gamsschnitzel auf vorgewärmten Tellern anrichten, die Sauce passieren, abschmecken und über die Schnitzel gießen.

10 Den Quitten-Rotkohl und die Nudeln ebenfalls anrichten und sofort servieren.

TIPP: GEBRATENE QUITTENSPALTEN ODER -SCHEIBEN SEHEN ALS GARNITUR SEHR HÜBSCH AUS. AUCH HIER GILT WIEDER, DASS IM GRUNDE GENOMMEN SCHNITZEL VON JEDER WILDART VERWENDET WERDEN KÖNNEN.

HAGEBUTTEN-KONFITÜRE

ZUTATEN FÜR CA. 600 G (CA. 280 KCAL/100 G)
2 kg Spätherbst-Hagebutten (wilde Heckenrosen)
• 200 g Zucker

ZUBEREITUNG

1 Von den Hagebutten die schwarzen Blütenansätze und die Stiele am besten mit einer Schere abschneiden, die Früchte waschen und in einen geeigneten Kochtopf geben, mit Wasser bedecken und zum Kochen bringen.

2 Die Hagebutten ca. 1 Stunde kochen lassen, bis sie völlig weich sind, dann mit dem verbliebenen Kochwasser in ein Passiersieb mit feinem Sieb schütten.

3 Das Kochwasser abtropfen lassen und danach die Früchte in einen frischen Topf passieren. Das Hagebuttenpüree unter Rühren mit einem Kochlöffel bei starker Hitze so lange kochen, bis es ganz dick ist, von der Kochstelle nehmen, den Zucker dazugeben und rühren, bis er sich aufgelöst hat.

4 Dann die Masse bei hoher Temperatur unter ständigem Rühren kochen, bis der Kochlöffel am Boden des Topfes eine Spur hinterlässt.

5 Die Konfitüre in sterilisierte heiße Gläser füllen und gut verschließen.

TIPP: HAGEBUTTENKONFITÜRE SCHMECKT HERVORRAGEND ZU WILD-, GEFLÜGEL- UND RINDFLEISCHGERICHTEN, IST ABER AUCH ALS BROTAUFSTRICH KÖSTLICH!

GENERELL PASSEN SAUCEN, GELEES ODER KONFITÜREN AUS WILDFRÜCHTEN (Z. B. WEISSDORN, SCHLEHE, SANDDORN, EBERESCHE/VOGELBEERE ...) PERFEKT ZU WILDGERICHTEN.

MUFFLON-BRATEN
mit *Wintergemüse und Hagebuttensauce*

ZUTATEN FÜR 4 PORTIONEN (CA. 610 KCAL/PORTION)
1 kg Mufflonfleisch (Schlögel ohne Knochen) • Salz
• Pfeffer • Öl zum Braten • 500 ml Wildfond zum
Aufgießen • 200 g Petersilienwurzeln • 200 g Pastinaken
• 200 g Topinamburs • 200 g Mohrrüben • 1 EL Butter
• 1 EL Öl
SAUCE: 2 EL Hagebuttenkonfitüre (s. Rezept daneben)
• 1 TL Tomatenmark • 1 EL kalte Butter

ZUBEREITUNG

1 Das Fleisch mit kaltem Wasser waschen, trocken tupfen und mit Salz und Pfeffer rundum würzen.

2 Etwas Öl in einem Bräter erhitzen, Fleisch einlegen und rundum gut anbraten, mit Fond aufgießen und im vorgeheizten Backofen bei 180 °C ca. 50 Minuten braten, einige Male mit Bratensaft übergießen und wenden.

3 Gemüse waschen, putzen, schälen, in gleich große Stücke schneiden, Butter und Öl in einer Pfanne erhitzen, Gemüse darin knackig rösten, mit Salz und Pfeffer würzen.

4 Den Bräter aus dem Ofen nehmen, den fertigen Braten herausnehmen und warm stellen.

5 Für die Sauce den Bratensaft durchseihen und in einem Topf auffangen, Hagebuttenkonfitüre und Tomatenmark einrühren und aufkochen lassen, auf die gewünschte Konsistenz reduzieren, mit kalter Butter montieren und abschmecken.

6 Braten aufschneiden und mit dem Röstgemüse und der Sauce anrichten.

TIPP: ANSTELLE VOM MUFFLON KANN MAN AUCH WILDBRET VON GAMS-, STEIN- ODER ROTWILD VERWENDEN.

MUFFLON-BRATEN
mit Wintergemüse und Hagebuttensauce

FELDHASE
(LEPUS EUROPAEUS)

Der Feldhase ist eine Wildart, deren eigentliches Biotop die Steppe ist. Vom kleineren Vetter, dem Wildkaninchen, unterscheidet sich der Hase durch stärkeren Körperbau, das auf der Oberseite braun-rot-gelblich schimmernde Haar, längere Ohren (Löffel) mit schwarzer Spitze und durch einen oben schwarzen Schwanz (Blume). Wo ihm der Lebensraum zusagt und den Nachwuchs bedrohende Fressfeinde (vor allem Habicht, Krähe, Bussard, Fuchs, aber auch wildernde Katzen) zahlenmäßig gering sind, vermag er dank seiner Fruchtbarkeit eine hohe Populationsdichte zu erreichen. In trockenen, warmen Jahren kann die Häsin bis vier Würfe mit jeweils bis zu sechs Jungen haben. Der Rückgang früherer guter Hasenbesätze – in den siebziger Jahren wurden in Deutschland rund 1,2 Mio. Hasen geschossen, heute sind es nur noch rund 245.000 – hat verschiedene Ursachen. Neben der gestiegenen Zahl an Fressfeinden – auf einen erlegten Hasen kommen heute z. B. rechnerisch 1,5 erlegte Füchse – ist es die Veränderung der Kulturlandschaft zur großflächigen Agrarindustrie mit ihren Anbaumethoden, die dem Hasen das Überleben schwer machen. In Österreich hat sich die Hasenstrecke gegenüber früheren Jahren von 190.000 auf rund 76.000 erlegte Hasen drastisch vermindert, während sie sich in der Schweiz von rund 5.000 Stück (Feld- und Schneehase) auf etwa 3.000 Stück reduziert hat.

Die Masse der im Handel und in der Gastronomie angebotenen Hasenrücken und -keulen kommt aus Argentinien, die dort erlegten Hasen stammen vom europäischen Feldhasen ab. Er wurde 1888 von dem deutschen Konsul Woeltje Tiedjen in der Provinz Santa Fé zum eigenen Jagdvergnügen erstmals ausgewildert. Dank optimaler Umweltbedingungen erfuhr er eine explosionsartige Vermehrung. 1907 wurde er amtlicherseits zur Landplage erklärt. Von Mai bis Juli wird er in Argentinien wildbretschonend, überwiegend nachts mit Scheinwerfer und kleiner Kugel (Kopfschuß) bejagt. Die Strecken gehen in die Millionen Stück. Frisch oder tiefgefrostet kommen die Teile nach Europa, werden hier gespickt, vakuumiert und meist ohne Herkunftsbezeichnung tiefgefrostet. Ein Ärgernis ist die meist zu lange angegebene Haltbarkeit. Zumindest der Speck ist nach sechs Monaten ranzig.

ERLEGUNGSGEWICHT (AUSGEWEIDET):
je nach Alter 3–4,5 kg

AUSSCHLACHTERGEBNIS:
60 Prozent mit Knochen, 45–50 Prozent ohne Knochen

TIEFKÜHLLAGERUNG:
bis zu 8 Monaten (fettfrei)

HAUPTJAGDZEIT:
(Achtung: regional stark unterschiedlich)
EUROPA: Oktober bis Januar
SÜDAMERIKA: Mai bis Juli

QUALITÄTSMERKMALE:
dunkles, rotbraunes Wildbret, feinfaserig und saftig, im Geschmack sehr würzig

ZUBEREITUNGSEMPFEHLUNG:
Alles sichtbare Fett sorgfältig entfernen
RÜCKEN, KEULEN, VORDERLÄUFE: braten oder schmoren
HASENKLEIN (RIPPEN, BAUCHLAPPEN, BLÄTTER):
für Brühen, Fonds, zum Faschieren, für Ragouts

HINWEIS: Hasen müssen nach dem Erlegen sofort ausgeweidet werden und dürfen keine vergrünten Bauchlappen haben!

HASEN ZERLEGEN UND KÜCHENFERTIG MACHEN

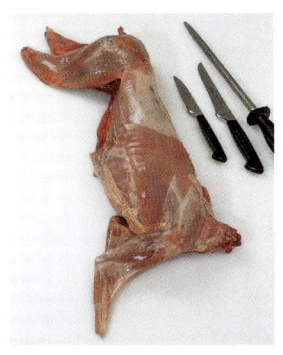

1. Abgebalgter, zur Verarbeitung in der Küche vorgesehener Hase.

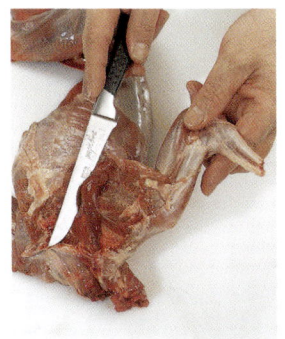

2. Mit Schnitt durch die Achselhöhle Vorderläufe abtrennen.

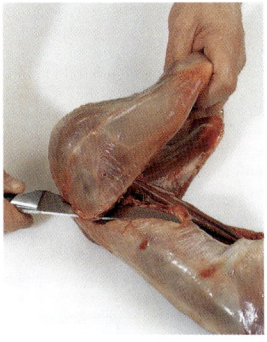

3. Von der Bauchseite entlang des Kreuzbeins Keulen ablösen.

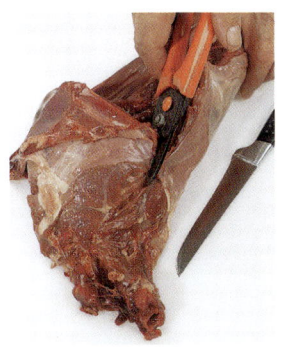

4. Unter dem Rückenfilet Bauchlappen abschneiden, Rippen abtrennen.

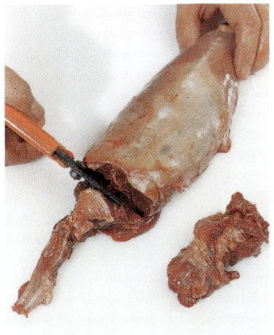

5. Kreuzbein und Schwanzknochen mit Knochenschere abtrennen.

6. In Keulen, Rücken, Vorderläufe und Rippen zerteilter Hase.

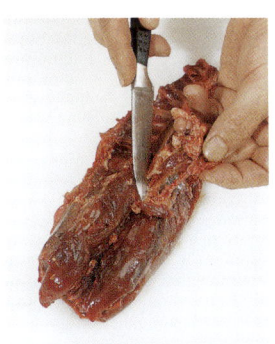

1. Von der Unterseite des Rückens alles sichtbare Fett entfernen.

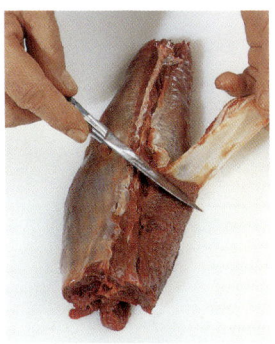

2. Rücken auf beiden Seiten mit kleinem, scharfem Messer häuten.

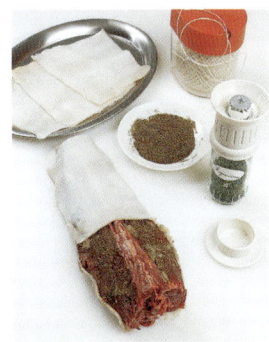

3. Die Speckwicklung verhindert ein Verkrusten der Oberfläche.

HASEN ZERLEGEN
UND KÜCHENFERTIG MACHEN

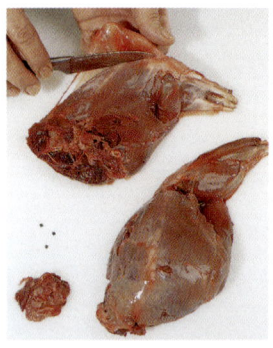

1. Von den Keulen alle locker sitzenden Häute und Fett entfernen.

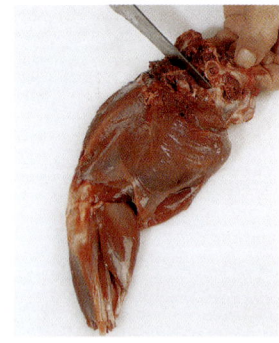

2. Hüftknochen umschneiden und im Gelenk vom Oberbein ablösen.

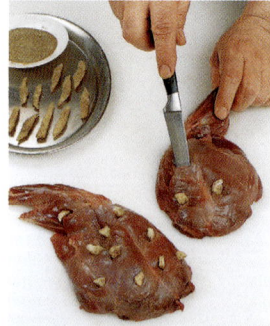

3. Mit Messer Spicklöcher stechen und mit gewürztem Speck füllen.

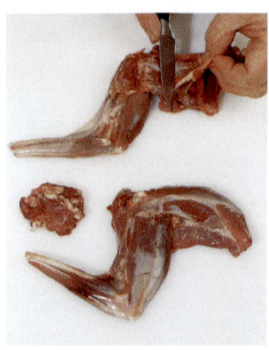

4. Von den Vorderläufen Fett, lockere Haut und Sehnen entfernen.

5. Bauchlappen und Rippen für Hasenklein in Stücke schneiden.

6. Mit gewürzten Speckstreifen zum Braten vorbereitete Hasenteile.

Fleischreifung, Farbe und Geruch

Früher war es üblich, erlegte Hasen unausgeweidet über mehrere Tage hängen zu lassen, ehe ihnen das Fell abgezogen und sie für die Küche vorbereitet wurden. Ohne das „Abhängen" würde der Hase nicht zart, hieß es. Dies war insofern richtig, weil auf der Treibjagd erlegte Hasen durch die Stresssituation das in ihrer Muskulatur vorhandene, für die Fleischreifung wichtige Glykogen abgebaut hatten. Die Fleischreifung war unvollkommen. Durch das Abhängen kam zur verzögerten Fleischreifung die Zersetzung der Muskeln durch aus dem Magen-Darm-Bereich eingewanderte Fäulnisbakterien. Das Fleisch wurde dunkel, „roch" und schmeckte entsprechend. Ein nach dem Erlegen sofort ausgeweideter Hase, der in der Kühlung im Balg 8–10 Tage reift (Kerntemperatur +4 °C) und dessen küchenfertige Teile anschließend für eine Woche tiefgefrostet werden, liefert ein in Zartheit und Saftigkeit hervorragendes Wildbret, zumal, wenn es nach dem Anbraten geschmort wird.

FELDHASEN-RAGOUT
mit Weintrauben

ZUTATEN FÜR 6 PORTIONEN (CA. 620 KCAL/PORTION)

*2 Zwiebeln • 150 g Mohrrüben • 1 Stück Stangensellerie
• 150 g Bauchspeck • 500 g Weintrauben • 4 EL Rapsöl
oder weißes Traubenkernöl • 1 kg Feldhasenfleisch
(Keulen oder Rücken), pariert und in mundgerechte
Stücke geschnitten • Salz • Pfeffer aus der Mühle
• 1 EL Tomatenmark • 1 TL englischer Senf
• 1 TL Thymianblätter • 400 ml Rotwein • 1 EL Mehl
• 100 ml roter Traubensaft • 400 g Bandnudeln*

ZUBEREITUNG

1 Zwiebeln und Mohrrüben schälen und in kleine Würfel schneiden, Sellerie putzen und klein schneiden, Bauchspeck in schmale Streifen schneiden, Weintrauben waschen und verlesen, große Trauben halbieren.

2 Rapsöl in einem geeigneten Topf erhitzen, das Fleisch portionsweise zugeben, mit Salz und Pfeffer würzen und rasch anbraten.

3 Danach das Fleisch aus dem Topf nehmen und in eine Schüssel geben, im selben Topf Zwiebeln, Mohrrüben und Sellerie kurz rösten (nach Bedarf etwas Öl zugeben).

4 Tomatenmark, Senf und Thymian einrühren und sofort mit Rotwein ablöschen, einmal aufkochen lassen, danach das Fleisch mit dem Bratensaft zugeben, umrühren und geschlossen bei mittlerer Hitze ca. 60 Minuten köcheln lassen (das Fleisch sollte zart und weich sein).

5 Die Bandnudeln in Salzwasser bissfest kochen. Weintrauben zum Feldhasenragout geben und einige Minuten ziehen lassen, Mehl und Traubensaft verrühren, zum Ragout geben, umrühren, noch einmal aufkochen lassen und abschmecken. Mit den abgeseihten Nudeln anrichten.

HASENKEULEN
in Paprika-Rahm-Sauce

ZUTATEN FÜR 4 PORTIONEN (CA. 590 KCAL/PORTION)

*4 Hasenkeulen • 50 g frischer, ungesalzener Speck
• scharfes Paprikapulver • je 1 rote, grüne und gelbe
Paprikaschote • 1 Zwiebel • frisch gemahlener Pfeffer
• Salz • 30 g Butterschmalz • 300 ml trockener Rotwein
• 100 ml Sahne • 1 TL süßes Paprikapulver
• 1 TL Kartoffelmehl*

BEILAGEN: Salzkartoffeln, Rohkostsalat

ZUBEREITUNG

1 Hasenkeulen kalt abspülen, mit Küchenkrepp trocken
tupfen. Lose Häute entfernen. Speck in Streifen schneiden, diese in Paprikapulver wälzen, nebeneinander auf
einen Teller legen und im Tiefkühlfach frosten.

2 Die Paprikaschoten schälen, entkernen und in kleine
Stücke schneiden. Zwiebel schälen und klein schneiden.

3 Mit dem Messer Spicklöcher in die Hasenkeulen
schneiden. Gefrostete Speckstücke in die Löcher
stecken. Keulen pfeffern und salzen. Backofen auf
200 °C vorheizen.

4 In einem Bräter das Butterschmalz erhitzen, darin die
Keulen rundum gut anbraten. Bratensatz zwischendurch mit etwas Rotwein anlösen. Zwiebelstücke zufügen und mit anrösten. Restlichen Rotwein zugießen. Bei
geschlossenem Deckel ca. 50 Minuten auf der untersten
Schiene im Backofen garen.

5 Nach 40 Minuten die Paprikastücke zum Fleisch geben
und mitschmoren. Sahne steif schlagen, süßes Paprikapulver und Kartoffelmehl einarbeiten. Nach Garende das
Fleisch aus dem Topf nehmen und in Alufolie einschlagen.

6 In die Sauce die geschlagene Sahne unterziehen, kurz
aufkochen lassen. Hasenkeulen mit der Sauce und den
Beilagen servieren.

Südländisches
HASEN-
POTPOURRI

ZUTATEN FÜR 4 PORTIONEN (CA. 700 KCAL/PORTION)

*8 Hasenschultern ohne Unterläufe • 350 g durchwachsener
Schweinebauch ohne Schwarte • Pfeffer aus der Mühle
• Kräutersalz • 60 g getrocknete Feigen • 40 g getrocknete,
entsteinte Datteln • 100 g getrocknete Aprikosen
• 3 Schalotten • 25 g Butterschmalz • ½ Knoblauchzehe
• 150 ml trockener Weißwein • 150 ml warmes Wasser
• 250 ml Fleischbrühe • 150 g Crème fraîche • Salz
• 400 g Spaghetti*

BEILAGEN: Spaghetti, süß-sauer marinierter Blattsalat

ZUBEREITUNG

1 Von den Hasenschultern sichtbares Fett und locker
aufsitzende Häute entfernen. Schweinebauch in Stücke
schneiden. Das Fleisch mit Pfeffer und Kräutersalz würzen.
Backofen auf 200 °C vorheizen.

2 Feigen vierteln, Datteln und Aprikosen halbieren. Schalotten schälen und klein schneiden.

3 In einem Bratentopf das Butterschmalz erhitzen. Darin
zuerst die Hasenschultern rundum anbraten. Schultern
herausnehmen und in einer Schüssel beiseitestellen.

4 Schweinebauchstücke im gleichen Fett anbraten. Schalotten und die fein gehackte Knoblauchzehe zufügen und
mit anrösten. Weißwein zugießen, aufwallen lassen, dann
Wasser zufügen und die angebratenen Hasenschultern auch
in den Topf geben. Mit geschlossenem Deckel auf der
2. Schiene von unten im Backofen 60 Minuten schmoren.

5 Hasenschultern herausnehmen und in eine Schüssel
geben. Topfinhalt durchseihen, Flüssigkeit auffangen,
entfetten und wieder in den Bratentopf geben.

6 Trockenfrüchte zufügen und Sauce aufkochen, Fleischbrühe angießen. Hasenschultern und Schweinebauchstücke aus dem Sieb zufügen. Das Ganze erhitzen, Crème
fraîche unterrühren, abschmecken und auf den in Salzwasser bissfest gekochten Spaghetti anrichten.

HISTORISCHES: „EIN DEN GAUMEN ERFREUENDER GENUSS!" SO LOBTE VOR RUND 2000 JAHREN DER RÖMER UND GOURMET MARCUS GAVIUS APICIUS DEN HASEN. SEIN REZEPT VOM HASENPFEFFER BLIEB LANGE ZEIT NAHEZU UNVERÄNDERT. APICIUS WAR ES AUCH, DER EIN FRIKASSEE MIT GESÄUERTEM HASENBLUT UND ZERSTOSSENER HASENLEBER ANREICHERTE – EINE EMPFEHLUNG, DIE SICH HEUTE NOCH IN VERSCHIEDENEN REZEPTEN FÜR HASENPFEFFER FINDET. EINE UNMÖGLICHKEIT, WENN MAN BEDENKT, DASS FRÜHER DAS HASENBLUT HIERFÜR ERST AUFGEFANGEN WURDE, WENN DER HASE UNAUSGEWEIDET 8–14 TAGE ABGEHANGEN HATTE. DIE DURCH DIE VERWENDUNG DES BLUTES IM HASENPFEFFER ERZIELTE „GESCHMACKSVERFEINERUNG" ERGAB SICH AUS DEN „AROMATISCHEN" STOFFWECHSELPRODUKTEN DER IM BLUT MILLIONENFACH GEGEBENEN ERREGER.

DEN GERMANEN WAR DER HASE EIN MIT ZAUBERKRAFT AUSGESTATTETES SYMBOL DER FRUCHTBARKEIT. DER VOLKSGLAUBE, SEIN KÖSTLICHES FLEISCH FÖRDERE DAS SEXUALLEBEN UND DIE FRUCHTBARKEIT, BLIEB NICHT OHNE FOLGEN. IM JAHR 752 VERBOT PAPST ZACHARIAS DEN GENUSS VON HASENFLEISCH. BEGRÜNDUNG: „ES MACHET DEN MENSCHEN GEIL." HEUTE ZIERT DAS HEIDNISCHE FRUCHTBARKEITSSYMBOL, DER HASENKOPF MIT DEN DREI OHREN, DIE ROSETTE EINES FENSTERS IM KREUZGANG DES DOMES ZU PADERBORN.

UNSER NEBENSTEHENDES HASENPFEFFER-REZEPT WIRD OHNE HASENBLUT ZUBEREITET – ES SCHMECKT DENNOCH (ODER GERADE DESWEGEN) VORZÜGLICH!

HASENPFEFFER

ZUTATEN FÜR 4 PORTIONEN (CA. 650 KCAL/PORTION)
750 g Hasenklein (je vier Blätter, Rippen und Bauchlappen) • 500 g gut durchwachsener frischer Schweinebauch (ohne Schwarte und Knochen) • Wildgewürz • Liebstöckelsalz • frisch gemahlener Pfeffer • 30 g Pflanzenfett • 2 mittelgroße Zwiebeln • 1 Mohrrübe • 1 Stück Sellerieknolle • ½ Petersilienwurzel • 300 ml Rotwein • 1 Lorbeerblatt • 4 Wacholderbeeren • 1 EL grüne Pfefferkörner aus dem Glas • 1 Becher Crème fraîche • Salz

BEILAGEN: Kartoffelklöße, Rosenkohl oder Brokkoli

ZUBEREITUNG

1 Blätter, Rippen und Bauchlappen von losen Häuten und sichtbarem Fett säubern. Blätter in Schulter, Oberarm- und Unterarmknochen teilen. Hasenklein und den in drei Stücke geschnittenen Schweinebauch mit Wildgewürz, Liebstöckelsalz und Pfeffer würzen.

2 In einem Bräter Fett erhitzen, Hasenklein und Schweinebauch anbraten. Auf mittlere Hitze zurückschalten.

3 Die geschälten, geviertelten Zwiebeln, die halbierte Mohrrübe, Sellerie und Petersilienwurzel zugeben und anschwitzen. Rotwein zugießen, zerbröseltes Lorbeerblatt und zerdrückte Wacholderbeeren zufügen.

4 Bei geschlossenem Deckel ca. 30 Minuten schmoren. Schweinebauchstücke herausnehmen, Hasenteile so lange weiterschmoren, bis sich das Fleisch von den Knochen löst (ca. 25 Minuten).

5 Hasenteile herausnehmen, Knochen auslösen, ausgelöstes Hasenfleisch und Schweinebauch in gulaschgroße Stücke schneiden.

6 Bratensaft durch ein Sieb gießen, entfetten und in den Bräter zurückgießen. Abgespülte grüne Pfefferkörner und Sahne dazugeben, Bratensaft um ein Drittel einkochen.

7 Fleisch in der Sauce erwärmen, kurz vor dem Servieren Crème fraîche unterziehen, mit Pfeffer und Salz abschmecken.

KARTOFFEL-SEMMEL-KLÖSSE

ZUTATEN FÜR 4 PORTIONEN (CA. 320 KCAL/PORTION)
150 g altbackene Brötchen • ½ Stange Lauch
• 500 g mehlige Erdäpfel • 10 g Butter oder Schmalz
• etwas Salz • frisch gemahlener Pfeffer • einige Stängel Petersilie

ZUBEREITUNG

1 Die altbackenen Brötchen in Würfel schneiden, Lauch (nur die weißen Teile verwenden) waschen, putzen und fein schneiden.

2 Erdäpfel schälen, fein reiben und sogleich mit Lauch, den geschnittenen Brötchen, zerlassenem Fett, Salz und Pfeffer gut vermengen. Diese Masse 30 Minuten rasten lassen, noch einmal kräftig durchmischen und 4 oder 8 (je nach gewünschter Größe) gleich große Klöße formen.

3 Klöße in kochendes Salzwasser einlegen, Temperatur etwas zurückschalten und nicht ganz zugedeckt langsam etwa 25 Minuten (bzw. 15–20 Minuten bei kleineren) köcheln lassen. Die fertigen Klöße mit einem Siebschöpfer vorsichtig aus dem Wasser heben, abtropfen lassen und vor dem Servieren mit fein geschnittener Petersilie bestreuen.

TIPP: DIESE KLÖSSE PASSEN PERFEKT ZU WILDGERICHTEN ODER ALS BEILAGE ZU GERÄUCHERTEM, GESCHNETZELTEM, SCHWEINSBRATEN USW. AUCH ALS HAUPTGERICHT MIT SAUERKRAUT, GEBRATENEN SPECKSTREIFEN UND GEBACKENEN ZWIEBELRINGEN KÖNNEN SIE SERVIERT WERDEN..

HASE
im grünen Mantel

ZUTATEN FÜR 4 PORTIONEN (CA. 860 KCAL/PORTION)
2 gehäutete Hasenrückenfilets • 2 Hasenkeulen (hohl ausgelöst) • 30 ml Wodka • 1 Schweinenetz
• Hasenklein (Rippen, Bauchlappen, Vorderläufe)
• ca. 250 g Suppengrün • 6 Mangold- oder Kohlblätter
• Pfeffer aus der Mühle • Salz • 60 g fetter Räucherspeck
• 5 mittelgroße, gekochte Kartoffeln • 300 ml Brühe (gezogen aus dem Hasenklein)
FÜLLUNG: 80 g entrindetes Weißbrot • 250 g gekochtes, ausgelöstes Hasenfleisch (von Rippen, Blättern) • 1 Ei
• 50 ml Sahne • 2 Messerspitzen gemahlener Thymian
• 5 zerstoßene Wacholderbeeren • geriebene Muskatnuss
• frisch gemahlener Pfeffer • Salz
SAUCE: • 50 g gewürfelter Frühstücksspeck • Thymian
• 1 kleine Zwiebel • 150 ml Rotwein • 80 ml Sahne
• frisch gemahlener Pfeffer • Salz

BEILAGEN: Kartoffel-Semmel-Klöße (Rezept linke Spalte)
• Krautsalat

ZUBEREITUNG

1 Filets und Keulen in eine Schüssel geben, mit Wodka beträufeln, 60 Minuten einwirken lassen. Schweinenetz wässern. Hasenklein in ca. 500 ml gesalzenem Wasser mit dem geputzten Suppengrün zustellen, ca. 90 Minuten köcheln lassen.

2 Mangold- oder Kohlblätter in kochendem Salzwasser 4–5 Minuten ziehen lassen, in ein Sieb geben, kalt abbrausen, abtropfen lassen.

3 Für die Füllung Weißbrot fein schneiden, in eine Schüssel geben. Gekochtes Hasenfleisch faschieren, zum Weißbrot geben. Ei, Sahne und Gewürze zufügen, alles gut durchkneten.

4 Filets und Keulen pfeffern und salzen. In einer Pfanne den gewürfelten Räucherspeck auslassen, Grieben herausnehmen. Im Speckfett bei mittlerer Hitze zuerst die Keulen, dann die Filets rundum anbraten, herausnehmen und abkühlen lassen. Backofen auf 200 °C vorheizen.

5 Mangold- oder Kohlblätter auf einem Arbeitsbrett auflegen, mit der Füllmasse bestreichen. Auf jedes Kohlblatt jeweils eine Keule oder ein halbes Rückenfilet auflegen, mit Füllmasse bedecken und die Mangold- oder Kohlblätter um die Fleischstücke wickeln, jedes Päckchen mit Schweinenetz ummanteln.

6 Kartoffeln schälen, in Scheiben schneiden, in einer Auflaufform verteilen. Zuerst die mit Kohl umwickelten Keulen darauflegen, 150 ml von der aus Hasenklein gekochten, abgeseihten Hasenbrühe zugießen, in den Backofen stellen.

7 Nach 10 Minuten die restliche Brühe zugießen, abdecken. Temperatur auf 180 °C herunterschalten. Nach 30 Minuten Garzeit die mit Kohl umwickelten Filetstücke zu den Keulen geben, 15 Minuten weitergaren.

8 Für die Sauce in einem Stieltopf den würfelig geschnittenen Frühstücksspeck anbraten. Thymian und fein geschnittene Zwiebel zugeben und anschwitzen. Rotwein zugießen, aufkochen lassen. Flüssigkeit durch ein Haarsieb gießen, in den Topf zurückgeben.

9 Die Hasenteile aus der Auflaufform nehmen und warm stellen. Die Bratflüssigkeit mit den Kartoffeln durch ein Passiersieb drehen, diesen Brei zur Sauce hinzufügen. Sahne zugießen, Sauce mit dem Stabmixer glatt rühren. Mit Pfeffer, Salz und Wodka abschmecken.

TIPP: FÜR DIESES GERICHT KÖNNEN AUCH ROTKOHL- ODER WIRSINGBLÄTTER VERWENDET WERDEN. AUF DAS SCHWEINENETZ KANN AUCH VERZICHTET WERDEN. UND DIE HASENRÜCKENFILETS KÖNNEN NATÜRLICH DURCH ANDERES WILDBRET ERSETZT WERDEN (Z. B. BRÜSTCHEN VON WILDGEFLÜGEL).

FELDHASEN-SALAT *mit Quitten und Granatapfelkernen*

ZUTATEN FÜR 4 PORTIONEN (CA. 380 KCAL/PORTION)
400 g Rückenfilets vom Feldhasen • Salz • frisch gemahlener Pfeffer • Butter zum Braten • 1 Granatapfel • 1 EL Zucker • 125 ml Apfelsaft • 200 g Quitten
VINAIGRETTE: 4 EL Olivenöl • 1 TL Sherryessig • je 1 TL roter und weißer Estragonessig • Salz • frisch gemahlener Pfeffer

ZUBEREITUNG

1 Die Rückenfilets zuputzen, mit Salz und Pfeffer würzen und in einer Bratpfanne in Butter rundum anbraten (ca. 15 Minuten, sollen innen noch rosa sein), aus der Pfanne nehmen und warm stellen.

2 Für die Vinaigrette alle Zutaten gut verrühren und abschmecken.

3 Den Granatapfel halbieren und mit einer Gabel die Kerne herauslösen, beiseitegeben. Zucker und Apfelsaft in einem Topf zum Kochen bringen und so lange köcheln lassen, bis sich der Zucker aufgelöst hat.

4 Die Quitten schälen, entkernen und in kleine Würfel schneiden, Quittenstücke zum Apfelsaft geben und knackig blanchieren, dann auf Tellern verteilen und mit der Vinaigrette beträufeln

5 Den Hasenrücken in Scheiben aufschneiden (so dünn wie möglich), auf den Quittenstücken verteilen und mit den Granatapfelkernen garnieren.

GLACIERTE HASENKEULE *mit Maronengratin*

ZUTATEN FÜR 4 PORTIONEN (CA. 625 KCAL/PORTION)
4 Hasenkeulen • Pfeffer aus der Mühle • Salz • 30 g Butterschmalz • 2 klein geschnittene Schalotten • 300 ml Malzbier • 3–5 Liebstöckelblätter
MARONENGRATIN: 600–700 g Maronen (Edelkastanien) • 150 ml Milch • 100 ml Sahne • Pfeffer aus der Mühle • Salz • 1 TL Butter
SAUCE: 300 ml Roséwein • 2 TL Preiselbeeren • Speisestärke • Pfeffer • Salz

ZUBEREITUNG

1 Hasenkeulen von sichtbarem Fett und losen Häuten befreien und mit Pfeffer und Salz würzen. Butterschmalz in einem Bratentopf erhitzen und darin die Keulen bei mittlerer Hitze rundum anbraten. Schalotten zufügen und glasig werden lassen. Etwas warmes Wasser angießen, Keulen bei mittlerer Hitze zugedeckt ca. 70 Minuten schmoren, zwischendurch wenden.

2 Für das Maronengratin Backofen auf 180 °C aufheizen. Maronen auf zwei Seiten kreuzweise einschneiden und auf ein Backblech geben. Im Ofen erhitzen, bis die Schale aufplatzt. Maronen schälen und in eine kleine Auflaufform schichten. Mit Milch und Sahne übergießen, pfeffern und salzen. Im Backofen 20 ca. Minuten garen. Zum Schluss die Butter in Flocken über dem Gratin verteilen.

3 Für die Glasur Malzbier mit den Liebstöckelblättern in einem kleinen Topf bis auf einen sirupartigen Bodensatz einkochen, Liebstöckelblätter entfernen.

4 Hasenkeulen aus dem Bratentopf nehmen, auf eine Platte legen und mit dem Malzbiersirup bestreichen.

5 Für die Sauce Bratensatz mit Roséwein loskochen und durch ein Haarsieb in den Topf zum Siruprest geben. Preiselbeeren zufügen, aufkochen und mit Speisestärke leicht binden. Mit Pfeffer und Salz abschmecken.

HASENFLEISCH-SAUCE
auf Spinatnudelnestern

ZUTATEN FÜR 4 PORTIONEN (CA. 590 KCAL/PORTION)
SAUCE: 1 Stange Sellerie • 1 kleine Mohrrübe • 1 kleine
Zwiebel • 4 EL Olivenöl • 2 ausgelöste Hasenkeulen
• 1 EL Pinienkerne • 120 ml Rotwein • Salz • 100 g gehackte
Tomaten aus der Dose • 200 ml Wildbrühe • 1 EL Tomaten-
mark • ½ TL Gewürze (im Mörser zerstampfte Pfeffer-
körner und Wacholderbeeren, geriebene Muskatnuss …)
• 1 Prise Gewürznelkenpulver • frisch gemahlener Pfeffer
• 400 g grüne Bandnudeln

ZUBEREITUNG

1 Für die Sauce Sellerie, Mohrrübe und Zwiebel schälen
und klein hacken. In einem Topf die Hälfte des Öls erhitzen, darin das Gemüse und die Zwiebel anschwitzen, dann
vom Herd nehmen und zudecken.

2 Das Hasenfleisch kalt abwaschen, trocken tupfen und
in mittelgroße Stücke schneiden.

3 Danach in einer Pfanne das restliche Öl erhitzen, darin
das Hasenfleisch gemeinsam mit den Pinienkernen
5 Minuten unter ständigem Rühren anbraten. Anschließend mit dem Wein ablöschen, leicht salzen und 3–4 Minuten köcheln lassen. Danach auskühlen lassen und das
Fleisch klein schneiden.

4 Das Fleisch sowie die gehackten Tomaten zum Gemüse
geben und alles erneut erhitzen. Mit der Brühe ablöschen und das Tomatenmark unterrühren. Danach mit den
Gewürzen, Salz und Pfeffer abschmecken und ca. 25 Minuten kochen lassen.

5 Kurz vor dem Garende der Sauce die Nudeln bissfest
kochen, abseihen und mit der Hasensauce vermengen.

HASENKEULEN
mit Apfelfüllung

ZUTATEN FÜR 4 PORTIONEN (CA. 450 KCAL/PORTION)
4 Hasenkeulen • Pfeffer aus der Mühle • Salz • 3 Äpfel
(Boskop) • 200 ml Rotwein • 50 ml Rapsöl • 3 Schalotten
• 100 ml Sahne • Speisestärke • 10 ml Calvados

BEILAGEN: Butterspätzle und Apfel-Rotkohl

ZUBEREITUNG

1 Von den Hasenkeulen lockere Häute und sichtbares Fett
entfernen. Keulen hohl ausbeinen (s. Anleitungsbilder
auf S. 16). Unterbeine abtrennen. Öffnung an einer Seite
mit Zahnstochern und Küchengarn schließen (s. Anleitungsbilder auf S. 44). Innen und außen mit Pfeffer und
Salz würzen.

2 Zwei Äpfel schälen, entkernen und in Stücke schneiden.
Apfelstücke im Rotwein ca. 1 Stunde marinieren, danach mit einem Schaumlöffel herausheben. Backofen auf
200 °C vorheizen.

3 Die Keulen mit den marinierten Apfelstücken füllen, die
Öffnung mit Zahnstochern und Küchengarn schließen
und mit Küchengarn in Form binden. Öl in einem Bräter
erhitzen. Keulen rundum anbraten. Die geschälten und fein
geschnittenen Schalotten zugeben, den Rotwein, in dem
zuvor die Apfelstücke mariniert wurden, angießen.

4 Den Bräter mit einem Deckel verschließen und in
den Backofen schieben. Nach 10 Minuten Hitze auf
160 °C herunterschalten. Keulen weitere 50 Minuten garen.
Zwischendurch etwas heißes Wasser angießen.

5 Dann die Keulen herausnehmen und in Alufolie einschlagen. Den Bratensaft durchseihen, entfetten und in
einen Stieltopf geben. Sahne zugießen, den dritten Apfel
schälen und in die Sauce reiben.

6 Die Sauce mit Speisestärke leicht binden, mit Calvados,
Pfeffer und Salz abschmecken.

HASENKEULEN
mit Apfelfüllung

Mit Rosinen gespickte HASENKEULEN

ZUTATEN FÜR 4 PORTIONEN (CA. 681 KCAL/PORTION)
4 Hasenkeulen • 60 g Rosinen • 250 ml roter Traubensaft • 50 g ungeräucherter Speck • 4 Wacholderbeeren • 4 Pfefferkörner • Salz • Thymian • 50 ml Pflanzenöl • 1 Zwiebel • 1 Becher Crème fraîche • frisch gemahlener Pfeffer

BEILAGEN: *Kartoffelkroketten, Feldsalat mit beliebigem Dressing*

ZUBEREITUNG

1 Von den Hasenkeulen alle lockeren Häute und sichtbares Fettgewebe entfernen. Rosinen im Traubensaft 20 Minuten quellen lassen, dann abseihen, Saft auffangen. Speck in kleine Streifen schneiden und diese im Pfeffer wälzen.

2 In die Keulen mit einem spitzen Messer mehrere Spicklöcher schneiden und jedes zuerst mit zwei Rosinen, dann mit einem Speckstreifen füllen. Wacholderbeeren und Pfefferkörner im Mörser zerstoßen und mit Thymian und Salz vermengen, damit die Hasenkeulen würzen. Backofen auf 200 °C vorheizen.

3 Im Bräter das Öl erhitzen, Keulen darin rundum anbraten. Zwischendurch den Bratensatz mit etwas heißem Wasser anlösen. Fein geschnittene Zwiebel und den restlichen Speck zufügen und mit anbraten, mit der Hälfte des Traubensaftes, in dem zuvor die Rosinen eingeweicht waren, angießen. Bei geschlossenem Deckel im Backofen die Keulen ca. 45 Minuten schmoren. Keulen aus dem Bräter nehmen und in Alufolie einschlagen. Bratensaft durch ein Sieb in ein Entfettungsgefäß gießen, entfetten und in einen Stieltopf geben. Die Rosinen und den restlichen Traubensaft zum Bratensaft geben und diesen etwas einkochen. Crème fraîche einrühren, Sauce mit Pfeffer und Salz abschmecken.

TIPP: DAS FLEISCH GEBRATENER BZW. GESCHMORTER HASENKEULEN SCHMECKT AUCH KALT VORZÜGLICH.

WESTERWÄLDER TOPFHASE

ZUTATEN FÜR 6 PORTIONEN (CA. 1.000 KCAL/PORTION)
1 küchenfertiger Hase • 750 g frischer, gut durchwachsener, in 2 cm dicke Scheiben geschnittener Schweinebauch ohne Schwarte • Pfeffer aus der Mühle • Salz • 100 g Sellerieknolle • 1 Petersilienwurzel (ca. 80 g) • 1 Mohrrübe (ca. 100 g) • 1 mittelgroße Gemüsezwiebel • 50 g Butterschmalz • 150 ml Rotwein • 250 ml Wildbrühe • 2 EL Speisestärke • 2 Lorbeerblätter • 2 Gewürznelken
BROTTEIG: *1 Päckchen Roggenmehl-Brotteigmischung*

BEILAGEN: *Kartoffelklöße (Rezept s. S. 68), mit Rotwein aromatisierter Rotkohl*

ZUBEREITUNG

1 Den Hasen zerlegen, Rücken und Rippen mit der Geflügelschere halbieren (s. Anleitungsbilder auf S. 115 und 116). Hasenteile und Schweinebauch pfeffern und salzen. Gemüse schälen und in Scheiben schneiden.

2 Brotteig nach Packungsangabe zubereiten. In einer Pfanne das Butterschmalz erhitzen. Hasenteile und Schweinebauch rundum kurz anbraten. Teile herausnehmen und beiseitestellen.

3 Bratensatz mit Rotwein und Wildbrühe loskochen. Mit Speisestärke leicht binden. Pfanne vom Herd nehmen. Backofen auf 120 °C vorheizen.

4 In eine große Auflaufform oder in ein ähnliches Gefäß (kein Römertopf!) Hasenteile, Schweinebauchscheiben und Gemüse abwechselnd hineinschichten. Gewürze zugeben, Sauce dazugießen. Topf mit einem Deckel oder einem passenden Teller schließen.

5 Deckel bzw. Teller am Rand rundum mit Brotteig abdichten. Topf auf den Rost in den Backofen geben und das Gericht 3–4 Stunden garen lassen. Brotkruste gegen Ende der Garzeit mit Wasser bepinseln. Brotkruste aufbrechen, Topfinhalt mit dem Brot servieren.

HINWEIS: DER DECKEL SOLL GUT SCHLIESSEN, WENN ZU VIEL DAMPF ENTWEICHT, BLEIBT DAS BROT INNEN TEIGIG.

WESTERWÄLDER TOPFHASE

HASENBLÄTTER
mit Paprikagemüse

ZUTATEN FÜR 4 PORTIONEN (CA. 750 KCAL/PORTION)

8 Hasenvorderläufe • 50 ml Tokajer • je 1 rote, grüne und gelbe Paprikaschote • 3 Tomaten • ½ Knoblauchzehe • Salz • 1 EL Senf • Muskatnuss • süßes Paprikapulver • Pfeffer aus der Mühle • 50 g Butterschmalz • 1 Zwiebel • 250 ml Sahne • 50 g Speck • 1 Schalotte • 50 ml Weißwein • 100 g Frühstücksspeck

BEILAGEN: *In Butter gebratene Scheiben von Polenta*

ZUBEREITUNG

1 Von Vorderläufen alles sichtbare Fett entfernen, Fleisch abwaschen, trocken tupfen und in eine Schüssel legen. Mit Tokajer beträufeln, 30 Minuten ruhen lassen.

2 Paprikaschoten halbieren, entkernen und in kochendem Wasser ca. 5 Minuten brühen, Haut abziehen, in Würfel schneiden. Tomaten überbrühen, häuten, entkernen und ebenfalls würfeln, Gemüsewürfel beseitestellen. Knoblauch mit etwas Salz zerreiben, zu den Paprikawürfeln geben.

3 Vorderläufe mit Senf bestreichen, mit Muskat, Paprika, Pfeffer und Salz würzen. Butterschmalz in einem Bratentopf erhitzen, Hasenteile bei kleiner Hitze anbraten. Tokajer aus der Schüssel zugießen, fein geschnittene Zwiebel zugeben, etwas Wasser angießen und bei geschlossenem Deckel die Vorderläufe etwa 40 Minuten weich schmoren.

4 Vorderläufe herausnehmen und abgedeckt warm stellen, Schmorflüssigkeit einkochen. Sahne zugießen, einmal aufkochen. Sauce durch ein Sieb gießen, mit Pfeffer, Salz und eventuell etwas Tokajer abschmecken.

5 Würfelig geschnittenen Speck in einem Topf zerlassen, Paprikastücke und geschälte, fein geschnittene Schalotte im heißen Fett anschwenken, mit Wein zugießen, bei geringer Hitze 5 Minuten schmoren, mit Pfeffer und Salz würzen.

6 Würfelig geschnittenen Frühstücksspeck in einer kleinen Pfanne anbraten. Vor dem Servieren zusammen mit den Tomatenwürfeln unter das Gemüse mischen.

BEMOOSTE HASENRÜCKEN-FILETS
mit Pfifferlingen

ZUTATEN FÜR 4 PORTIONEN (CA. 700 KCAL/PORTION)

2 Hasenrücken • 1 Bund Suppengrün • 1 Zwiebel
• 50 ml Pflanzenöl • 100 ml Rotwein • 8–10 Pfefferkörner
• 4 zerdrückte Wacholderbeeren • 1 Lorbeerblatt
KRÄUTERMANTEL: 4 Eigelb • 100 g Kräuter (Basilikum,
Kerbel, Estragon, Petersilie, Kresse) • frisch gemahlener
Pfeffer • Salz
PFIFFERLINGE: 30 g Butterschmalz • 400 g Pfifferlinge
• 2 Schalotten • frisch gemahlener Pfeffer • Salz
SAUCE: 3 EL ÖL • 150 ml Hasenbrühe • 200 ml Sahne
• Pfeffer • Salz

BEILAGEN: Kroketten oder Teigwaren.

ZUBEREITUNG

1 Die Rückenfilets von den Knochen lösen, häuten (s. Anleitungsbilder auf S. 113) und beiseitelegen.

2 Für die Hasenbrühe die Knochen zerkleinern, Suppengrün und Zwiebel schälen und klein schneiden. Die Hälfte des Öls im Bratentopf erhitzen. Knochen, Suppengrün und Zwiebel nacheinander anrösten. Rotwein zugießen, Gewürze zugeben. Topfinhalt mit Wasser bedecken und 40 Minuten köcheln lassen. Brühe durch ein Sieb gießen und auf 150 ml einkochen, erkalten lassen.

3 Für den Kräutermantel Eigelb, fein gehackte Kräuter, Pfeffer und Salz gut vermischen. Backofen auf 180 °C vorheizen.

4 Butterschmalz erhitzen, die geputzten Pfifferlinge mit den geschälten, fein geschnittenen Schalotten darin anschwitzen und bei kleiner Hitze 15 Minuten dünsten, pfeffern und salzen.

5 In einer anderen Pfanne das restliche Öl erhitzen. Rückenfilets pfeffern und salzen. Im heißen Fett rundum ca. 8 Minuten braten. Fleisch auf ein mit Backpapier ausgelegtes Blech setzen, mit dem Kräutermantel rundum bedecken. Hasenrückenfilets im Ofen 5 Minuten nachgaren.

6 Für die Sauce Bratensatz von den Rückenfilets mit der Hasenbrühe loskochen. Sahne zugießen und die Sauce cremig einkochen, würzen.

WILDKANINCHEN
(ORYCTOLAGUS CUNICULUS)

Wildkaninchen sind die kleinsten europäischen Vertreter der Hasenfamilie. Ursprünglich nur in Nordafrika und auf der Iberischen Halbinsel beheimatet, wurden sie zur Zeit der Römer in andere europäische Länder verbracht und dort ausgewildert. Später erfolgte die Auswilderung auch in Australien. Dort gelten sie als Landplage und Biotopzerstörer. Vom Feldhasen unterscheiden sich Wildkaninchen durch ihr blau-graues Fell, einen kleineren Körper, Ohren (Löffel) ohne schwarze Spitzen und einen oben grauen Schwanz (Blume). Sie leben in Kolonien und graben sich unterirdische Baue mit meist mehreren, von einem zentralen Kessel nach außen führenden Röhren. Die Tiere sind überaus fruchtbar. Ein weibliches Kaninchen kann im Verlauf eines Jahres in 3–5 Setzakten 30 und mehr Junge zur Welt bringen. Bejagt werden Wildkaninchen beim Buschieren (Durchstöbern von Gebüschen mit kleinen Hunden, z. B. Teckeln), vom Ansitz in der Nähe eines Kaninchenbaues und mit Frettchen. Letztere sind gezüchtete, im Haar hellfarbige Abkömmlinge des Iltisses, des größten Fressfeindes des Wildkaninchens. Einmal in einen Kaninchenbau hineingelassen, treibt das Frettchen dessen Bewohner aus

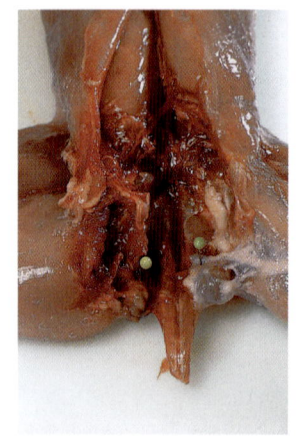

dem Bau, wo sie von um den Bau postierten Jägern erlegt werden. Damit das Frettchen im Bau kein Kaninchen fängt, es anschließend auffrisst und dann in einen stundenlangen Schlaf verfällt, erhält es für die Jagd einen Maulkorb, oder es wird zuvor gefüttert. Letzteres mindert bei ihm jedoch die Jagdlust. In Deutschland werden – abhängig von der jeweiligen Populationsstärke – zwischen 150.000 und 210.000, in Österreich zwischen 1.200 und 1.500 Wildkaninchen pro Jagdjahr erlegt. In der Schweiz spielt das Wildkaninchen in freier Wildbahn kaum eine Rolle. Sein Fleisch gilt vielen als besondere Delikatesse, was jedoch schnell in das Gegenteil umschlägt, wenn beim Ausweiden und Abbalgen des Tieres nicht auf eines geachtet wurde: Das Sekret zweier an der Schwanzwurzel sitzender Drüsen (Bild links) darf nicht auf das Fleisch übertragen werden. Es würde das leicht süßlich schmeckende Wildbret ungenießbar machen. Nach dem Herausschneiden dieser Drüsen muss das Messer gereinigt werden, ehe mit ihm weitergearbeitet wird.

Gelangt das Sekret der mit Stecknadeln markierten Drüsen an das Fleisch, wird dieses geschmacklich ungenießbar.

ERLEGUNGSGEWICHT (AUSGEWEIDET): *ca. 1 kg*

AUSSCHLACHTERGEBNIS:
60 Prozent mit Knochen, 45 Prozent ohne Knochen

TIEFKÜHLLAGERUNG:
bis zu 8 Monaten

HAUPTJAGDZEIT:
ganzjährig, überwiegend jedoch im Herbst

QUALITÄTSMERKMALE:
helles, kurzfaseriges Fleisch, leicht süßliches Aroma

ZUBEREITUNGSEMPFEHLUNG:
im Ganzen braten
RÜCKEN, KEULEN UND BLÄTTER: einzeln braten oder schmoren oder zu Frikassee verarbeiten

AUSBEINEN UND FÜLLEN
EINES WILDKANINCHENS

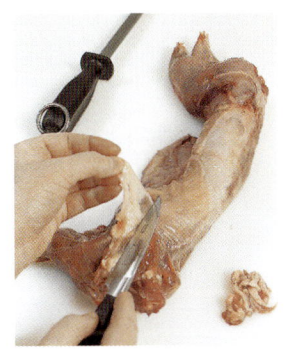

1. Vor dem Ausbeinen alles äußerlich anliegende Fett entfernen.

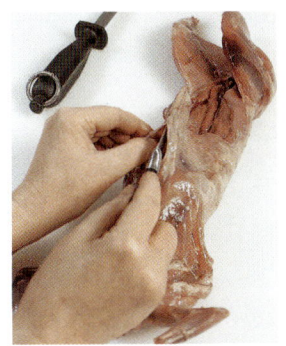

2. Vom Halsansatz über Brustbeinmitte zur Bauchhöhle aufschneiden.

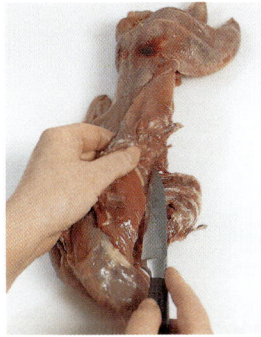

3. Vom Brustbein über die Rippen zum Rücken das Fleisch abschälen.

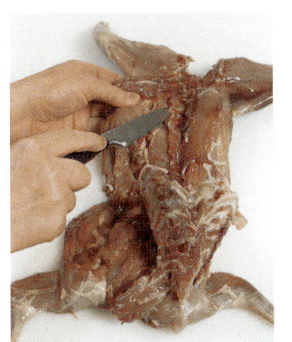

4. Die unter dem Rückgrat liegenden kleinen Filets herauslösen.

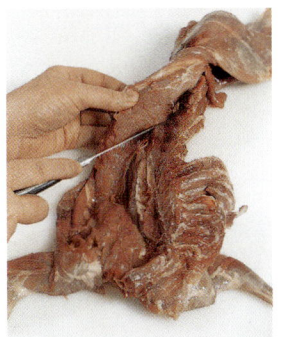

5. Entlang der Wirbelsäule das Fleisch zur Rückenmitte ablösen.

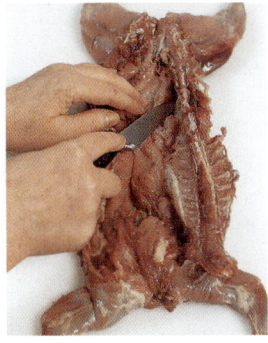

6. Um die Wirbelsäule herumarbeiten, so dass sie freigelegt wird.

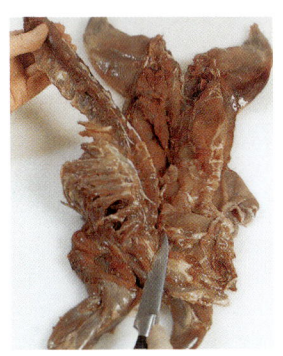

7. Wirbelsäule von den Keulen bis zum Halsansatz herausschneiden.

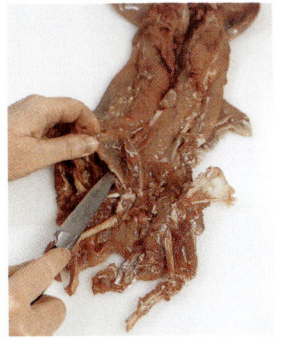

8. Vorderläufe entlang der Beinknochen aufschneiden, auslösen.

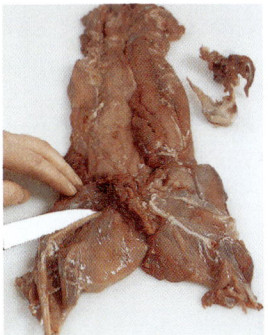

9. An den Keulen Beckenknochen ablösen und Beinknochen freilegen.

AUSBEINEN UND FÜLLEN EINES WILDKANINCHENS

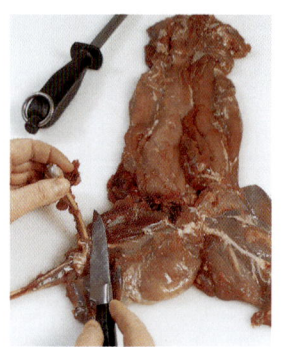

1. Becken- und Beinknochen aus dem Fleisch herausschneiden.

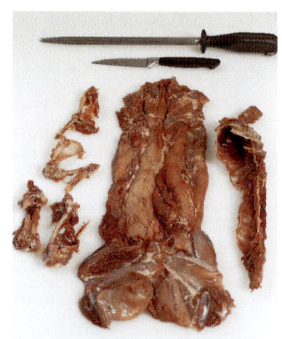

2. Wildkaninchen mit ausgelöster Wirbelsäule, Rippen, Beinknochen.

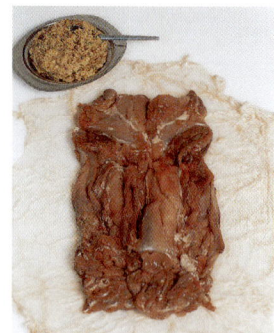

3. Das knochenfreie Wildkaninchen zum Füllen auf ein Schweinenetz legen.

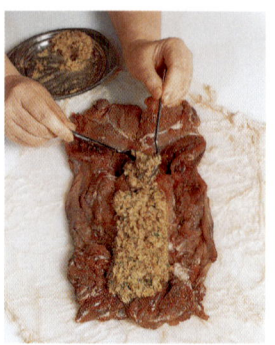

4. Die vorbereitete Füllung in der Mitte des Körpers auftragen.

5. Rippen- und Bauchlappen von außen über die Füllung schlagen.

6. Das gefüllte Wildkaninchen in das Schweinenetz einschlagen.

Das Ausbeinen eines Wildkaninchens erfordert ein scharfes, spitzes Messer, mit dem man entlang der Knochen das Fleisch sauber ablösen kann. Beim Ausbeinen selbst ist darauf zu achten, dass die Außenhaut – auch über dem Rücken – nicht durch Schnittlöcher verletzt wird. Ist dies doch geschehen, dann wird die Haut zusammengeschoben und die Schnittstelle geschlossen, indem man Vorderlauf- oder Keulenfleisch nach innen klappt. Das später als Ummantelung dienende Schweinenetz hält die Kaninchenrolle in Form.

Wildkaninchen-Rollbraten

Den in ein Schweinenetz gewickelten Rollbraten zusätzlich in eine mit Pflanzenöl eingepinselte Alufolie fest einschlagen und auf dem Rost im auf 170 °C vorgeheizten Backofen etwa 50 Minuten braten. Das Einölen der Alufolie verhindert weitestgehend das Festkleben des Schweinenetzes an der Folie und hilft mit, die Fleischoberfläche zu bräunen. Gegen Ende der Bratzeit aus der Folie genommen und auf ein Blech gesetzt, kann der Wildkaninchen-Rollbraten im Ofen nachgebräunt werden.

Kastaniensuppe mit
KANINCHEN-FILET

ZUTATEN FÜR 4 PORTIONEN (CA. 620 KCAL/PORTION)

1 kg Kastanien (geschält ca. 500 g) • 1 Zwiebel
• 1 Knoblauchzehe • 1 EL Butter • 3 EL Öl • 400 ml
Gemüsefond • 400 ml Wasser • 250 l Sahne • etwas
Salz • frisch gemahlener Pfeffer • 2 EL Zitronensaft • 1 EL
gehackte Rosmarinnadeln • 2 Kaninchenfilets à 125 g

ZUBEREITUNG

1 Die Kastanien auf der gewölbten Seite über Kreuz einritzen, auf ein Backblech legen und im auf 180 °C vorgeheizten Backofen so lange garen, bis die Schale aufplatzt, dann die Kastanien schälen, die Haut abziehen und die Kastanien grob hacken.

2 Zwiebel schälen und in kleine Würfel schneiden, Knoblauchzehe schälen und zerdrücken, 1 EL Butter und 2 EL Öl in einem Topf erhitzen, Zwiebel, Knoblauch und 400 g Kastanien unter Wenden andünsten, mit Gemüsefond, Wasser und Sahne aufgießen und zugedeckt 25 Minuten bei milder Hitze garen.

3 Die Suppe pürieren und kräftig mit Salz, Pfeffer und Zitronensaft würzen, gehackte Rosmarinnadeln unterrühren, die restlichen gehackten Kastanien in 1 EL Öl unter Wenden knusprig rösten.

4 Die Kaninchenfilets zuputzen, salzen, pfeffern und in 1 EL Öl bei starker Hitze rundum 5 Minuten braten, Filets in Alufolie wickeln und 10 Minuten ruhen lassen, danach in dünne Scheiben schneiden.

5 Die Suppe in Tellern anrichte, je 3 Scheiben Kaninchenfleisch einlegen, zuletzt mit knusprig gerösteten Kastanien bestreuen.

TIPP: SO WIE KANINCHENFILET HARMONIERT ZUR KASTANIENSUPPE AUCH WÜRZIGER WILDHASEN-RÜCKEN!

KANINCHEN-WIRSING-TOPF

ZUTATEN FÜR 4 PORTIONEN (CA. 800 KCAL/PORTION)
Rücken, Keulen und Blätter von zwei Wildkaninchen
• Pfeffer aus der Mühle • Salz • 100 g Speck • 1 Zwiebel
• 1 TL Mehl • 250 ml Fleischbrühe • 1 mittelgroßer
Wirsingkopf • 1 gestrichener TL Kümmel

BEILAGE: Salzkartoffeln

ZUBEREITUNG

1 Kaninchenrücken vierteln, Keulen halbieren, alle Fleischteile pfeffern und salzen. Würfelig geschnittenen Speck in einer Pfanne auslassen, grob geschnittene Zwiebel zufügen und glasieren. Speckfett abseihen, Grieben und Zwiebel beiseitestellen.

2 Fett wieder in die Pfanne geben, Kaninchenteile rundum anbraten, dann herausnehmen und beiseitestellen. Mehl in das Fett geben und kurz rösten, mit Fleischbrühe aufgießen, unter ständigem Rühren mit dem Schneebesen kurz aufkochen. Backofen auf 180 °C vorheizen.

3 Wirsingblätter waschen und abtropfen lassen. Die Hälfte der Blätter klein schneiden, in kochendem Wasser kurz überbrühen, abseihen, mit den Speckgrieben, Zwiebelstücken und dem Kümmel mischen.

4 Einen Schmortopf mit den restlichen Wirsingblättern auskleiden, den klein geschnittenen Wirsing und die Kaninchenteile hineinschichten, Bratensaft zugießen, im Backofen bei geschlossenem Deckel ca. 50 Minuten schmoren.

HINWEIS: IM HANDEL WERDEN WILDKANINCHEN SELTEN ANGEBOTEN. MANCHMAL WERDEN SCHWACHE HAUSKANINCHEN ALS WILDKANINCHEN VERKAUFT. AM BESTEN DEN VORSITZENDEN ODER EINEN JÄGER DES ÖRTLICHEN JAGDVEREINES ANRUFEN. GIBT ES IM EINZUGSBEREICH DES JAGDVEREINES REVIERE MIT WILDKANINCHENBESATZ, WIRD DER BITTE UM 2–3 DER „GRAUEN FLITZER" SICHER GERNE ENTSPROCHEN. GEGEN EIN KLEINES AUFGELD WIRD ER DIE „LAPUNZEN" AUCH ABBALGEN.

KANINCHEN-KEULEN
mit Orangen-Pfeffersauce

ZUTATEN FÜR 4 PORTIONEN (CA. 360 KCAL/PORTION)
4 Keulen vom Wildkaninchen • Liebstöckelsalz
• Pfeffer aus der Mühle • 20 ml Olivenöl • 100 ml Brühe
von Wildkaninchenknochen (oder Fleischbrühe)
• 100 ml frisch gepresster Orangensaft • 100 ml Sahne
• 1 EL rote Pfefferkörner (oder rosa Pfefferbeeren)

BEILAGEN: Reis, Chicorée-Orangen-Salat

ZUBEREITUNG

1 Von den Keulen lockere Häute und sichtbare Fettanlagerungen entfernen, mit Liebstöckelsalz und Pfeffer würzen.

2 Öl in der Pfanne erhitzen, Keulen rundum anbraten. Wildkaninchen- oder Fleischbrühe zugießen, Keulen zugedeckt garen, bis sie weich sind (40–50 Minuten).

3 Fleischbrühe einkochen lassen, Keulen nachbräunen, herausnehmen, in Alufolie einschlagen und ca. 5 Minuten ruhen lassen.

4 Bratenfond mit Orangensaft loskochen, Sahne separat erhitzen und zur Sauce geben, einmal aufkochen. Sauce durchsieben und in einen Stieltopf gießen, die roten Pfefferkörner zufügen. Sauce sämig einkochen, abschmecken. Keulen auf den Tellern mit gekochtem Reis anrichten, Sauce angießen.

HINWEIS: DIE FÜR DEN CHICORÉE-SALAT VERWENDETEN ORANGENSPALTEN SOLLTEN KERNLOS UND GEHÄUTET SEIN. ZUM HÄUTEN AN DER SCHMALSEITE DER ORANGENSPALTE MIT EINEM DÜNNEN, SCHARFEN MESSER DEN GRAT WEGSCHNEIDEN. ORANGENSPALTE AUF DIE BREITE RÜCKENSEITE STELLEN. VOM GRAT NACH LINKS UND RECHTS DIE HAUT VOM FRUCHTFLEISCH WEGZIEHEN UND AN DER BREITSEITE DER ORANGENSPALTE MIT DEM MESSER DÜNN WEGSCHNEIDEN.

KANINCHEN-KEULEN
mit Orangen-Pfeffersauce

Gratinierter
KANINCHEN-RÜCKEN

ZUTATEN FÜR 4 PORTIONEN (CA. 520 KCAL/PORTION)
2 Rücken vom Wildkaninchen • 2 Rosmarinzweige
• 1 Knoblauchzehe • 4 frische Liebstöckelblätter
• frisch gemahlener Pfeffer • Salz • 300 g in dünne
Scheiben geschnittener Raclettkäse
SAUCE: 1 Zwiebel • je 1 Stück Mohrrübe, Lauch,
Sellerieknolle • je 1 Zweig Majoran und Petersilie
• 10 g Butterschmalz • Pfeffer • Salz • 100 ml trockener
Weißwein • 250 ml Wasser • 100 g Crème fraîche

BEILAGEN: Teigwaren oder gedünstetes Gemüse, Blattsalat

ZUBEREITUNG

1 Backofen auf 200 °C vorheizen. Alles sichtbare Fett von den Rücken wegschneiden, Rücken häuten, Häute beiseitelegen. Filets entlang des Rückens vom Wirbelknochen anlösen. Auf jeden Rücken 1 Rosmarinzweig, ½ Knoblauchzehe und 2 Liebstöckelblätter auflegen.

2 Rücken in nasse Alufolie einschlagen und in einem tiefen Backblech auf der mittleren Schiene in den Backofen geben.

3 Nach 30 Minuten herausnehmen, Filets vom Knochen lösen und in Alufolie einschlagen. Rückenknochen zerkleinern.

4 Für die Sauce das geschälte Gemüse sowie die Kräuter klein schneiden. In einem Schnellkochtopf das Fett erhitzen, darin die Rückenkochen und -häute mit dem klein geschnittenen Gemüse kurz anrösten, würzen. Mit Weißwein und Wasser ablöschen. Deckel schließen und bei Stufe II 10 Minuten kochen. Druck im Topf unter kaltem Wasser abbauen.

5 Fond in einen Stieltopf seihen. Crème fraîche einrühren, abschmecken. Filets aus der Folie nehmen, pfeffern und salzen, auf eine feuerfeste Platte setzen. Den Raclettkäse auf den Filets mit Zahnstochern feststecken auf der mittleren Schiene im Backofen bei Oberhitze ca. 10 Minuten gratinieren. Ist der Käse über den Filets geschmolzen, Zahnstocher entfernen und die Filets mit der Sauce und den Beilagen servieren.

WILD-KANINCHEN
asiatisch

ZUTATEN FÜR 4 PORTIONEN (CA. 360 KCAL/PORTION)
2 Kaninchenrücken • 200 g Weißkohl
• 1 mittelgroße Mohrrübe • 80 g Sellerieknolle
• 80 g Lauch • 60 g Zucchini • 1 kleine Zwiebel
• 100 g Reispilze aus der Dose • 30 ml Pflanzenöl
• Pfeffer aus der Mühle • Salz • 1 EL Honig
• Saft einer Zitrone • Sojasauce

BEILAGE: Reis

ZUBEREITUNG

1 Filets von den Rückenknochen ablösen und häuten, halbieren und in dünne Scheiben schneiden.

2 Den Weißkohl hobeln, Gemüse putzen bzw. schälen, Mohrrübe, Sellerieknolle, gewaschenen Lauch und geschälte Zucchini in feine Streifen (Julienne), Zwiebel in dünne Ringe schneiden. Alle Gemüsesorten in eigene Schüsselchen geben. Pilze abtropfen lassen.

3 Im Wok (oder in einer großen Pfanne) das Öl erhitzen, darin zuerst das Wildkaninchenfleisch anbraten, pfeffern und salzen, dann herausnehmen und warm stellen.

4 Bratensatz mit etwas heißem Wasser anlösen. Hitze auf mittlere Stufe zurückschalten. In Abständen von 2–3 Minuten nacheinander Mohrrübe, Sellerieknolle, Weißkohl, Zwiebel, Lauch und Zucchini in den Wok geben und unter ständigem Rühren garen (Gemüse soll noch knackig sein!). Fleisch wieder hinzufügen.

5 Honig am Pfannenrand zerfließen lassen und unterrühren. Zitronensaft zufügen, mit Pfeffer, Salz und Sojasauce abschmecken.

WILD-KANINCHEN
asiatisch

RAGOUT VOM WILDKANINCHEN
in *Kohlrabi*

ZUTATEN FÜR 4 PORTIONEN (CA. 660 KCAL/PORTION)
1 küchenfertiges Wildkaninchen • 30 g Butterschmalz
• 1 kleine Zwiebel • Pfeffer aus der Mühle • Salz
• 100 ml junger Riesling • 4 große Kohlrabi mit Blättern
• 1 Mohrrübe • 200 ml süße Sahne • Sherry
WILDKANINCHENBRÜHE: 1 Bund Suppengrün
• 20 g Butterschmalz • Abschnitte und Knochen vom
Kaninchen • 10 weiße Pfefferkörner • Lorbeerblatt
• Liebstöckelzweig • Salz

BEILAGE: Naturreis

ZUBEREITUNG

1 Fleisch von den Knochen ablösen, von Häuten und Sehnen befreien, in kleine Stücke schneiden. Häute, Sehnen und Knochen mit Wasser gründlich abspülen, in einem Sieb abtropfen lassen.

2 Für die Brühe das Suppengrün putzen und in Stücke schneiden. In einem Suppentopf Butterschmalz erhitzen, abgespülte Abschnitte und Knochen darin anschwitzen. Suppengrün, Pfefferkörner, Lorbeerblatt und Liebstöckelzweig zugeben. Mit ca. 1 l warmem Wasser auffüllen. Brühe bei mittlerer Hitze eine Stunde köcheln lassen (im Druckkochtopf Stufe II: 20 Minuten), danach durch ein Sieb gießen.

3 In einem flachen Bratentopf 20 g Butterschmalz erhitzen, fein geschnittene Zwiebel im Fett anschwitzen, die Kaninchenfleischstücke zufügen und hell anbraten. Mit Pfeffer und Salz würzen, mit Wein ablöschen und einkochen lassen.

4 500 ml von der Wildkaninchenbrühe zufügen und das Ragout bei geschlossenem Deckel und mittlerer Hitze ca. 45 Minuten weich schmoren. Flüssigkeit einkochen lassen.

5 Von den Kohlrabi einen flachen Deckel abschneiden. Davon die größten Blätter entfernen, Deckel beiseitelegen. 2–3 der schönsten Blätter waschen und klein schneiden.

6 Kohlrabi schälen, mit einem Ziseliermesser rundum einkerben. Mit einem Apfelausstecher und einem scharfen Löffel vorsichtig aushöhlen, das Ausgehöhlte klein schneiden und beiseitegeben.

7 Ausgehöhlte Kohlrabi in kochendes Wasser geben und bei mittlerer Hitze ca. 6–8 Minuten vorgaren. Anschließend in kaltes Wasser setzen und darin auskühlen lassen. Mohrrübe putzen und in feine, ca. 5 cm lange Streifen schneiden. Backofen auf 180 °C vorheizen.

8 Zum Ragout die Sahne zugießen und unter ständigem Rühren zu einer sämigen Sauce einkochen, mit Pfeffer, Salz und etwas Sherry abschmecken.

9 Zum Schluss eine Handvoll vom klein geschnittenen Kohlrabi-Inneren, einen gehäuften EL fein geschnittene Kohlrabiblätter und die Hälfte der Mohrrübenstreifen zum Ragout hinzufügen.

10 Ragout in die ausgehöhlten Kohlrabi füllen und 1–2 EL Sauce zugeben. Eine Auflaufform mit dem restlichen Butterschmalz einstreichen, verbliebenes Kohlrabimark, fein geschnittene Blätter und Mohrrübenstreifen auf dem Boden verteilen, ca. 150 ml von der Wildkaninchenbrühe hinzufügen. Gefüllte Kohlrabi in die Form setzen, mit Alufolie abdecken und im Backofen 10–15 Minuten garen. Vor dem Servieren die Deckel aufsetzen.

DACHS, ELCH, RENTIER, KÄNGURUH & ANTILOPE

Das Faszinierende an der Wildküche ist, dass praktisch jedes Wildtier als Nahrungsmittel verwertet werden kann. Überall in der Welt, wo Fleisch von Schlachttieren knapp oder für die Mehrheit der Bevölkerung zu teuer ist, dienen Wildtiere als Lieferanten wertvollen tierischen Eiweißes und Fettes.

Dem war vor noch nicht langer Zeit auch in Mitteleuropa so. Im Verlauf der Zeit haben sich die Ansichten über den Verzehr des einen oder anderen Wildtieres gewandelt; meist aufgrund gefühlsmäßiger, oft durch Dritte beeinflusster Empfindungen und einer nahezu uneingeschränkten Verfügbarkeit von Schlachttieren – weniger jedoch infolge sachgerechter Überlegungen. Letztere spielen nur dort eine Rolle, wo auch die Nutzung von Wildtieren als Nahrungsmittel eingeschränkt oder bis auf weiteres eingestellt wird – Maßnahmen, die stets im Interesse der Erhaltung einer überwiegend durch zivilisatorische Einflüsse in ihrem Bestand bedrohten Wildart erfolgen.

Eine Delikatesse für Kenner: Dachsfleisch

Ein gutes Beispiel aus heimischer Wildbahn ist hierfür der Dachs. Der zur Familie der Marder gehörende, der amtlichen Untersuchung auf Trichinen unterliegende Erdhöhlenbewohner liefert ein vorzügliches, einem Schweinebraten vom Jungschwein ähnelndes Wildbret. Auch der aus seinen Keulen hergestellte, mit Wacholderzweigen geräucherte Schinken gilt unter Kennern als Delikatesse. Als die Dachsbestände durch im Rahmen der Tollwutbekämpfung erfolgte Begasung der Baue zusammenbrachen, wurde die Jagd auf ihn so lange eingestellt, bis er sich wieder in ausreichender Zahl durch Wald und Feld bewegte; verantwortungsbewusstes Handeln der Jäger, die sich vom Grundsatz her nicht nur als Nutzer, sondern auch als Schützer und Heger aller wild lebenden Tiere und Pflanzen verstehen.

WISSENSWERTES: DER VERZEHR VON DACHS UND FUCHS WURDE Z.B. IN DER SCHWEIZ ERST AB 1. JULI 1995 GESETZLICH UNTERSAGT. UND IN BELGIEN WERDEN NACH WIE VOR IN EINZELNEN RESTAURANTS WIE PRIVAT RÜCKEN UND KEULEN VOM BISAM SERVIERT.

Wildbret-„Großlieferant": der Elch

Dass Europas und der Welt größte Hirschart, der Elch, noch heute in Skandinavien und in osteuropäischen Ländern, wie Polen, den baltischen Staaten, Weißrussland und Russland, zahlreich seine Fährte zieht, ist ebenfalls den Jägern zu verdanken. Als Fleischlieferant (je nach Alter und Geschlecht über 300 kg reines Wildbret!) und Nahrungsmittel hochgeschätzt, schützten sie seine Art selbst in Hungerszeiten durch Gesetzesinitiativen und zahlenmäßige Abschussbegrenzung vor der Ausrottung. Einmal mehr bewährte sich auch hier die Lebensweisheit, dass man bereit sein sollte, zu erhalten, was man langfristig nutzen will, und sich seiner maßvoll zu bedienen, auch wenn dies zeitweise Einschränkungen und Opfer bedeutet. Extreme, das wissen Jäger als Angehörige des ältesten Handwerks der Erdgeschichte, sind da fehl am Platz.

Im Norden selbstverständlich: Jagd auf wilde Rentiere

Sich während der Jagdsaison die Truhe mit wertvollem Wildbret zu füllen und auch andere an diesen naturgewachsenen Köstlichkeiten teilhaben zu lassen, ist z. B. nicht nur für Norwegens Jäger bei der Jagd auf das wilde Rentier die selbstverständlichste Sache der Welt. Die Jagd schöpft den Zuwachs ab und verhindert, dass die in Europa noch frei lebende Rentierpopulation durch Überpopulation zuerst ihren Lebensraum und dann sich selbst zerstört – indem sie mangels Nahrung Opfer von Hunger und Seuchen wird.

Zu viel des Guten: Känguruhs als Landplage

Lebensraumzerstörend wirken auch die hohen Populationen bei den verschiedenen Känguruharten in Australien. Deren Fleisch, dem Wildbret des Rotwildes ähnlich, wissen Australier durchaus zu schätzen, doch vermögen sie die notwendigerweise anfallenden Mengen nicht allein zu verzehren. Die Edelstücke wie Rückenfilet und Keulen ausschließlich zu Hundefutter zu verarbeiten, widerstrebt ihnen verständlicherweise. So wurden Exportmärkte für dieses Wildbret gesucht und unter anderem auch in Europa gefunden.

Känguruhfleisch umgetauft

Dass mancher Wildliebhaber vor einigen Jahren in Deutschland statt Hirschragout Gulasch vom Känguruh verzehrte, fiel ihm ebensowenig auf wie dem das klein geschnittene Känguruhfleisch als Hirschragout einkaufenden Gastronomen. Es waren in der Fleischhygiene tätige Veterinärmediziner, die diesen Etikettenschwindel letztlich auffliegen ließen und diese Manipulation durchführenden Wildhändler zur Anzeige brachten. Dass weder Köche noch Konsumenten es bemerkten, lag mit daran, dass das Fleisch, alter Wildküche folgend, über Tage mit Gewürzen und Wein kräftig mariniert wurde. Durch eine solche, den Geschmack jeglichen Fleisches verändernde „Tortur" lässt sich letztlich fast alles als vom Hirsch, Reh oder Wildschwein stammendes Gulasch oder Bratenstück anbieten. Zumal, und dies ist ein besonderer Trick, wenn die Sauce noch mit Maraschinowein aromatisiert wird, der jene süßlich-faulige Geschmackskomponente vermittelt, die heute noch von vielen fälschlicherweise als „typischer Wildgeschmack" angesehen wird. Diese Methoden waren einst durchaus zweckmäßig, weil man dadurch auch bereits mit starkem Fäulnisgeschmack (Hautgout) behaftetes Wildfleisch (aufgrund ungekühlten, überlangen Abhängens) an den Mann bringen konnte. Dank moderner Kühl- und Tiefkühlmöglichkeiten sind derartige Behandlungsmethoden in der neuen Wildküche passé.

Köstliches aus Afrika: Gazellen- und Antilopenfleisch

Beizen, Marinaden und Überwürzungen mit Preiselbeeren, so sie denn beim vom Springbock, Impala, Oryx oder Gnu stammenden Wildbret eingesetzt würden, ließen den in Afrika lebenden Wildliebhaber schier verzweifeln. Verschwunden wären all jene feinen Aromen, die ihn erkennen lassen, von welcher Antilopen- oder Gazellenart das Steak, der Braten oder das Gulasch abstammen. Wer deren Wildbret – unverfälscht zubereitet – ein- oder mehrfach verkostet, vielleicht sogar in der eigenen Küche verarbeitet hat, der weiß, welchen Genuss es Zunge und Gaumen zu bereiten vermag. Umso unverständlicher ist es, dass es in der Vergangenheit (hoffentlich nicht mehr in der Zukunft) einzelne Wildfleischimporteure gegeben hat, die Springbockkeulen als Rehkeulen und Gnurücken als Hirschrücken deklariert verkauft haben. Eine wahrheitsgerechte Auszeichnung auf dem Verkaufsetikett und auf der Speisenkarte hätte sicherlich dem einen oder anderen unvoreingenommenen Verkoster zur gleichen Erkenntnis verholfen, die Wildesser im Ursprungsland dieser Wildarten längst besitzen: ein vorzüglich schmeckendes, von der Natur dem Menschen geschenktes Nahrungsmittel.

Ein Problem, mit dem sich die Wildhüter z. B. in Simbabwe und im Krüger Nationalpark in Südafrika konfrontiert sehen, ist die überbordende Elefantenpopulation. Von den Abschüssen profitieren die Einheimischen, denen das Fleisch zu für sie erschwinglichen Preisen angeboten wird.

GRUNDSÄTZLICH GILT: WILDBRET ALLER ART NICHT „VERFÄLSCHEN"! EINER ÜBER DIE BEKANNTEN UND AUCH IN DIESEM KOCHBUCH FÜR HAARWILD VORGESTELLTEN, DEN EIGENGESCHMACK DES FLEISCHES WEITESTGEHEND UNVERFÄLSCHT ERHALTENDEN ZUBEREITUNGSEMPFEHLUNGEN HINAUSGEHENDEN BEHANDLUNG BEDARF ES BEI AUS ANDEREN KONTINENTEN STAMMENDEM WILDBRET NICHT. UND DER KULINARISCHEN KREATIVITÄT SIND IN DER NEUEN WILDKÜCHE NUR IN JENEN FÄLLEN GRENZEN GESETZT, IN DENEN DIE HOHE QUALITÄT DES VON DER NATUR GEGEBENEN NAHRUNGSMITTELS „WILD" DURCH UNSACHGEMÄSSE GEWINNUNG, BEHANDLUNG ODER ZUBEREITUNG BEEINTRÄCHTIGT WIRD.

Biltong

Biltong ist eine in südafrikanischen Ländern heiß begehrte Spezialität: aus dem Wildbret von Wildtieren – von der Oryx-Antilope bis zum Elefanten – hergestelltes, hartes Trockenfleisch. In Streifen (ca. 10 x 7 x 30 cm) geschnitten, wird es in einer aus Pökelsalz, braunem Zucker, Pfeffer, Koriander und Essig hergestellten, mit aromatischen Würzsaucen angereicherten Lake 2–3 Tage gebeizt, anschließend in eine Wasser-Essig-Mischung getaucht und nachfolgend bis zu drei Wochen luftgetrocknet.

ELCHFILET
in Kräutertunke

ZUTATEN FÜR 4 PORTIONEN (CA. 600 KCAL/PORTION)
800 g Elchfilet (darf auch Fleisch von oder Keule sein)
* *frisch gemahlener Pfeffer* • *Salz* • *30 ml Pflanzenöl*
* *½ Gemüsezwiebel*
SAUCE: 200 ml Wildbrühe (oder Fleischbrühe)
* *150 ml Sahne* • *1 Kästchen Kresse* • *Blätter von*
2 Stängeln Staudensellerie • *½ Bund krause Petersilie*
ohne Stängel • *Blätter von 2 Stängeln Liebstöckel*
* *Pfeffer* • *Salz*

BEILAGEN: Kartoffeln, Tomaten-Gurken-Salat

ZUBEREITUNG

1 Das Elchfilet kräftig pfeffern und salzen. In einem Bratentopf das Öl erhitzen, das Filet rundum anbraten. Die fein gehackte Zwiebel zugeben.

2 Bei mittlerer Hitze unter geschlossenem Deckel ca. 35–40 Minuten braten, zwischendurch etwas Wildbrühe angießen. Filet aus dem Topf nehmen und in Alufolie einschlagen.

3 Für die Sauce Bratensatz mit Wildbrühe aufkochen, Sahne zugeben und um ein Drittel einkochen. Sauce etwas abkühlen lassen.

4 Die Sauce durch ein Sieb in einen Standmixer geben, die Kräuter zufügen und gut durchmixen. Sauce in einen Stieltopf gießen, erwärmen, mit Pfeffer und Salz abschmecken.

5 Das Elchfilet tranchieren, mit der Sauce und den Beilagen servieren.

FASAN
(PHASIANUS COLCHICUS)

Der aus dem asiatischen Raum stammende Hühnervogel ist in seiner Artenvielfalt so bunt wie ein Herbststrauß. Während die Hähne ein buntes Gefieder mit unterschiedlicher Zeichnung und lange Schwanzfedern tragen, sind die Hennen durchgehend braungrau befiedert. Nach Europa brachten zuerst die Römer und Griechen Fasane als Ziergeflügel und Fleischlieferanten. Später entstanden an Fürstenhöfen Fasanerien, in denen die Vögel gezüchtet und unter Netzen gehalten wurden. Fasanenhennen legen in der Gefangenschaft zwar Eier, brüten diese jedoch nicht aus. Das besorgen Haushuhnglucken. In Fasanerien erfolgt dies mit Brutmaschinen. Die nach 23–24 Tagen schlüpfenden Küken werden wie Junghühner aufgezogen.

Ausgewildert wurden Fasane verstärkt im 18. Jahrhundert, wobei es zur Vermischung verschiedener Rassen kam. In den Revieren sind vor allem Ringfasane anzutreffen, deren Kennzeichen bei den Hähnen entweder ein schmaler weißer Halsring (Phasianus colchicus torquatus) oder ein breiter weißer Halsring (Phasianus colchicus mongolicus) ist. Letzterer weist zusätzlich weiße Schulterflügel auf. Versuche, einstmals in heimischer Wildbahn begründete Vorkommen durch weitere Auswilderungen zu stützen, erwiesen sich langfristig als wenig erfolgreich. Nasskalte Witterung zur Aufzuchtzeit der Küken, eine zunehmende Zahl an natürlichen Feinden, wie Habicht, Bussard, Krähe, Fuchs und Marder, und landwirtschaftlich bedingte Veränderungen in Anbaumethode und Biotop machten viele Bemühungen zunichte. Wurden noch vor 40 Jahren in Deutschland fast eine Million Fasane in freier Wildbahn erlegt, waren es in den letzten Jahren nur mehr knapp 100.000 Stück. Etwa 60.000 Fasane werden in Österreich geschossen, während es in der Schweiz rund 400 sind. Ein Teil der in Handel und Gastronomie angebotenen Fasane kommt aus den ost- und südosteuropäischen Staaten, in denen Fasanerien für die Jagd jährlich Hunderttausende Fasane in die Wildbahn entlassen, aber auch direkt an den Handel liefern. Verstärkt erfolgen auch Importe aus asiatischen Ländern.

FASAN KÜCHENFERTIG:
je nach Alter und Geschlecht 500–1.100 g,
aus Fasanerien bis 1.300 g

TIEFKÜHLLAGERUNG:
12–16 Wochen, danach wird das Fett ranzig

HAUPTJAGDZEIT:
(Achtung: regional stark unterschiedlich)
Oktober bis Januar
erlegt werden vorwiegend Fasanenhähne

ALTERSMERKMALE BEIM HAHN:
RÜCKSEITIGER SPORN OBERHALB DER ZEHEN:
im ersten Lebensjahr 3–5 mm lang, mit zunehmendem Alter wachsend
SCHWANZFEDERN (STOSS): im ersten Lebensjahr kurz

ALTERSMERKMALE BEI DER HENNE:
SCHWANZFEDERN (STOSS): nach dem ersten Lebensjahr lange Schwanzfedern

QUALITÄTSMERKMALE:
relativ helles, langfaseriges Fleisch

ZUBEREITUNGSEMPFEHLUNG:
junge Fasane braten, ältere Fasane vorkochen, vom Sud bedeckt erkalten lassen, dann braten

ZURICHTEN VON FEDERWILD UND -TEILEN (BEISPIEL FASAN)

1. Keulen abtrennen: Schnitt zwischen Darm- und Oberschenkelbein.

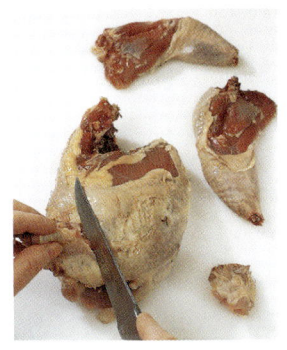

2. Flügel abtrennen: Schnitt zwischen Gabel- und Oberarmbein.

3. Brustfilets auslösen: Schnitt am Brustbein in Richtung Rippen.

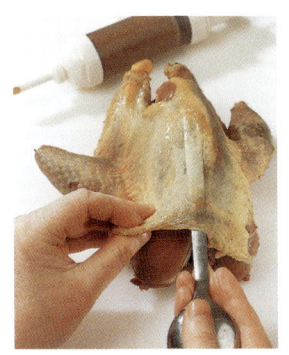

1. Füllen unter der Haut: Mit Löffelstiel Haut vom Fleisch lösen.

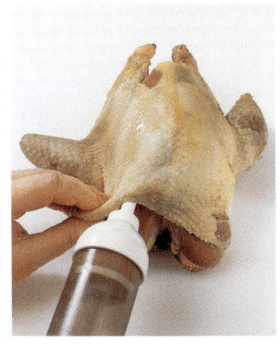

2. Füllung mit Gebäckspritze und langer Tülle unter die Haut spritzen.

3. Unter der Haut gefüllter und bratfertig gebundener Fasan.

1. Füllen von Brustfilets: In das große Filet eine Tasche schneiden.

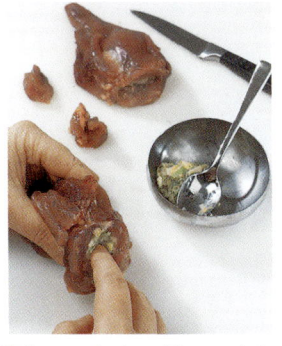

2. Füllung mit dem Finger tief und fest in die Tasche stopfen.

3. Öffnung mit Zahnstochern und Küchengarn schließen.

FASAN
auf Orangenkohl

ZUTATEN FÜR 4 PORTIONEN (CA. 830 KCAL/PORTION)
2 küchenfertige Fasane • 2 geschälte Orangen
• Pfeffer aus der Mühle • Salz • 1 EL Zucker • 50 ml frisch
gepresster Orangensaft • 30 ml Olivenöl • 1 Zwiebel
• 100 ml Sahne • 1 TL Speisestärke
ORANGENKOHL: 2 Orangen • 300 g Weißkohl
• 300 g naturvergorenes Sauerkraut • 200 ml frisch
gepresster Orangensaft • Pfeffer aus der Mühle • Salz

BEILAGE: *Semmelklöße*

ZUBEREITUNG

1 Backofen auf 230 °C vorheizen. Fasane innen und außen gut waschen. Mit je einer geschälten Orange füllen, kräftig pfeffern und salzen.

2 Fasane in einen Bräter geben, 300 ml Wasser zugießen und bei geschlossenem Deckel im Backofen ca. 30 Minuten schmoren.

3 Danach den Deckel abnehmen, die Temperatur auf 200 °C zurückschalten und die Fasane ca. 30 Minuten weiterbraten, bis sie schön braun sind.

4 Den Zucker im Orangensaft auflösen, mit dem Olivenöl vermischen und Fasane zwischendurch mehrfach mit der Flüssigkeit bepinseln.

5 Für den Kohl die Orangen schälen, in Spalten trennen, diese häuten und halbieren. Den Weißkohl fein hobeln und mit dem Sauerkraut mischen, mit dem Orangensaft in einen Topf geben. Bei mittlerer Hitze ca. 30 Minuten kochen. Kurz vor dem Servieren mit frisch gemahlenem Pfeffer und Salz abschmecken, die halbierten Orangenfilets unterheben.

6 Die fertigen Fasane aus dem Bräter nehmen und in Alufolie einschlagen.

7 Im Bratensatz die geschälte, fein geschnittene Zwiebel andünsten. Fond mit etwas Wasser loskochen, durch ein Sieb gießen, entfetten und in einen Stieltopf geben.

8 Die erhitzte Sahne zufügen, aufkochen lassen, mit der Speisestärke binden, mit Pfeffer und Salz abschmecken.

FASAN
hautnah gefüllt

ZUTATEN FÜR 4 PORTIONEN (CA. 500 KCAL/PORTION)
2 küchenfertige Fasane • frisch gemahlener Pfeffer
• Salz • 50 ml Weißwein
FÜLLUNG: 60 g altbackenes Weißbrot • 100 g Mozarella
• 80 g entkernte grüne Oliven • 3 Eigelb • gemahlene
Kräuter der Provence • frisch gemahlener Pfeffer • Salz
SAUCE: 30 g Butter • 2 Schalotten • 1 gestr. EL Mehl
• 100 ml trockener Weißwein • gerebelter Oregano
• 1 Becher Crème fraîche oder saure Sahne

BEILAGEN: *Teigwaren, Salat der Saison*

ZUBEREITUNG

1 Für die Füllung das Weißbrot reiben oder in ganz kleine Würfel schneiden. Den würfelig geschnittenen Käse, die Oliven und die Eigelbe zufügen und durchmixen. Die Masse mit Kräutern der Provence, Pfeffer und Salz würzen.

2 Fasane innen pfeffern und salzen. Unter der Haut mit der Füllmasse füllen (s. Anleitungsbilder auf S. 147). Außen mit Pfeffer und Salz würzen. Backofen auf 200 °C vorheizen. Fasane binden und in eine Bratfolie geben. 50 ml Weißwein zugießen, Bratfolie verschließen und auf einem Rost mit untergeschobener Fettpfanne in den Backofen geben. Nach dem Aufblähen der Folie auf 160 °C zurückschalten und die Fasane so lange braten, bis die Haut braun ist (ca. 50 Minuten).

3 Die Fasane aus der Folie nehmen, in Alufolie einschlagen. Den Bratensaft durch ein Sieb gießen und entfetten. In einem Stieltopf Butter erhitzen, die geschälten und fein geschnittenen Schalotten darin andünsten, Mehl zugeben und bräunen lassen.

4 Weißwein angießen, und mit dem entfetteten Bratensaft auffüllen, unter ständigem Rühren auf ca. 200 ml einkochen. Mit Oregano würzen. Crème fraîche oder saure Sahne unterrühren, mit Pfeffer und Salz abschmecken.

FASAN

hautnah gefüllt

Gemüse-
SERVIETTEN-SCHNITTE

ZUTATEN FÜR 6 PORTIONEN (CA. 560 KCAL/PORTION)
5 Brötchen vom Vortag • 250 ml Milch
• frisch gemahlener Pfeffer • Salz • 1 Zwiebel • 2 Karotten
• 100 g Champignons • 1 Bund Petersilie • 150 g Brokkoli
• 200 g Blattspinat • 100 g junge Erbsen (TK) • 2 EL Butter
• 3 Eier • etwas Öl zum Bestreichen

ZUBEREITUNG

1 Die Brötchen in Würfel schneiden und mit der lauwarmen Milch vermengen, die Masse pfeffern, salzen und ziehen lassen.

2 In der Zwischenzeit die Zwiebel schälen und in kleine Würfel schneiden, die Karotten putzen, waschen, schälen und in 1 cm große Würfel schneiden. Die Champignons putzen, waschen und in grobe Stücke schneiden, die Petersilie waschen und fein hacken.

3 Brokkoli in Röschen teilen, Spinat putzen und waschen, Brokkoliröschen und Spinat getrennt blanchieren, kalt abschrecken und gut abtropfen lassen.

4 Die Zwiebelwürfel, Karotten, Erbsen und Champignons in Butter bissfest dünsten und abkühlen lassen.

5 Alle vorbereiteten Gemüsezutaten sowie die verquirlten Eiern und die halbe Menge der Petersilie mit der Brötchenmasse gut vermischen.

6 Die Masse zu einer dicken Rolle formen und diese in ein mit etwas Öl bestrichenes Geschirrtuch einwickeln, mit Küchengarn auf beiden Seiten zubinden.

7 Die Gemüse-Serviettenschnitte in leicht siedendem Salzwasser 25–30 Minuten garen.

TIPP: PASST GUT ZU JEGLICHEN WILDGERICHTEN MIT SAUCE.

Cassoulet
VOM FASAN

ZUTATEN FÜR 4 PORTIONEN (CA. 600 KCAL/PORTION)
2 küchenfertige Fasane • frisch gemahlener Pfeffer
• Salz • 1 Zwiebel • 1 Mohrrübe • 500 g Edelpilze
(Steinpilze, Pfifferlinge, Maronen) • 50 g Butterschmalz
• Blätter von einem Selleriezweig • 3 Zweige Petersilie
• 8 schwarze Pfefferkörner • 350 ml trockener Weißwein
• 100 ml Sahne • 2 TL Kartoffelmehl

BEILAGEN: Gemüse-Serviettenschnitte (Rezept s. linke Spalte), Feldsalat

ZUBEREITUNG

1 Fasane häuten, Flügel abtrennen, beides beiseitelegen. Die Vögel der Länge nach halbieren, dann in Keulen und Bruststücke zerlegen, pfeffern und salzen. Backofen auf 200 °C vorheizen.

2 Zwiebel und Mohrrübe schälen und klein schneiden. Pilze putzen und beiseitelegen. In einem Bratentopf die Hälfte des Butterschmalzes erhitzen, darin die Fasanenstücke anbraten, herausnehmen und beiseitestellen.

3 Im Bratenfett Fasanenhaut und -flügel, Zwiebel, Mohrrübe, Sellerieblätter, Petersilienzweige sowie Pfefferkörner kurz anrösten. Fasanenstücke darauflegen, den Wein angießen, Deckel schließen und den Bratentopf in den vorgeheizten Backofen geben, Fasanteile 50 Minuten garen.

4 In der Zwischenzeit in einer Bratpfanne das restliche Butterschmalz erhitzen, darin die Pilze braten, pfeffern und salzen. Pilze in ein Sieb geben und abtropfen lassen.

5 Fasanenteile am Ende der Garzeit herausnehmen und in Alufolie einschlagen. Fond durch ein Haarsieb seihen, entfetten und wieder in den Bratentopf geben. Pilze zufügen und erwärmen.

6 Von den Fasanenstücken das Fleisch in groben Stücken ablösen und zu den Pilzen geben, mit Pfeffer und Salz abschmecken.

7 Sahne steif schlagen, das Kartoffelmehl einarbeiten und diese Mischung unter das Cassoulet ziehen. Mit je einer Scheibe von der Gemüse-Serviettenschnitte auf vorgewärmten Tellern servieren.

Cassoulet
VOM FASAN

FASANENBRUST
auf Chinakohl

ZUTATEN FÜR 4 PORTIONEN (CA. 450 KCAL/PORTION)
Bruststücke von 2 Fasanen • frisch gemahlener Pfeffer
• Salz • 30 ml Pflanzenöl • 1 TL gemahlene Kräuter
der Provence
SAUCE: 300 ml Fasanenbrühe (darf auch Hühnerbrühe
sein) • 1 Schalotte • 30 g Rosinen • 30 g Butter
• 1 EL Weizenmehl • 15 g gehobelte Mandeln • Pfeffer aus
der Mühle • Salz • Sojasauce • Worchestershiresauce
• Zitronensaft

BEILAGEN: *Gedünsteter Chinakohl, Salzkartoffeln*

ZUBEREITUNG

1 Die Fasanenbrüste pfeffern und salzen. In einer Bratpfanne das Öl erhitzen, die Fasanenbrüste darin bei
zurückgeschalteter Temperatur zuerst auf der Fleischseite,
dann auf der Hautseite jeweils ca. 5 Minuten anbraten.

2 Die Fasanenbrüste wieder auf die Fleischseite
drehen, mit Kräutern der Provence würzen und bei geschlossenem Deckel und mittlerer Hitze fertig braten (etwa
15–20 Minuten).

3 Die fertigen Fasanenbrüste aus der Pfanne nehmen, in
Alufolie einschlagen. Vor dem Servieren schräg aufschneiden.

4 Für die Sauce das überschüssige Fett aus der Bratpfanne gießen. Bratensatz mit der Fasanen- oder Hühnerbrühe loskochen.

5 Die Schalotte schälen und klein schneiden, die Rosinen in etwas warmem Wasser weichen lassen, dann
abseihen. In einem Stieltopf die Butter erhitzen, darin die
Schalotte glasig andünsten, das Mehl zufügen und unter
ständigem Rühren bräunen.

6 Aus der Bratpfanne die Fasanenbrühe durch ein Sieb
zugießen und aufkochen lassen. Rosinen und Mandeln
in die Sauce geben, mit Pfeffer, Salz, Sojasauce, Worchestershiresauce und Zitronensaft abschmecken.

FASANEN-PILZ-RAGOUT
im Teignest

ZUTATEN FÜR 4 PORTIONEN (CA. 350 KCAL/PORTION)
400 g ausgelöstes Fasanenfleisch (z. B. von Keulen und
Flügeln) • 150 g Champignons (oder beliebige andere
Pilze) • 2 Schalotten • 30 g Kochschinken • 30 g Butter
• 180 ml Sahne • 2 Eigelb • Pfeffer aus der Mühle • Salz
• Zitronensaft • Worcestershiresauce
• 1 Pkg. Blätterteig (aus dem Kühlregal)

ZUBEREITUNG

1 Das Fasanenfleisch in kleine Stücke schneiden. Die
Pilze putzen und blättrig schneiden, die Schalotten
schälen und klein schneiden. Den Kochschinken in Streifen
schneiden.

2 In der Pfanne die Butter erhitzen, die Schalotten darin
andünsten, die Fleischstücke zugeben und anbraten.
Pilze in die Pfanne geben, etwas heißes Wasser angießen. Bei geschlossenem Deckel und milder Hitze schmoren.
Nach ca. 10 Minuten 150 ml Sahne zugießen, Schinken
dazugeben und bei erhöhter Hitze noch etwa 10 Minuten
einkochen lassen.

3 Für die Blätterteig-Nestchen den Teig laut Packungsanleitung ausrollen, in 4 gleich große Teile schneiden, befettete Auflaufförmchen oder hitzebeständige Schüsseln
(ca. 12 cm Durchmesser) damit auslegen, mit verquirltem
Eigelb bestreichen und im auf 200 °C vorgeheizten Backofen ca. 10–12 Minuten goldbraun backen.

4 Die fertigen Nestchen kurz überkühlen lassen, aus den
Auflaufförmchen oder Schüsseln nehmen und auf Tellern anrichten.

5 In das Fasanenragout die mit der restlichen Sahne verquirlten Eigelbe einrühren. Mit Pfeffer, Salz, Zitronensaft und Worcestershiresauce abschmecken, das Ragout in
die Blätterteignester füllen und servieren.

**FASANEN-
PILZ-RAGOUT**

im Teignest

KASTANIEN
braten oder kochen und glasieren

INFORMATION: ESSKASTANIEN (MARONEN) SIND EINE BELIEBTE BEILAGE ZU WILD. ES GIBT SIE GESCHÄLT, VORGEGART UND ABGEPACKT ZU KAUFEN, ABER ES IST GANZ EINFACH, SELBST GESAMMELTE MARONEN ZU BRATEN ODER ZU KOCHEN UND SO FÜR DIE WEITERE VERARBEITUNG VORZUBEREITEN.

ZUTATEN
• *2 kg frische Kastanien*

ZUBEREITUNG

1 Kastanien verlesen (Bild 1), mit einem scharfen, spitzen Messer auf der welligen Seite einschneiden, auch die unter der Schale liegende braune Samenhaut einritzen (Bild 2).

2 Zum Braten eingeschnittene Kastanien in eine Kastanien-Röstpfanne oder auf ein Backblech geben und mit Wasser besprühen, im Backofen bei 160 °C Umluft ca. 12 Minuten braten, zwischendurch wenden (wenn sie in der Röstpfanne über offenem Feuer oder Glut gegart werden, regelmäßig rütteln), damit sie rundum schön gleichmäßig gebraten werden.

3 Aus dem Ofen (aus der Röstpfanne) nehmen und noch heiß schälen (Bild 3).

4 Zum Kochen die gewaschenen Kastanien in einen Topf geben, mit Wasser bedecken und mit Deckel 10–15 Minuten weich kochen, einzeln aus dem Wasser nehmen und sofort schälen (Bild 4).

5 Für karamellisierte Kastanien Kristallzucker in einer geeigneten Pfanne nicht zu dunkel schmelzen (durch Beigabe von Wasser erreichen Sie die gewünschte Konsistenz), gekochte oder gebratene Kastanien zugeben und schwenken (Bild 5).

6 Gekochte oder gebratene Kastanien kann man für die weitere Verarbeitung (Strudel, Gebäck, Fülle …) grob oder fein schneiden (Bild 6).

GEPÖKELTE FASANENBRUST
im Rotkohlblatt

ZUTATEN FÜR 4 PORTIONEN (CA. 400 KCAL/PORTION)

Brustfilets von 2 Fasanen • Pökelsalz • 4 große Blätter Rotkohl • Essig

FARCE: 200 g Fasanenfleisch (z. B. aus den Keulen)
• frisch gemahlener Pfeffer • Salz • 20 g Butter
• 200 g Fasanen- oder Geflügelleber • 1 Zwiebel
• 50 ml Sahne • 1 Ei • 4 Zweige frischer oder
1 EL gerebelter Majoran • Muskatnuss

BEILAGEN: Kartoffelpüree, Rotkohlsalat

ZUBEREITUNG

1 Die Fasanenbrüste in eine Pökellake (s. Anleitungsbilder auf S. 239) legen und zwei Tage pökeln, dann 4–5 Stunden wässern.

2 Von den Rotkohlblättern das dicke Strunkende herausschneiden. Blätter in siedendem Essigwasser ca. 10 Minuten garen, herausnehmen und kalt abspülen.

3 Für die Farce das Fasanenfleisch pfeffern und salzen. In der Pfanne die Butter erhitzen, das Fleisch und die Leber darin braten. Die fein geschnittene Zwiebel zugeben und glasig werden lassen.

4 Den Pfanneninhalt abkühlen lassen, dann mit der Sahne, dem Ei und dem Majoran in einen leistungsstarken Standmixer geben und alles pürieren. Mit geriebener Muskatnuss, Pfeffer und Salz würzen.

5 Die Rotkohlblätter auf einer Arbeitsfläche auflegen, mit der Hälfte der Farce bestreichen. Auf jedes Kohlblatt eine gepökelte, gewässerte Fasanenbrust auflegen, die restliche Farce aufstreichen, mit dem Kohlblatt ummanteln.

6 Die Päckchen in Alufolie doppelt einschlagen, in kochendem Wasser ca. 30 Minuten garen. Auf einem Sieb abtropfen lassen. Aus der Folie nehmen und mit den Beilagen servieren.

FASAN
im Wein-Gemüse-Sud

ZUTATEN FÜR 4 PORTIONEN (CA. 510 KCAL/PORTION)
2 küchenfertige Fasane • 2 Bund Petersilie
• Pfeffer aus der Mühle • Salz • 100 g Sellerieknolle
• 2 mittelgroße Mohrrüben • ½ Stange Lauch • 2 Zwiebeln
• 50 g Butter • 400 ml Riesling • 1 Zweig Liebstöckel
• 2 Lorbeerblätter • 12 weiße Pfefferkörner
• Zesten von einer unbehandelten Zitronenschale

BEILAGEN: Reis oder Baguette

ZUBEREITUNG

1 Fasane innen und außen gut waschen. Petersiliensträuße pfeffern und salzen, in die Fasane geben, die Füße mit Küchengarn zusammenbinden.

2 Geschälte Sellerieknolle in Streifen, geschälte Mohrrüben und gründlich gewaschenen Lauch in Scheiben schneiden, geschälte Zwiebeln vierteln.

3 In einem Suppentopf Butter erhitzen, Wurzelgemüse und Zwiebeln anschwitzen. Wein zugießen, einmal aufkochen lassen. Fasane in den Topf geben. Mit Wasser auffüllen, bis sie bedeckt sind. Liebstöckelzweig, Lorbeerblätter, Pfefferkörner, Salz und Zitronenzesten zufügen, offen aufkochen lassen, Brühe immer wieder abschäumen. Bei geschlossenem Deckel und zurückgeschalteter Temperatur weiterkochen, bis die Fasane weich sind (ca. 50 Minuten).

4 Fasane herausnehmen, in Alufolie einschlagen, abkühlen lassen. Das Fleisch von den Knochen lösen und klein schneiden.

5 Wurzelgemüse und Gewürze mit einem Schaumlöffel aus der Brühe herausheben. Brühe auf die Hälfte einkochen, mit Pfeffer und Salz abschmecken. Fleischstücke und ausgesuchte Stücke des Wurzelgemüses in die Brühe geben und in Suppentellern anrichten.

FASANENBRUST
mit Taschenfüllung

ZUTATEN FÜR 4 PORTIONEN (CA. 570 KCAL/PORTION)
Brustfilets von 2 Fasanen • Pfeffer aus der Mühle • Salz
• Mehl • 1 Ei • Würzmischung (je 1 Messersp. Rosmarin,
Oregano, Estragon) • Paniermehl • 10 g Butterschmalz
FÜLLUNG: 200 g Lauch • 200 ml Sahne • Pfeffer aus der
Mühle • Salz • 2 EL frische Pistazien • 2 Eigelb
SAUCE: 20 g Butter • 2 fein geschnittene Schalotten
• 50 ml trockener Weißwein • 250 ml Fasanenbrühe
• 100 ml Sahne • 2 EL Pistazien • Pfeffer aus der Mühle
• Salz

BEILAGEN: Reis, Chicoréesalat

ZUBEREITUNG

1 Für die Füllung gründlich gewaschenen Lauch in feine Ringe schneiden. Mit der Sahne in einen Stieltopf geben und erhitzen, pfeffern und salzen. Gehackte Pistazien zugeben und unter Rühren die Masse zu einem dicken Brei einkochen, diesen erkalten lassen. Eigelb unterarbeiten.

2 In jedes Brustfilet eine Tasche schneiden (s. Anleitungsbilder auf S. 147). Füllmasse in die Taschen füllen, mit Zahnstochern und Küchengarn schließen, Brustfilts pfeffern und salzen. Backofen auf 180 °C vorheizen.

3 Fasanenbrüste in Mehl wälzen. Ei mit der Würzmischung in einem Teller verquirlen, Fasanenbrüste darin wenden, anschließend in Paniermehl wälzen.

4 Brüste auf ein mit Backpapier ausgelegtes Blech legen und in den Ofen geben, 20 Minuten braten. Zwischendurch zweimal Flocken vom Butterschmalz auf die panierten Fasanenbrüste geben.

5 Für die Sauce Butter in einem Stieltopf erhitzen, fein geschnittene Schalotten andünsten, Weißwein zugießen und aufkochen.

6 Fasanenbrühe zugeben, auf die Hälfte einkochen, Sahne zugießen und ca. 3 Minuten kochen. Grob gehackte Pistazien zufügen, mit Pfeffer und Salz abschmecken.

FASAN
mit Sprossengemüse

ZUTATEN FÜR 4 PORTIONEN (CA. 550 KCAL/PORTION)
2 küchenfertige Fasane • frisch gemahlener Pfeffer
• Salz • 2 mittelgroße Zwiebeln • 1 Bund krause Petersilie
• 1 Bund Wurzelgemüse (Lauch, Petersilie, Sellerie,
Mohrrübe) • eine Zweige Thymian • 2 Lorbeerblätter
• 250 g dünn geschnittener Frühstücksspeck
SAUCE: 350 ml eingekochte, durch ein Tuch geseihte
Fasanenbrühe • 50 ml Sahne • je 30 ml Apfelwein und
trockener Weißwein (Riesling) • etwas Speisestärke
• Pfeffer aus der Mühle • Salz
SPROSSENGEMÜSE: 20 ml Olivenöl • 50 g kleine Pfiffer-
linge • 8 kleine braune Champignons • 30 g Sultaninen
• 200 g Sojabohnenkeimlinge • 40 ml Kräuteressig
• 20 ml Balsamico-Essig • 60 ml Olivenöl • 1 klein
geschnittene Schalotte • Pfeffer aus der Mühle • Salz
• Prise Zucker

BEILAGE: Reis oder Kartoffelpüree

ZUBEREITUNG

1 Die Fasane innen und außen gründlich waschen, innen
pfeffern und salzen. Die Zwiebeln schälen, in jeden Fasan eine Zwiebel und einige Stängel Petersilie geben. Die
Ständer (Füße) mit Küchengarn zusammenbinden.

2 Das Wurzelgemüse waschen, putzen, klein schneiden,
mit den Thymianzweigen und den Lorbeerblättern in
einen großen Bräter geben. Diesen zu zwei Dritteln mit
Wasser füllen und aufkochen lassen.

3 In den kochenden Sud die Fasane so einlegen, dass sie
auf der Seite liegen. So viel warmes Wasser zugießen,
dass sie nahezu bedeckt sind, Deckel daraufgeben und bei
mittlerer Hitze köcheln lassen.

4 Nach ca. 30 Minuten die Fasane wenden. Nach
45 Minuten Kochzeit die Fasane aus dem Sud nehmen,
einzeln in Alufolie einschlagen und abkühlen lassen. Backofen auf 250 °C (Ober- und Unterhitze) vorheizen.

5 Die Fasanenbrühe durch ein Haarsieb gießen und auf
die Hälfte einkochen, dann durch ein Tuch seihen.

6 Das Küchengarn entfernen, die Zwiebel und die Petersilienstängel aus den Fasanen entfernen. Die Vögel der
Länge nach halbieren und auf einen mit Backtrennpapier
ausgelegten Rost legen. Mit Pfeffer aus der Mühle und
Salz würzen, mit Frühstücksspeckscheiben belegen.

7 Die Fasanenhälften in den Backofen (zweite Schiene
von oben) schieben, auf Oberhitze schalten und
ca. 15 Minuten bräunen. Nach ca. 8 Minuten die Speckscheiben entfernen und die Hälften weitere 7 Minuten
bräunen lassen.

8 Für die Sauce die eingekochte, geseihte Fasanenbrühe
mit der Sahne in einem Stieltopf erhitzen. Apfelwein
und Weißwein zugießen. Mit Speisestärke leicht binden,
mit Pfeffer und Salz abschmecken.

9 Für das Sprossengemüse das Olivenöl in einem Topf
erhitzen, darin die geputzten Pfifferlinge kurz anbraten.
Topfinhalt in eine größere Schüssel geben. Die Champignons waschen, halbieren, mit den Sultaninen und den Soja-
bohnenkeimlingen zu den Pfifferlingen geben.

10 Kräuter- und Balsamico-Essig, Olivenöl, die klein geschnittene Schalotte sowie Pfeffer, Salz und etwas
Zucker gut verrühren. Diese Marinade über das Gemüse
geben und alles gut durchmischen.

**HINWEIS: DURCH DAS VORKOCHEN DER FASANE WIRD
IHR FLEISCH BESONDERS ZART UND SAFTIG. DA-
DURCH, DASS SIE IN DEN KOCHENDEN SUD GEGEBEN
WERDEN, VERLIEREN SIE AUCH NICHT SO VIEL VOM
EIGENAROMA.**

REBHUHN
(PERDIX PERDIX)

Die Bestände des in Mitteleuropa heimischen Feldhuhns sind in freier Wildbahn extrem rückläufig. Großflächig betriebene Landwirtschaft, ausgeräumte Flure und eine Vielzahl von Feinden, zu denen neben den Raubvögeln, Fuchs und Marder auch wildernde Katzen zählen, sind hierfür die Hauptgründe. Durch Anpflanzungen von Hecken, Erhalt und Neuanlage von breiten Feldrainen, Brach- und Ödflächen versuchen die Revierinhaber, vorhandenen Rebhuhnbeständen den Lebensraum zu verbessern. Bejagt werden sie nur noch dort, wo die Populationen eine maßvolle Nutzung zulassen.

Rebhühner wirken rundlich und haben eine grau-braune Befiederung. Hähne, auch manche Hennen, tragen einen braunen Brustschild. Unterscheidungsmal für die Geschlechter ist die Zeichnung der Federn. Hähne haben einen deutlich sichtbaren Schaftstrich auf der Feder, während die Feder der Henne eine stärkere Querbänderung aufweist. Rebhühner leben in der Paarungs- und Aufzuchtzeit der Jungen in Einehe. Die Henne legt bis zu 20 Eier in Bodenmulden (Ausmähverluste!) und bebrütet sie 24 Tage. In den ersten zwei Lebenswochen benötigen die Küken Insekten und Insekteneier als Nahrung. Nasskalte Witterung ist ungünstig: Zum einen gibt es keinen Insektenflug, sodass viele Küken verhungern, zum anderen gehen sie an Unterkühlung ein. Ist ein Gelege flügge, bildet es mit dem Brutpaar ein Volk, vom Jäger „Kette" genannt. In Deutschland wurden in den letzten Jahren nur mehr rund 3.000 Stück geschossen, in „guten Jahren" auch schon mal über 10.000 Stück. Hingegen wurden Anfang der siebziger Jahre weit über eine Viertelmillion Rebhühner erlegt! Im gleichen Zeitraum gingen auch die Jahresstrecken in Österreich zurück – von über 75.000 auf rund 6.000 Stück. In der Schweiz spielen Rebhühner jagdlich keine Rolle.

Die in Handel und Gastronomie angebotenen Rebhühner stammen aus der freien Wildbahn Osteuropas oder Schottlands, aus Zuchtbetrieben oder sind spanische Rothühner (Alectoris rufa), ein dort noch zahlreich vorkommender, gegenüber unserem Rebhuhn ca. 150 g schwererer Verwandter unseres Feldhuhns mit roter Kopfzeichnung.

REBHUHN KÜCHENFERTIG:
220–300 g (Rothuhn bis 400 g)

TIEFKÜHLLAGERUNG:
6–8 Monate, danach Ranzigwerden des Fettes

HAUPTJAGDZEIT:
(Achtung: regional stark unterschiedlich)
September bis Dezember

ALTERSMERKMALE:
junge Hühner: spitz zulaufende Handschwingen

QUALITÄTSMERKMALE:
braun-rötliches, kurzfaseriges, hocharomatisches Fleisch

ZUBEREITUNGSEMPFEHLUNG:
im Ganzen braten oder schmoren

Gebratene
REBHÜHNER

ZUTATEN FÜR 4 PORTIONEN (CA. 530 KCAL/PORTION)

4 küchenfertige Rebhühner • Salz • 100 ml Sahne • 2 in dünne Scheiben geschnittene Brötchen • frisch gemahlener Pfeffer • 100 g Rosinen • 1 Eigelb • 35 g Butterschmalz • 2 Schalotten • 50 g Butter • 100 ml Sahne • 20 ml Portwein

BEILAGEN: Hirseplätzchen (Rezept s. S. 164)

ZUBEREITUNG

1 Rebhühner innen und außen mit Salz bestreuen, 15 Minuten einwirken lassen. Dann innen und außen mit Wasser gut abspülen und abtropfen lassen.

2 Sahne erhitzen und über die Brötchenscheiben gießen, weichen lassen. Brötchenmasse pfeffern und salzen, Rosinen und Eigelb einarbeiten. Backofen auf 220 °C vorheizen.

3 Rebhühner mit der Brötchenmasse füllen, verschließen und binden (s. Anleitungsbilder auf S. 147), dann rundum pfeffern. In einem Bräter Butterschmalz erhitzen, Rebhühner rundum anbraten. Etwas Wasser und die geschälten, fein geschnittenen Schalotten zufügen. Mit geschlossenem Deckel in den Backofen geben.

4 Nach ca. 20 Minuten Deckel entfernen, mit etwas zerlassener Butter begießen. Temperatur auf 180 °C herunterschalten, Rebhühner weitere 20 Minuten bräunen lassen. Zwischendurch nochmals mit Butter begießen.

5 Rebhühner aus dem Bräter nehmen, in Alufolie einschlagen. Sahne zum Bratensatz geben, aufkochen lassen. Sauce durch ein Haarsieb in einen Stieltopf gießen, um ein Drittel einkochen lassen, mit Pfeffer, Salz und Portwein abschmecken.

Gekochtes
MILCH-REBHUHN

ZUTATEN FÜR 4 PORTIONEN (CA. 430 KCAL/PORTION)
4 küchenfertige Rebhühner • 150 g Sellerieknolle
• 1 Petersilienwurzel • 1 große Mohrrübe
• 1 Gemüsezwiebel • 1 l Milch • 80 ml Sahne
• Pimentkörner • Wacholderbeeren
• schwarze Pfefferkörner • 1 Zweig Liebstöckel
• 1 Stück Ingwerwurzel • 1 TL Speisestärke
• frischer Majoran • frischer Rosmarin

BEILAGEN: Teigwaren oder Reis

ZUBEREITUNG

1 Rebhühner innen und außen gründlich waschen und mit kochendem Wasser überbrühen.

2 Wurzelgemüse schälen und in Scheiben schneiden. Milch mit der Sahne vermischen und in einem großen Topf aufkochen, überbrühte Rebhühner mit dem Wurzelgemüse in die heiße Milch geben, Gewürze zufügen. Bei mittlerer Hitze ca. 40 Minuten garen.

3 Rebhühner aus dem Topf nehmen und warm stellen. Garflüssigkeit durch ein Haarsieb gießen und auf die Hälfte einkochen. Mit Speisestärke leicht binden, mit Pfeffer und Salz abschmecken.

4 Vor dem Servieren fein geschnittenen Majoran und Rosmarin zur Sauce geben, die Rebhühner mit der Sauce und Beilage anrichten.

TIPP: SAHNE ODER MILCH SCHÄUMT BEIM AUF- UND EINKOCHEN HOCH. DAMIT SIE NICHT ÜBERSCHÄUMT, DEN TOPF UM EIN DRITTEL VON DER HERDPLATTE ZIEHEN, SO DASS AUF DEM BODEN UNTERSCHIEDLICHE TEMPERATUREN GEGEBEN SIND. WENN DIE ANFANGS GROSSEN SCHAUMBLASEN KLEIN GEWORDEN SIND, HAT DIE SAUCE DIE RICHTIGE FLÜSSIGKEITSDICHTE ERREICHT.

REBHUHN
mit Steinpilz-Rahmsauce

ZUTATEN FÜR 4 PORTIONEN (CA. 370 KCAL/PORTION)
4 küchenfertige Rebhühner • 50 g Salz • Pfeffer aus der Mühle • 300 g frische Steinpilze (oder aus der Dose) • 2 Schalotten • 200 ml Sahne

BEILAGEN: Gemüse-Serviettenschnitten (Rezept s. S. 150), Mohrrübensalat

ZUBEREITUNG

1 Rebhühner innen und außen salzen, 15 Minuten einwirken lassen. Danach gut abspülen, abtropfen lassen und pfeffern. Backofen auf 180 °C vorheizen.

2 Rebhühner zusammen mit geputzten (oder abgetropften) Steinpilzen und geschälten, fein geschnittenen Schalotten in die Bratfolie geben. Auf einem Rost mit untergeschobener Fettpfanne im Ofen braten, bis die Vögel braun geworden sind (ca. 45 Minuten).

3 Rebhühner aus der Bratfolie nehmen, in Alufolie einschlagen.

4 Entstandenen Bratensaft mit den Steinpilzen in einen Stieltopf geben, Sahne zugießen und zu einer sämigen Sauce einkochen, mit Pfeffer und Salz abschmecken. Rebhühner mit der Sauce und den Beilagen servieren.

TIPP: WERDEN EINGEFRORENE STEINPILZE VERWENDET, DANN WERDEN DIESE GEFROREN IN EINE PFANNE MIT HEISSER BUTTER GEGEBEN UND BEI GESCHLOSSENEM DECKEL UND HOHER HITZE AUFGETAUT. ZWISCHENDURCH MEHRMALS UMRÜHREN. ALTERNATIV KÖNNEN SIE AUCH IN KOCHENDEM WASSER AUFGETAUT WERDEN. LEICHT ABGEKÜHLT KOMMEN SIE DANN MIT IN DIE BRATFOLIE. GRUND: LÄSST MAN GEFROSTETE PILZE, INSBESONDERE STEINPILZE UND MARONEN, NORMAL AUFTAUEN, VERLIERT IHR FLEISCH AN KERNIGKEIT UND BEKOMMT EINEN SÜSSLICHEN GESCHMACK.

REBHUHN
mit Steinpilz-Rahmsauce

REBHUHN im Kohl-
mantel mit Senfkörnersauce

ZUTATEN FÜR 4 PORTIONEN (CA. 330 KCAL/PORTION)
*2 küchenfertige Rebhühner • 8 Rot- oder Weißkohl-
blätter • Salz und Pfeffer*
SENFKÖRNERSAUCE: 30 g Senfkörner • 1 EL Butter
• 60 g Schalotten • 250 ml Weißwein • 125 ml Apfelsaft
• 1 EL Himbeeressig • 500 ml Geflügelfond
• 1 Prise Kristallzucker • Salz • 2 EL Weißwein
• 500 ml Geflügelbrühe • 150 g Butter

ZUBEREITUNG

1 Von den Rebhühnern die Brüste und Keulen abtrennen (den Rest zu einem Fond, einer Brühe oder Sauce weiterverarbeiten).

2 Von den gewaschenen Kohlblättern den Strunk entfernen. Die Blätter in Salzwasser blanchieren, abseihen und auf einem Tuch trocken tupfen.

3 Für die Sauce die Senfkörner waschen und gut abtropfen lassen. In einem Stieltopf die Butter erhitzen und die geschälten und fein geschnittenen Schalotten darin anschwitzen, mit Weißwein, Apfelsaft und Himbeeressig ablöschen, mit dem Geflügelfond aufgießen und mit Zucker und Salz würzen.

4 Etwa 30 Minuten köcheln lassen, sodass die Flüssigkeit auf ein Drittel reduziert wird, diese danach durch ein feines Sieb gießen.

5 Weißwein und Geflügelbrühe in einem Topf auf ein Viertel reduzieren, die Butter und die gesiebte Sauce darin verkochen, Senfkörner unterrühren und abschmecken.

6 Auf einem Tuch die Kohlblätter auslegen, die Brüstchen und Keulen mit Salz und Pfeffer würzen und darin einschlagen. Im Dampfgarer auf einem Gitter 8 Minuten garen.

7 Die Sauce auf vorgewärmte Teller gießen und die Fleischteile darauf anrichten.

**TIPP: WER KEINEN DAMPFGARER HAT, WICKELT DIE
BRÜSTCHEN UND KEULEN IN ALUFOLIE EIN UND GART
SIE IM AUF 170 °C VORGEHEIZTEN BACKOFEN AUF EI-
NEM BACKBLECH MIT ETWAS WASSER RUND
15 MINUTEN.**

REBHUHN-SCHNITTEN
mit Balsamicosauce

ZUTATEN FÜR 4 PORTIONEN (CA. 350 KCAL/PORTION)
*4 Rebhuhnbrüste mit Brustbein • Pfeffer aus der Mühle
• Salz • 50 ml Olivenöl • 20 ml Balsamico-Essig • Zucker
• 100 ml Wasser*

BEILAGEN: Hirseplätzchen, Teigwaren, Reis

ZUBEREITUNG

1 Rebhuhnbrüste pfeffern und salzen. In einer Pfanne Olivenöl erhitzen, Brüste auf der Fleischseite ca. 5 Minuten bei mittlerer Hitze anbraten, dann umdrehen, etwas Wasser angießen und 10 Minuten dünsten, danach die Rebhuhnbrüste herausnehmen und in Alufolie einschlagen.

2 Den Bratensatz mit Wasser loskochen, durch ein Sieb in einen Stieltopf gießen. Balsamico-Essig zugeben, mit Zucker, Pfeffer und Salz abschmecken und alles aufkochen.

3 Brustfilets von den Knochen lösen, in Scheiben schneiden, auf Tellern mit der Sauce und der Beilage anrichten.

Hirseplätzchen

ZUTATEN FÜR 4 PORTIONEN (CA. 250 KCAL/PORTION)
*250 g Hirse • 2 Eier • 50 g Haferflocken
• 1 EL fein geschnittene Petersilie • evtl. etwas Mehl
• Pfeffer • Salz • Muskatnuss • Butterschmalz*

ZUBEREITUNG

1 Hirse unter fließendem Wasser gut abspülen. In reichlich Salzwasser ohne viel umzurühren 25 Minuten kochen, dann abseihen und erkalten lassen.

2 Eier, Haferflocken und fein gehackte Petersilie unterarbeiten. Teig evtl. mit etwas Mehl andicken, mit Pfeffer, Salz und Muskatnuss würzen. Aus der Masse flache Plätzchen formen, diese in heißem Butterschmalz ausbacken.

REBHUHN-
SCHNITTEN
mit Balsamicosauce

Salmi vom
REBHUHN

ZUTATEN FÜR 4 PORTIONEN (CA. 350 KCAL/PORTION)

3 küchenfertige Rebhühner • frisch gemahlener Pfeffer
• Salz • 30 g Butterschmalz • 1 Bund Suppengrün
• 2 Gewürznelken • 1 Lorbeerblatt • 1 Zwiebel
• 2 Schalotten • 1 gestr. EL Mehl • 40 ml Madeira
• 100 ml Sahne • Zucker • Zitronensaft

BEILAGEN: Brot oder Gebäck

ZUBEREITUNG

1 Rebhühner waschen und trocken tupfen, dann pfeffern und salzen. Rebhühner in einem Bräter in heißem Butterschmalz von allen Seiten gut anbraten. Etwas Wasser angießen, bei geschlossenem Deckel und milder Hitze die Rebhühner ca. 45 Minuten weich schmoren.

2 Bräter vom Herd nehmen, Rebhühner erkalten lassen. Brust- und Keulenfleisch ablösen und in Stücke schneiden, zur Seite legen.

3 Knochen zerkleinern, mit den übrigen Resten in einen Suppentopf geben. Suppengrün und die mit Gewürznelken und Lorbeerblatt gespickte Zwiebel zugeben und mit warmem Wasser bedecken. Knochen ca. 30 Minuten auskochen.

4 Schmorsatz im Bräter wieder erhitzen, fein geschnittene Schalotten anschmoren, mit Mehl stauben und leicht bräunen. Madeira zugeben und aufkochen lassen. Backofen auf 200 °C vorheizen.

5 Die Knochenbrühe abseihen, entfetten und zum Schmorsatz gießen. Flüssigkeit auf die Hälfte einkochen. Dann durch ein Sieb gießen, Erwärmte Sahne zugeben und zu einer sämigen Sauce einkochen. Mit Pfeffer, Salz, Zucker und Zitronensaft abschmecken.

6 Das geschnittene Brust- und Keulenfleisch in eine Auflaufform schichten, Sauce darübergießen und im Backofen erwärmen.

TIPP: DAS SALMI KANN NOCH MIT MORCHELN ODER GEHOBELTEN TRÜFFELSCHEIBEN VERFEINERT WERDEN.

Mit Rehmousse gefülltes
REBHUHN

ZUTATEN FÜR 4 PORTIONEN (CA. 550 KCAL/PORTION)
2 küchenfertige Rebhühner • Pfeffer • Salz
• 20 g Butterschmalz • 200 ml trockener Weißwein
• 2 Schalotten • 200 ml Sahne • Cognac
FÜLLUNG: 350 g Rehfilet • Pökelsalz • Pfeffer aus der
Mühle • 10 g Butterschmalz • 1 Ei • Muskatnuss
• 1 TL Majoran • Salz

BEILAGEN: Wildreis, Brokkoli

ZUBEREITUNG

1 Für die Füllung Rehfilet häuten, in Stücke schneiden, in Pökelsalz wälzen, 2 Stunden einwirken lassen. Danach 15 Minuten wässern, abtropfen lassen und pfeffern.

2 In einer Pfanne Butterschmalz erhitzen, Filetstücke kurz anbraten, abkühlen lassen. Backofen auf 200 °C vorheizen.

3 Filetstücke mit Ei, geriebener Muskatnuss, Majoran und Salz pürieren, mit dieser Masse die Rebhühner unter der Haut (s. Anleitungsbilder auf S. 147) und innen füllen. Bauchhöhle verschließen, Rebhühner binden, pfeffern und salzen.

4 In einem Bräter Butterschmalz erhitzen, Rebhühner hineingeben, mit dem Butterschmalz bepinseln und im Backofen ca. 15 Minuten braten, bis die Haut bräunt, dann Wein über die Rebhühner gießen, klein geschnittene Schalotten zugeben, Bräter zudecken, 25 Minuten garen. Zwischendurch mit Bratensaft begießen.

5 Rebhühner aus dem Bräter nehmen, in Alufolie einschlagen. Bratensatz mit der Sahne loskochen, durch ein Sieb in einen Stieltopf gießen, dickflüssig einkochen. Mit Pfeffer, Salz und Cognac abschmecken.

6 Rebhühner tranchieren und mit den Beilagen dekorativ auf den Tellern anrichten.

HINWEIS: WEIST DIE BRUSTHAUT DURCH SCHROTKÖRNER VERURSACHTE LÖCHER AUF, WIRD DIE BRUST NACH DEM FÜLLEN MIT FRISCHEN, UNGESALZENEN DÜNNEN SPECKSCHEIBEN UMWICKELT. SPECK NACH 10 MINUTEN BRATZEIT ENTFERNEN.

TIPP: DIE FÜLLMASSE KANN DURCH ZERRIEBENES ALTBACKENES TOASTBROT UND ETWAS SAHNE GESTRECKT WERDEN.

RINGELTAUBE
(COLUMBA PALUMBUS)
TÜRKENTAUBE
(STREPTOPELIA DECAOCTO)

Die Ringeltaube ist die größte mitteleuropäische Taubenart. Ihren Namen verdankt sie dem weißen, nach vorne offenen Halsring. Im Gegensatz dazu zeigt die körperlich kleinere, aus Südasien in den letzten Jahrzehnten zugewanderte Türkentaube am Hals ein fast schwarzes, wie ein Halbmond aussehendes Nackenband. Während die graublau befiederte, an den Flügeln einen weißen Federstreifen aufweisende Ringeltaube ihren Lebensraum überwiegend in mit Bäumen bestandener Feldflur und lichten Wäldern hat, lebt und brütet die braungrau gefiederte Türkentaube in der Nähe menschlicher Ansiedlungen. Beide Arten haben nichts mit den Stadttauben gemeinsam, bei denen es sich um verwilderte Nachkommen der von der südeuropäischen Felsentaube abstammenden Haustaube handelt. Paarungszeit ist von Ende März bis Juli. Das zwei Eier aufweisende Gelege – bis zu dreimal in der Brutperiode – wird von beiden, sich äußerlich nicht unterscheidenden Elternteilen bebrütet. Die Jungen schlüpfen nach zweieinhalb Wochen. Vier Wochen später sind sie flugfähig. Es gibt eine Jägerweisheit: „Die Taube hat auf jeder Feder ein Auge." Daher erfolgt die Bejagung der Tauben aus gegen Sicht von oben schützender Deckung an Feldrainen und Waldrändern. Dort, wo die Tauben scharenweise in Korn- und Gemüsefelder einfallen und hohen Schaden verursachen, werden auch Taubenattrappen als Locktauben zur Jagd eingesetzt. Sofort nach dem Erlegen muss der Kropf der Taube entfernt und der Körper ausgeweidet werden, um eine Säuerung des Fleisches mit nachfolgend unangenehmer Geschmacksbeeinflussung zu vermeiden. Rupfen lässt sich die Taube am leichtesten im warmen Zustand. In Deutschland nimmt die Ringeltaube mit jährlich etwa 600.000 erlegten Exemplaren Rang eins unter dem Federwild ein. In Österreich liegen die Strecken zwischen 15.000 und 20.000 Stück pro Jahr, während die Taubenjagd in der Schweiz praktisch ohne Bedeutung ist. Im Handel sind Wildtauben nur selten erhältlich. Die in Restaurants angebotenen Wildtauben stammen meist aus Revieren in der Umgebung, die auch Bezugsquellen für Privathaushalte sind.

RINGELTAUBE KÜCHENFERTIG:
300–450 g (Türkentaube: 200–250 g)

TIEFKÜHLLAGERUNG:
bis zu 8 Monaten, danach Ranzigwerden des Fettes

HAUPTJAGDZEIT:
(Achtung: regional stark unterschiedlich)
November bis Februar, zur Schadensabwehr auf den Feldern auch im Sommer und Frühjahr

ALTERSMERKMALE:
junge Ringeltauben ohne weißen Halsring

QUALITÄTSMERKMALE:
Fleisch von graublauer Farbe, zarter Struktur, sehr aromatisch

ZUBEREITUNGSEMPFEHLUNG:
ganz oder in Teilstücken (Brustfilets 70 Prozent am Gesamtfleischanteil): versehen mit aromatischen Füllungen, braten oder schmoren Flügel, Keulen und Knochen für Brühe verwenden

GESPICKTE TAUBENBRÜSTE
mit Linsengemüse

ZUTATEN FÜR 3–4 PORTIONEN (CA. 580 KCAL/PORTION)

4 küchenfertige Wildtauben • 40 g frischer Speck
• Pfeffer aus der Mühle • Salz • 30 g Butterschmalz
• 1 Bund Suppengrün • 8–10 Pfefferkörner • 1 Zwiebel
LINSENGEMÜSE: 100 g Linsen • 250 ml Taubenbrühe
• 50 g Frühstücksspeck • 2 Frühlingszwiebeln (mit Grün)
• 20 g Butterschmalz
SAUCE: 20 g Butter • 1 Frühlingszwiebel • 50 ml Weiß-
wein • 250 ml Taubenbrühe • 40 ml Sahne • Speisestärke
• Pfeffer aus der Mühle • Salz • Zitronensaft

BEILAGE: Pellkartoffeln

ZUBEREITUNG

1 Die Linsen ca. 2 Stunden in Wasser einweichen. Taubenbrüste auslösen, mit Speckstreifen spicken, pfeffern und salzen, beiseitestellen.

2 Taubenkörper zerkleinern, pfeffern und salzen, in heißem Butterschmalz anbraten, dann in einen Schnellkochtopf geben. Suppengrün, Pfefferkörner, halbierte Zwiebel zufügen. Mit ca. 1 l Wasser bedecken, 20 Minuten (Stufe II) kochen. Brühe durch ein Sieb in eine Schüssel gießen, beiseitestellen.

3 Linsen abseihen und abtropfen lassen. Im Schnellkochtopf mit Taubenbrühe ansetzen, 15 Minuten (Stufe I) garen.

4 Frühstücksspeck würfelig und Frühlingszwiebeln in feine Ringe schneiden (die grünen Blätter ebenfalls in Röllchen schneiden, beiseitegeben), im erhitzten Butterschmalz glasig werden lassen, durch ein Haarsieb gießen, Fett auffangen. Speck- und Zwiebelstücke mit den Zwiebelblattröllchen unter die Linsen mischen, mit Pfeffer und Salz abschmecken.

5 Für die Sauce Butter zerlassen, fein geschnittene Frühlingszwiebel (nur das Weiße) zugeben, andünsten, mit Wein ablöschen, Taubenbrühe zugießen, aufkochen. Sahne zufügen, nochmals aufkochen. Mit Speisestärke binden, mit Pfeffer, Salz und Zitronensaft abschmecken.

6 Das aufgefangene Speckfett erhitzen, Taubenbrüste darin ca. 5 Minuten rundum braten. 60 ml Taubenbrühe zugießen, Deckel aufsetzen, 5 Minuten garen, mit den Linsen und der Sauce anrichten.

WILDTAUBEN-BRUST

mit Forellenmousse gefüllt

ZUTATEN FÜR 3–4 PORTIONEN (CA. 450 KCAL/ PORTION)

4 Wildtauben • 4 dünne Räucherspeckscheiben
FÜLLUNG: 2 Forellenfilets • 100 ml Sahne • 1 Eiweiß
• Pfeffer aus der Mühle • 1 TL gemahlene Kräuter
der Provence • Salz
SAUCE: Wildbret und Knochen der Wildtauben
• frisch gemahlener Pfeffer • Salz • 20 g Butterschmalz
• kleine Zwiebeln mit Zwiebelblättern (Schlotten)
• 80 ml trockener Weißwein • 60 ml Sahne
• 50 g kalte Butter in Stücken

BEILAGEN: Couscous, Feldsalat oder Chicorée

ZUBEREITUNG

1 Vom Rücken her die Taubenbrüste (mit der Haut) auslösen. Kleine, in der Farbe hellere Brustfilets ablösen und beiseitelegen.

2 Für die Sauce verbliebene Taubenkörper mit der Küchenschere zerkleinern, pfeffern und salzen, in heißem Butterschmalz kräftig anbraten. Die Zwiebelblätter (Schlotten) abschneiden, beiseitelegen, Zwiebeln fein schneiden, zufügen, kurz mitbraten. Bratensatz mit Weißwein ablöschen und so viel Wasser zufügen, dass alles gut bedeckt ist. Bei mittlerer Hitze ca. 40 Minuten kochen.

3 Für die Füllung die Forellenfilets von sichtbaren und fühlbaren Gräten befreien. Fleisch mit dem Messer von der Haut schaben, pürieren. 40 ml Sahne zugeben, durchmixen, durch ein feines Sieb streichen und die Masse kühlen.

4 Dann restliche Sahne und leicht verschlagenes Eiweiß einarbeiten, Pfeffer, Kräuter und etwas Salz zufügen, alles gut durchrühren, 20 Minuten kühlen, dann in eine Gebäckspritze oder in eine Spritzsack füllen. Backofen auf 200 °C vorheizen.

5 In die großen Brustfilets jeweils eine Tasche schneiden und mit dem Forellenmousse füllen. Zwischen die Filets weiteres Forellenmus geben, Filets übereinanderlegen. Mit Pfeffer und gemahlenen Kräutern der Provence würzen. Kleine Brustfilets von der Seite so anlegen, dass ein Austreten der Füllmasse verhindert wird, die Filets mit den Speckscheiben umwickeln und mit Küchengarn binden. In einen großen Bratentopf setzen, im Backofen ca. 30 Minuten braten.

6 Brühe durch ein Haarsieb in einen Stieltopf gießen, auf die Hälfte einkochen. Sahne zufügen und auf die benötigte Flüssigkeitsmenge einkochen, abschmecken. Kurz vor dem Servieren kalte Butter zufügen, Sauce mit dem Stabmixer schaumig schlagen.

7 Zwiebelblätter waschen, abtupfen und mit dem restlichen Forellenmousse füllen, in siedendem Wasser 2–3 Minuten garen, in 2–3 cm große Stücke schneiden.

8 Die fertig gebratenen gefüllten Taubenbrüste aus dem Ofen nehmen, Speck entfernen, in Scheiben schneiden, mit Sauce und Beilagen anrichten.

TIPP: EINFACHER IST ES, DIE KLEINEREN FILETS NICHT ABZULÖSEN. IN DIE TAUBENBRÜSTE EINE TASCHE SCHNEIDEN, DIESE FÜLLEN UND DIE BRÜSTCHEN MIT SPECK UMWICKELN.

WILDTAUBE
würzig gefüllt

ZUTATEN FÜR 2 PORTIONEN
(CA. 450 KCAL/PORTION)
2 küchenfertige Wildtauben • 4 Scheiben Salami
(5 mm dick) • 2 dünne Scheiben Räucherspeck
FÜLLUNG: 100 g altbackenes Weißbrot
• 80 ml Sahne • 25 g Delikatessgurken
• 70 g (Wild)salami • 2 Eigelb • 2 TL geschnittene
Petersilie • Salz • Pfeffer aus der Mühle
SAUCE: 15 g Butter • 2 Schalotten • 1 EL Mehl
• 200 ml Wildtauben- oder Geflügelbrühe
• Pfeffer und Salz • 1 EL Schnittlauchröllchen

BEILAGEN: Polenta, mit Speckwürfeln
aromatisiertes Weißkraut

ZUBEREITUNG

1 Für die Füllung Weißbrot fein reiben, in eine
Schüssel geben. Sahne, fein würfelig geschnittene Gurken und Salami, Eigelb, Petersilie, Salz,
Pfeffer zufügen und alles gut vermengen. Backofen auf 200 °C vorheizen.

2 Tauben mit dieser Masse füllen, Bauchhöhle
verschließen. Unter die Brusthaut über jedes
Brustfilet eine Scheibe Salami schieben.

3 Tauben pfeffern, mit Speckscheiben umwickeln, in einen Bratentopf geben und im Backofen 35 Minuten braten. Nach 15 Minuten den
Speck entfernen, etwas heißes Wasser in den
Bratentopf geben.

4 Für die Sauce Butter erhitzen, fein geschnittene Schalotten darin andünsten, Mehl darüberstauben, glatt rühren. Brühe zugießen und aufkochen lassen. Mit Pfeffer und Salz abschmecken.
Vor dem Servieren Schnittlauchröllchen zugeben.

WILDTAUBEN-MOUSSE

ZUTATEN FÜR 1 TERRINENFORM (1,5 L) (CA. 130 KCAL/100 G)
GELIERENDE TAUBENBRÜHE: 1.500 ml kalte Wildtaubenbrühe
• 50 g Gelatinepulver • 100 ml weißer Portwein
WEISSE SAUCE: 15 g Butter • 1 EL Mehl • 100 ml trockener
Weißwein • 200 ml Taubenbrühe
MOUSSE: 10 g Gelatinepulver • 100 ml von der gelierenden
Taubenbrühe • 400 g abgekochtes, ausgelöstes Fleisch von der
Wildtaube • Pfeffer • Salz • 150 ml Sahne

BEILAGE: Salat, Baguette

ZUBEREITUNG

1 Für das Gelee in 500 ml Wildtaubenbrühe das Gelatinepulver
quellen lassen, diese Mischung in einen Topf geben, restliche
Wildtaubenbrühe und Portwein zugießen und erwärmen, bis die
Gelatine sich aufgelöst hat.

2 Terrinenform in ein ausreichend großes, mit Eis gefülltes Gefäß
(oder ins Spülbecken) stellen, so dass das Eis bis an den Rand reicht.

3 Die bereits leicht gelierende Wildtaubenbrühe bis zum Rand
eingießen. Wenn die Flüssigkeit am Boden und an den Wänden
fest geworden ist, restliche Brühe wieder herausgießen. Vorgang
wiederholen, bis sich eine ca. 0,5 bis 1 cm dicke Geleeschicht gebil-
det hat, die Terrinenform immer wieder ins Eis geben.

4 Für die weiße Sauce Butter schmelzen, Mehl zufügen und glatt
rühren. Weißwein und Taubenbrühe zufügen und langsam
erhitzen. Schaum abschöpfen. Bei mittlerer Hitze auf die Hälfte
einkochen und abkühlen lassen.

5 Für die Mousse Gelatinepulver in der gelierenden Taubenbrühe
quellen lassen und erwärmen, bis sie sich aufgelöst hat. Flüssigkeit in den Schneidmesseraufsatz geben, ausgelöstes Taubenfleisch und weiße Sauce zufügen und alles pürieren. Masse durch
das Sieb streichen. Mit Pfeffer und Salz kräftig abschmecken. Ein
Drittel der steif geschlagenen Sahne mit dem Handmixer einarbeiten, restliche Sahne unter die Masse ziehen.

6 Mousse in die vorbereitete Form füllen, erkalten lassen, mit
gelierender Taubenbrühe abdecken. 12 Stunden kühl stellen. Vor
dem Stürzen Form kurz in warmes Wasser tauchen.

**TIPP: IN DIE GELIERENDE TAUBENBRÜHE UND IN DIE MOUSSE
FEIN GESCHNITTENE PETERSILIE GEBEN.**

WILDTAUBEN-
MOUSSE

GEBRATENE WILDTAUBE
mit Curry-Rahmsauce

ZUTATEN FÜR 3–4 PORTIONEN (CA. 460 KCAL/PORTION)
4 küchenfertige Wildtauben • 50 g Sellerieknolle
• 50 g Mohrrübe • 50 g Petersilienwurzel • 50 g Porree
• Pfeffer aus der Mühle • Salz • 50 ml Pflanzenöl
• 300 ml Wasser
SAUCE: 1 Fleischtomate • 200 ml Sahne • Curry
• Pfeffer • Salz

BEILAGEN: Wildreis, Bratkartoffeln, Salat

ZUBEREITUNG

1 Wildtauben innen und außen abspülen, trocken tupfen. Wurzelgemüse schälen, klein schneiden, Porree gründlich waschen und in Ringe schneiden, Gemüse vermischen, Wildtauben damit füllen.

2 Bauchöffnung mit Zahnstochern und Küchengarn verschließen. Flügel und Schenkel mit Küchengarn binden. Wildtauben pfeffern und salzen. Backofen auf 200 °C vorheizen.

3 In einem Bräter 30 ml Pflanzenöl erhitzen. Tauben zuerst auf den Seiten, dann auf dem Rücken und der Brust anbraten, dann auf den Rücken setzen, 300 ml Wasser angießen. Bräter mit geschlossenem Deckel in den Backofen geben.

4 Nach 20 Minuten Deckel entfernen. Wildtauben mit Öl bepinseln. Weitere 20 Minuten braten. Zwischendurch mit Öl bepinseln. Tauben aus dem Bräter nehmen, in Alufolie einschlagen.

5 Für die Sauce Tomate in Stücke schneiden, zum Bratensatz geben und anbraten. Sahne zugießen, Flüssigkeit um ein Drittel einkochen. Sauce durch ein Sieb gießen, mit Curry, Pfeffer und Salz abschmecken.

6 Fertig gebratene Tauben halbieren, mit der Sauce und den Beilagen servieren.

WILDTAUBEN-BRÜSTE *im Nudelteig*

ZUTATEN FÜR 3–4 PORTIONEN(CA. 900 KCAL/PORTION)
4 küchenfertige Wildtauben • Thymian • Pfeffer
• Salz • 1 Bund Suppengrün • 1 Zwiebel
• Pfefferkörner • 30 ml Olivenöl • 1 Knoblauchzehe
• 12 Lasagne-Teigscheiben • 2 Eigelb
FÜLLUNG: 300 g altbackenes Weißbrot • 3 TL Dillspitzen
• 5 Eigelb • Pfeffer • Salz • etwas Olivenöl
SAUCE: 20 g Butter • 1 Schalotte • 1 EL Dillspitzen
• 20 ml Weißwein • 200 ml Taubenbrühe • 100 ml Sahne
• Speisestärke • Pfeffer • Salz

BEILAGE: Salat der Saison

ZUBEREITUNG

1 Taubenbrüste auslösen, mit Thymian, Pfeffer und Salz würzen. Taubenkörper halbieren, mit Suppengrün, Zwiebel, Pfefferkörnern in einen Schnellkochtopf geben, mit Wasser bedecken, 15 Minuten (Stufe II, im normalen Kochtopf 50 Minuten) kochen.

2 Brühe durchsieben, auf 200 ml einkochen. Fleisch ablösen, klein schneiden, beiseitestellen.

3 Im Bratentopf Olivenöl mit halbierter Knoblauchzehe erhitzen. Knoblauch herausnehmen, aufheben. Taubenbrüste im Fett ca. 6–8 Minuten braten, erkalten lassen.

4 Lasagnescheiben 8 Minuten kochen, im kalten Wasser abkühlen, abtropfen lassen. Backofen auf 200 °C vorheizen.

5 Für die Füllung Weißbrot fein reiben, mit Dillspitzen, halbierter Knoblauchzehe und Eigelb durchmixen, pfeffern und salzen. Hälfte der Masse mit Taubenfleisch vermischen. Auf 8 Lasagnescheiben Füllmasse ohne Taubenfleisch auftragen, je 1 Brustfilet aufsetzen, mit gleicher Masse bedecken. Ränder mit Eigelb bestreichen, einrollen. In die restlichen Lasagnescheiben mit Taubenfleisch vermischte Masse einrollen. Alles in eine befettete Auflaufform setzen, mit Olivenöl einpinseln. Im Backofen 10–15 Minuten braten.

6 Für die Sauce geschnittene Schalotte und Dill in Butter andünsten. Weißwein zugießen, einkochen. Taubenbrühe und Sahne zugeben, um ein Drittel einkochen, abseihen, aufkochen, mit Speisestärke binden und würzen.

WILDTAUBEN-BRÜSTE
im Nudelteig

TAUBENBRÜSTE
im Wirsingblatt

ZUTATEN FÜR 4 PORTIONEN (CA. 500 KCAL/PORTION)
8 ausgelöste Brüste von der Wildtaube
• Pfeffer aus der Mühle • Salz • 8–16 Wirsingblätter
(je nach Größe) • je 8 dünne Scheiben feiner Frühstücks-
speck und frischer (grüner) Speck
SAUCE: 30 g geräucherter Speck • 1 Zwiebel
• 250 ml Taubenbrühe (gekocht mit Suppengrün, Zwiebel
und Gewürzen aus den Taubenresten) • 1 TL Kümmel
• Kartoffelmehl • frisch gemahlener Pfeffer • Salz

BEILAGEN: Salzkartoffeln, Wirsinggemüse

ZUBEREITUNG

1 Taubenbrüste pfeffern und salzen. Aus den Wirsingblättern den Strunk herausschneiden. Je 3–4 Blätter in siedendem Wasser 2–3 Minuten überbrühen, abseihen und kalt abspülen. Jedes Brustfilet erst in eine Scheibe Frühstückspeck, dann in eine Scheibe grünen Speck einwickeln. Anschließend mit 1–2 Wirsingblättern umwickeln und in ein Stück Leinentuch geben. Dieses so zusammendrehen, dass der sich im Wirsingblatt befindende Saft ausläuft und das Blatt fest am Filet anliegt, Leinentuch entfernen und jedes Päckchen fest in ein Stück Alufolie einschlagen. In siedendem Wasser garen.

2 Für die Sauce den in feine Würfel geschnittenen Speck ausbraten, im Speckfett die klein geschnittene Zwiebel glasig andünsten. Taubenbrühe angießen, den Kümmel zugeben und aufkochen. Mit Kartoffelmehl leicht binden, mit Pfeffer und Salz abschmecken.

3 Von den gegarten Taubenbrüste die Alufolie entfernen, mit den Beilagen und der Sauce anrichten.

WILDTAUBEN-RAGOUT
auf Kartoffelpuffern

ZUTATEN FÜR 3–4 PORTIONEN (CA. 750 KCAL/PORTION)
4 küchenfertige Wildtauben • Pfeffer aus der Mühle
• Salz • 20 g Butterschmalz • 1 Zwiebel
• 1 Spritzer Estragonessig • 150 ml Taubenbrühe
• 100 ml Sahne • 2 EL gehackte Kräuter (Kerbel, Petersilie,
Estragon) • Zitronensaft • Worcestershiresauce
KARTOFFELPUFFER: 700 g rohe Kartoffeln • 1 Zwiebel
• 1 Ei • Salz • 3 EL Paniermehl • 60 ml Pflanzenöl

BEILAGE: Salat der Saison

ZUBEREITUNG

1 Das Wildtaubenfleisch von den Knochen lösen, in Streifen schneiden, pfeffern und salzen. Aus den Knochen eine Brühe kochen (s. S. 170), auf die benötigte Menge einkochen.

2 In einer Pfanne Butterschmalz erhitzen, das Fleisch goldbraun anbraten, fein gehackte Zwiebel zugeben, glasig werden lassen. Mit Estragonessig würzen. Die Brühe zufügen, das Ragout bei geschlossenem Deckel ca. 8 Minuten garen.

3 Die Flüssigkeit einkochen lassen, die Sahne zufügen und die Kräuter untermischen. Das Ragout mit Zitronensaft, einigen Tropfen Worcestershiresauce, Pfeffer und Salz abschmecken und warm halten.

4 Für die Kartoffelpuffer die Kartoffeln schälen, reiben und mit fein gehackter Zwiebel, verquirltem Ei, Salz sowie Paniermehl vermischen. In einer Pfanne Öl erhitzen, handtellergroße Kartoffelpuffer darin beidseitig goldbraun braten.

5 Das Taubenragout auf den Kartoffelpuffern anrichten.

TIPP: ALS WEITERE BEILAGE PASSEN DAZU KOMPOTTFRÜCHTE (Z. B. APRIKOSEN ODER BIRNEN): DAFÜR 250 ML KOMPOTTSAFT MIT HONIG UND SAFT EINER HALBEN ZITRONE IN EINEM STIELTOPF ERHITZEN, FRÜCHTE DARIN ERWÄRMEN.

WILDTAUBEN-RAGOUT
auf Kartoffelpuffern

Salat von der
WILDTAUBEN-BRUST

**ZUTATEN FÜR 4 PORTIONEN
(CA. 220 KCAL/PORTION)**
4 Brustfilets von der Wildtaube (ohne Haut)
• Pfeffer • Salz • 25 g Butterschmalz • Salatblätter
• 10 mittelgroße Champignonköpfe • Zitronensaft
*MARINADE: 40 ml Olivenöl • 20 ml Balsamico-
Essig • 2 Schalotten • 1 kleine Knoblauchzehe*
• 1 EL Schnittlauchröllchen • Zucker
• Pfeffer aus der Mühle • Salz

BEILAGEN: Toast- oder Schwarzbrot

ZUBEREITUNG

1 Taubenbrustfilets pfeffern und salzen. In einer
Pfanne Butterschmalz erhitzen. Filets darin
ca. 8 Minuten rundum braten, danach in Alufolie
einschlagen und erkalten lassen. Die Salatblätter
gründlich waschen und abtropfen lassen.

2 Die Champignonköpfe gründlich putzen, in dünne Scheiben schneiden und mit Zitronensaft
beträufeln.

3 Für die Marinade aus Öl, Essig, fein geschnittenen Schalotten, zerdrücktem Knoblauch und
Schnittlauchröllchen eine Sauce anrühren, mit Zucker, Pfeffer und Salz abschmecken.

4 Brustfilets in Streifen schneiden, mit Champig-
nonscheiben auf den Salatlättern anrichten
und mit der Marinade übergießen.

WILD-GEMÜSE-EINTOPF

ZUTATEN FÜR 4 PORTIONEN (CA. 350 KCAL/PORTION)
*ca. 500 g gebratenes Wildbret von Federwild und/oder Haarwild
(z. B. Reste von einem Braten) • 350 g Mohrrüben • 350 g Steckrüben • 3 Stängel Staudensellerie • 350 g Rosenkohl • 1 mittelgroße Zwiebel • 30 g Butter • 1.000 ml Wildbrühe • 2 Kartoffeln
• 1 kleines Stück Ingwerwurzel • Pfeffer aus der Mühle • Salz*

BEILAGE: Baguette

ZUBEREITUNG

1 Gebratene Wildbretreste in Stücke schneiden. Mohrrüben und
Steckrüben schälen, Mohrrüben schräg in Scheiben, Steckrüben in ca. 10 mm dicke Streifen schneiden. Stängel der Staudensellerie waschen, schälen und in ca. 5 cm große Stücke schneiden.
Rosenkohl putzen, am Stielende kreuzweise einschneiden. Zwiebel
schälen und klein schneiden.

2 In einem Bratentopf die Butter erhitzen, darin die Mohrrüben-,
Steckrüben- und Zwiebelstücke anschwitzen. Die Hälfte der
Wildbrühe angießen und aufkochen lassen.

3 Nach 5 Minuten Garzeit den Rosenkohl, die Staudensellerie
und die restliche Wildbrühe zufügen. Aufkochen lassen und bei
mittlerer Hitze ca. 20 Minuten garen.

4 Kartoffeln schälen, reiben dem Gemüse beifügen, weitere
5 Minuten köcheln lassen. Frisch geriebene Ingwerwurzel zufügen, mit Pfeffer und Salz kräftig abschmecken.

5 Die Wildbretstücke in den Eintopf geben und erwärmen, den
Eintopf heiß servieren.

**HINWEIS: DIESES GERICHT EIGNET SICH VORZÜGLICH ZUR
VERWERTUNG VON BRATENRESTEN, WOBEI DIE KOMBINA-
TION DES WILDBRETS VON SCHALEN- UND FEDERWILD IHM
EINE BESONDERE GESCHMACKLICHE NOTE VERMITTELT.**

**TIPP: DAMIT DER ROSENKOHL UND DIE STAUDENSELLERIE IHRE
FRISCHE GRÜNE FARBE BEHALTEN, WERDEN SIE VORAB IN SIE-
DENDEM WASSER, DEM 1 TL NATRON ZUGESETZT WURDE, CA.
1 MINUTE BLANCHIERT. ANSCHLIESSEND GIBT MAN SIE IN KAL-
TES WASSER UND LÄSST SIE DANN IN EINEM SIEB ABTROPFEN.**

WILD-GEMÜSE-EINTOPF

WILDENTE *(ANAS)*
WILDGANS *(ANSER BRANTA)*

Häufigste Entenart in Mitteleuropa ist die ans Süßwasser gebundene Stockente (Anas platyrhynchos). Weniger verbreitet sind die kleineren, überaus wohlschmeckenden Krickenten (Anas crecca) und Knäkenten (Anas querquedula). Wie bei den Gänsen gibt es auch bei den Enten Arten, deren Lebensraum die Meeresküsten sind. Unterschieden werden Enten, bei denen die Erpel ein farbenprächtiges Federkleid tragen, nach ihrem Schwimmverhalten in Tauch- und Schwimmenten (Pürzel im bzw. über dem Wasser). In der Paarungszeit und auch danach leben Enten oft in Einehe. Das Brut- und Aufzuchtgeschäft (je nach Art 4–12 Eier, 21–32 Bruttage) besorgt die Ente. Nach 7–10 Wochen sind die Jungen flugfähig.

Die Graugans (Anser anser) als größte unter den Wildgänsen und Urahn unserer Hausgans sowie die kleinere Saatgans (Anser fabalis) zählen zu den in der mitteleuropäischen Wildküche am meisten genutzten Arten. Beide sind Süßwasserbewohner. Im Herbst ziehen Wildgänse zu Tausenden nach Westen und Süden, unter ihnen auch Arten, deren Lebensraum die Meeresküsten sind. Deren besonderes Merkmal ist ein schwarzer Hals, deswegen auch mit dem Gattungsnamen „Branta" belegt. Gänse leben paarweise zusammen. Während die Gans das Brutgeschäft – 5 bis 8 Eier werden rund 30 Tage bebrütet – alleine durchführt, beteiligt sich der Ganter (gleiches Aussehen wie die Gans) auch an der Aufzucht der Jungen, die nach ca. 16–18 Wochen erwachsen sind. Bis zur nächsten Brut leben Gänsepaare in großen Sozialverbänden zusammen. Gänse können bis zu 25 Jahre alt werden und mehr Flugstunden zurücklegen als ein moderner Düsenjet. Die Bejagung erfolgt aus guter Deckung morgens und abends beim Ab- und Anflug vom und zum Wasser, am Tag beim Anflug auf die Saatfelder. In Deutschland werden jährlich etwa 80.000 Wildgänse und zwischen 360.000 und 400.000 Wildenten (fast ausschließlich Stockenten) erlegt. In Österreich sind es rund 2.000 Wildgänse und um die 70.000 Wildenten. In der Schweiz haben beide Federwildarten keine jagdliche Bedeutung. Ein großer Teil der im Handel und in der Gastronomie angebotenen Wildgänse und -enten stammt aus kommerziellen Aufzuchtbetrieben.

STOCKENTE BZW. GRAUGANS KÜCHENFERTIG:
je nach Alter 650–900 g bzw. bis 3.500 g

TIEFKÜHLLAGERUNG:
bis zu 6 Monaten, danach Ranzigwerden des Fettes

HAUPTJAGDZEIT:
(Achtung: regional stark unterschiedlich)
GÄNSE: August bis Januar; ENTEN: September bis Januar

ALTERSMERKMALE:
ENTEN: bis zu einem Jahr orange-gelbe, danach orange-rote Schwimmhäute
GÄNSE: erste Monate grau-grüne, danach gelb-orangefarbene Schwimmhäute

QUALITÄTSMERKMALE:
ENTEN: dunkelrotes Fleisch, bläulich schimmernde Haut, saftig und aromatisch
MEERESENTEN: Fett schmeckt teilweise tranig
GRAU- UND SAATGÄNSE: dunkelrotes, saftiges, hocharomatisches Fleisch
MEERESGÄNSE: Fett schmeckt teilweise tranig

ZUBEREITUNGSEMPFEHLUNG:
Gänse und Enten vorkochen oder vordämpfen, vom Sud bedeckt erkalten lassen, dann braten

AUSBEINEN UND FÜLLEN EINER WILDENTE

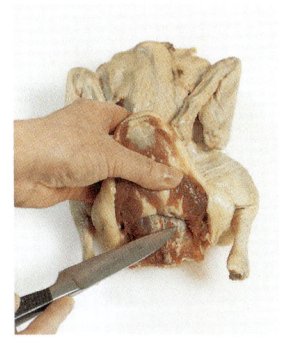

1. Pürzel nach oben drücken und Fleisch vom Darmbein lösen.

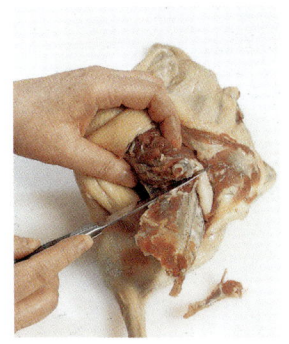

2. Oberschenkel der Keulen im Gelenk vom Sitzbein abtrennen.

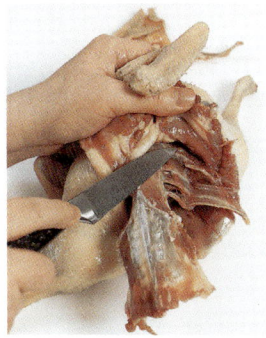

3. Fleisch nach vorne schieben und an den Rippen schabend ablösen.

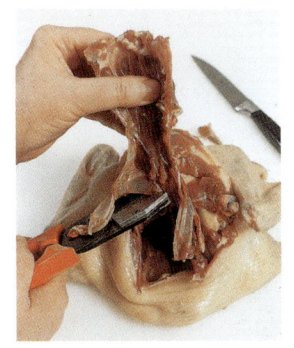

4. Sitzbein mit einer Küchenschere (-zange) in Rippenhöhe abtrennen.

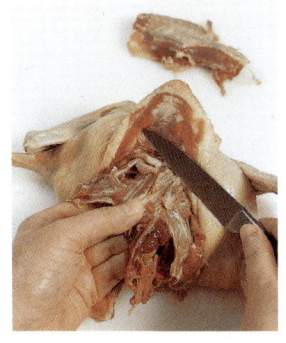

5. Am Brustwirbel (Rücken) Fleisch bis zum Schulterblatt ablösen.

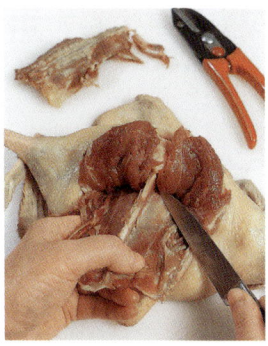

6. Ente umdrehen, am Brustbein die Filets nach vorne abschieben.

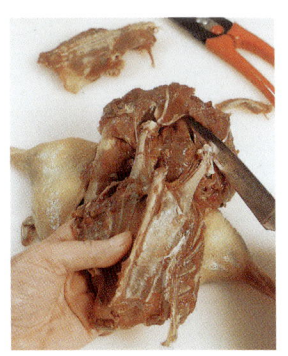

7. Brust- und Rabenschnabelbein bis zu den Gelenken freilegen.

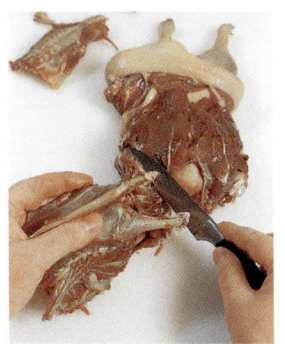

8. Brust- und Rabenschnabelbein von den Oberarmbeinen trennen.

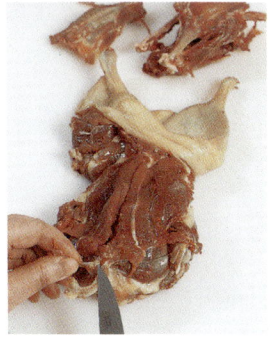

9. Gabelbein durch Abschaben des Fleisches freilegen und auslösen.

AUSBEINEN UND FÜLLEN EINER WILDENTE

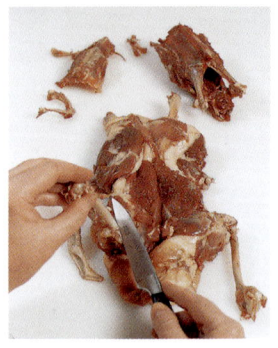

10. Am Oberarmbein Fleisch rundum abschaben, Knochen herauslösen.

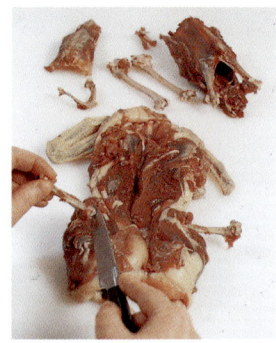

11. Oberschenkelknochen rundum freischaben, aus der Keule lösen.

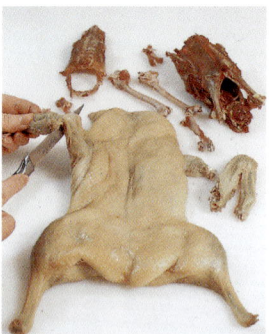

12. Äußere Flügelteile (Speiche und Elle) vom Körper abschneiden.

13. Füllmasse, Küchengarn, Zahnstocher und entbeinte Wildente.

14. Füllmasse mit Löffel in die Ente geben, mit Fingern nachstopfen.

15. Über quergesteckte Zahnstocher Ente mit Küchengarn schließen.

Auf die gleiche Art und Weise wie bei der Wildente dargestellt wird auch anderes Federwild ausgebeint. Wesentlich ist ein kleines, spitzes und scharfes Messer, mit dem sich die Trennschnitte gut durchführen lassen. Das wie ein Strumpf umgestülpte Fleisch wird vom Knochengerüst mehr abgeschabt als abgeschnitten. Dies gilt besonders für das Freilegen und Auslösen der Oberarmbeinknochen in den Flügeln und der Oberschenkelknochen in den Keulen. In letzteren belässt man den Unterschenkelknochen im Fleisch. Sichtbare Sehnen werden freigeschabt und abgetrennt. Die Technik beim

Verschließen der gefüllten Wildente entspricht der, wie sie beim Verschnüren von mit Haken versehenen Schuhen gebräuchlich ist. Mit dem Herausziehen der Zahnstocher fällt die Schnur automatisch ab.

Anmerkung des Autors zur gezeigten Wildente

Dies ist eine aus einer Zuchtfarm stammende Wildente. Sie ist wesentlich fetter als die Vögel aus freier Wildbahn und gleicht im Erscheinungsbild fast einer Hausente.

Rosenkohl-Eintopf mit
ENTENBRUST

ZUTATEN FÜR 4–6 PORTIONEN
(CA. 422 KCAL/PORTION)

600 g Wildentenbrüste • 1 EL Öl • Salz und Pfeffer
• 750 ml Geflügelbrühe • 500 g Rosenkohl
• 500 g Kartoffeln • 2 Zwiebeln • 2 EL Butter • Muskatnuss
• 4 EL saure Sahne

ZUBEREITUNG

1 Die Haut der Entenbrüste der Breite nach mit einem scharfen Messer einschneiden.

2 Das Öl in einer Bratpfanne erhitzen, Entenbrüste auf der Hautseite einlegen, 4 Minuten braten, dann wenden und weitere 2 Minuten braten, mit Salz und Pfeffer würzen und mit etwas Geflügelbrühe ablöschen, zugedeckt 15 Minuten schmoren lassen, bei Bedarf noch mit Brühe aufgießen.

3 Rosenkohl putzen, Kartoffeln waschen, schälen und in Würfel schneiden, die Zwiebeln schälen und in kleine Würfel schneiden.

4 Die Butter in einem geeigneten Topf schmelzen, Zwiebeln zugeben und glasig dünsten, Rosenkohl und die Kartoffeln zugeben und mit der restlichen Geflügelbrühe aufgießen, mit Salz, Pfeffer und Muskatnuss würzen und 25 Minuten sanft köcheln lassen (die geschmorten Entenbrüste 15 Minuten vor Garende zugeben).

5 Dann die Entenbrüste herausnehmen, saure Sahne einrühren und abschmecken.

6 Die Entenbrüste in dünne Scheiben schneiden und diese mit dem Eintopf servieren.

WILDENTE
mit Baumpilzen

ZUTATEN FÜR 4 PORTIONEN (CA. 750 KCAL/PORTION)

*2 küchenfertige Wildenten • 25 g getrocknete
Chinesische Baumpilze (Holunderpilze)*
• 1 Bund Suppengrün • 1 Zwiebel • 10 Pfefferkörner
• Salz • 50 g Lauch • 50 g Mohrrübe • 50 g Sellerieknolle
• 1 Zwiebel • 100 g Reisnudeln • 50 ml Olivenöl
• 150 ml Wildentenbrühe • 2 gestr. TL Currypulver
• 3 EL Honig • Saft einer Zitrone • Pfeffer aus der Mühle
• Salz • Worcestershiresauce

BEILAGE: Salat der Saison

ZUBEREITUNG

1 Wildenten in Brüste, Keulen und Flügel zerlegen. Pilze mit 1 l heißem Wasser überbrühen und ca. 2 Stunden quellen lassen.

2 In einem Suppentopf Wasser mit geputztem bzw. geschältem Suppengrün, Zwiebel, Pfefferkörnern und etwas Salz aufsetzen, zum Kochen bringen.

3 In das sprudelnde Wasser die Ententeile einlegen und bei mittlerer Hitze ca. 45 Minuten kochen (Schnellkochtopf Stufe I: 20 Minuten), danach alles erkalten lassen.

4 Fleisch von den Knochen lösen, in Streifen schneiden. Gründlich gewaschenen Lauch sowie geschälte Mohrrübe und Sellerieknolle in feine Streifen, Zwiebel in feine Ringe schneiden. Reisnudeln kochen, abseihen und kalt abspülen.

5 In einer Pfanne 30 ml Öl erhitzen, Entenfleisch darin anbraten, herausnehmen. Restliches Öl in die Pfanne geben, erhitzen. Abgetropfte Pilze, Lauch, Mohrrübe, Sellerie und Zwiebel im Fett anschwitzen, 150 ml Entenbrühe angießen. Currypulver, Honig und Zitronensaft zufügen, bei geschlossenem Deckel 5 Minuten schmoren.

6 Das angebratene Entenfleisch hineingeben, mit Pfeffer, Salz und Worcestershiresauce abschmecken.
Zum Schluss die Reisnudeln unterheben, alles erhitzen.

WILDENTE
mit Pfifferling-Rahm-Sauce

ZUTATEN FÜR 4 PORTIONEN (CA. 400 KCAL/PORTION)

2 küchenfertige Wildenten mit Haut • 1 Mohrrübe
• ½ Stange Lauch • 5 Petersilienstängel • 4–5 Lieb-
stöckelblätter • 1 Zwiebel • 1 Lorbeerblatt • 10 weiße
Pfefferkörner • Salz • 1 EL Zucker • Pfeffer aus der Mühle
PFIFFERLING-RAHM-SAUCE: 500 g frische Pfifferlinge
• 20 g Butterschmalz • 1 Zwiebel • Pfeffer aus der Mühle
• Salz • 100 ml Sahne • 200 ml Entensud • 1 EL Speisestärke

BEILAGE: Semmelklöße

ZUBEREITUNG

1 Wildenten kalt abspülen, mit Küchenkrepp trocken tupfen. Mohrrübe schälen, vierteln, Lauch und Kräuter gründlich waschen und mit der Mohrrübe, der geschälten halbierten Zwiebel, Lorbeerblatt, Pfefferkörnern, etwas Salz und ca. 2 l Wasser in einen großen Kochtopf geben und aufkochen.

2 In den kochenden Sud die Enten geben und etwa 60 Minuten köcheln lassen. Backofen auf 230 °C vorheizen.

3 Enten aus dem Sud nehmen, der Länge nach halbieren und auf einen Gitterrost mit untergeschobener Fettpfanne legen. Zucker in einer Tasse mit 2 EL Wasser auflösen. Damit die Enten einpinseln, pfeffern und salzen. Auf der 2. Schiene von unten in den Ofen schieben und die Entenhälften ca. 10–15 Minuten bräunen lassen. Danach in Keulen und Brüste teilen. Für die Sauce Pfifferlinge in einem Sieb abspülen und gut abtropfen lassen, verlesen und putzen (Pilzabfälle aufheben). In einem Stieltopf die Hälfte des Butterschmalzes erhitzen, darin die Pilzabfälle anschmoren. Fein geschnittene Zwiebel zugeben, mit Pfeffer und Salz würzen. Sahne angießen und aufkochen lassen. Entensud zufügen, nach dem Aufkochen mit Speisestärke leicht binden, Pilzfond durch ein Haarsieb seihen, warm stellen.

4 In einer Bratpfanne das restliche Butterschmalz erhitzen, darin die Pfifferlinge anbraten, bis alle Flüssigkeit verdampft ist. Pilzfond zugießen, mit Pfeffer und Salz abschmecken. Mit den Ententeilen und der Beilage servieren.

WILDENTE
aus dem Apfelsud

ZUTATEN FÜR 4 PORTIONEN (CA. 620 KCAL/PORTION)
2 küchenfertige Wildenten • 3 l naturtrüber Apfelsaft
• 8 Stängel Petersilie • Pfeffer aus der Mühle, Salz
SAUCE: 600 ml Apfelsud (in dem die Ente gekocht wurde)
• Speisestärke • frisch gemahlener Pfeffer • Salz

BEILAGEN: Kartoffel-Sellerie-Püree, Sprossengemüse
oder mit Apfelessig und Olivenöl süß-sauer angemachter
Blattsalat

ZUBEREITUNG

1 Enten innen und außen unter kaltem Wasser abspülen. In einem Kochtopf den Apfelsaft aufsetzen und aufkochen lassen.

2 In jede Ente einen Zweig Petersilie geben. Flügel und Keulen mit Küchengarn an den Körper binden. Die Enten mit der Brust nach unten in den kochenden Apfelsaft geben, bei geschlossenem Deckel ca. 45 Minuten köcheln lassen. Backofen auf 220 °C vorheizen (Ober-und Unterhitze).

3 Enten mit dem Schaumlöffel aus dem Sud nehmen, der Länge nach halbieren und mit der Hautseite nach oben auf den mit Backtrennpapier belegten Ofenrost legen. In den Backofen schieben und 10–15 Minuten bräunen lassen.

4 Für die Sauce 600 ml vom Apfelsud auf die Hälfte einkochen, mit Speisestärke leicht binden, mit Pfeffer und Salz abschmecken.

5 Die gebräunten Entenhälften vom Rost nehmen, pfeffern und salzen, dann in Alufolie einschlagen und 5 Minuten ruhen lassen, danach in Brüste und Keulen tranchieren, mit den Beilagen und der Sauce servieren.

TIPP: SEHR GUT SCHMECKT AUCH EBLY-WEIZEN ZU DIESEM GERICHT.

BRUSTFILETS
von der Wildente im Bierteig

ZUTATEN FÜR 4 PORTIONEN (CA. 600 KCAL/PORTION)
4 Wildentenbrüste mit Brustbein • 30 g Butterschmalz
• 1 Bund Suppengrün • 1 Liebstöckelzweig • 1 Zwiebel
• 6 weiße Pfefferkörner • 1 Lorbeerblatt • Pfeffer aus der
Mühle • Salz • 1 Zwiebel • 50 ml Sahne • 1 EL Zucker
• 100 ml Holundermuttersaft (erhältlich im Reformhaus)
• Speisestärke • 60 ml Eierlikör • Frittierfett
BIERTEIG: 100 g Mehl • 2 Eigelb • 125 ml Bier • Salz
• 2 geschlagene Eiweiß

BEILAGEN: Reis, Salat der Saison

ZUBEREITUNG

1 Wildentenbrüste auslösen, sodass 8 Filets verfügbar sind, Knochen zerkleinern. In einem Topf 20 g Butterschmalz erhitzen, Knochen anbraten, gewaschenes, geputztes Suppengrün, Liebstöckel, geviertelte Zwiebel, Pfefferkörner und Lorbeerblatt zugeben, mit Wasser bedecken, ca. 35 Minuten kochen, danach die Brühe durch ein Haarsieb gießen, auf 300 ml einkochen.

2 Entenbrustfilets pfeffern und salzen. In einer Pfanne das restliche Butterschmalz erhitzen, Brustfilets mit der Hautseite nach unten darin braten (ca. 6–8 Minuten), dann wenden und weitere 2–4 Minuten braten, aus der Pfanne nehmen und in Alufolie einschlagen. Im Bratensatz die fein gewiegte Zwiebel anschmoren, mit der reduzierten Brühe aufgießen, aufkochen. Flüssigkeit durch ein Sieb gießen, entfetten, in einen Stieltopf geben.

3 Sahne und mit Zucker vermischten Holundermuttersaft zugießen, aufkochen, mit Speisestärke leicht binden. Sauce mit Pfeffer und Salz abschmecken, mit Eierlikör verfeinern. Frittierfett erhitzen. Für den Bierteig aus Mehl, Eigelb, Bier und etwas Salz einen Teig anrühren, steif geschlagenen Eischnee unterheben. Entenbrüste durch den Bierteig ziehen und im heißen Fett ausbacken. Mit den Beilagen servieren.

BRUSTFILETS
von der Wildente im Bierteig

ENTENRAGOUT
mit Hagebuttensauce

ZUTATEN FÜR 4 PORTIONEN (CA. 630 KCAL/PORTION)

800 g ausgelöste und parierte Wildentenkeulen • Salz
• Pfeffer • 20 g Mehl • 4 EL Öl • 1 TL Tomatenmark
• Wasser oder Geflügelbrühe zum Aufgießen
• 6 Pfefferkörner • 1 Lorbeerblatt • 1 Rosmarinzweig
• 4 Wacholderbeeren • 120 g Wurzelwerk (Mohrrüben,
Sellerie) • 80 g Schalotten • 125 ml Rotwein
• 3 EL Hagebuttenkonfitüre (oder Preiselbeerkonfitüre)

BEILAGEN: Servietten- oder Erdäpfelklöße, Kroketten

ZUBEREITUNG

1 Entenfleisch in 2 cm große Würfel schneiden, salzen, pfeffern, mit Mehl bestauben und gut vermischen.

2 Öl in einer großen Bratpfanne erhitzen, Fleisch von allen Seiten braun anbraten, Tomatenmark einrühren, durchrösten. Mit Wasser oder Brühe aufgießen, sodass das Fleisch bedeckt ist.

3 Gewürze in ein Leinensäckchen binden, zum Entenfleisch geben, sanft köcheln lassen. Nach ca. 50 Minuten das geschälte, in Würfel geschnittene Wurzelwerk und die klein geschnittenen Schalotten untermengen, nach weiteren 10 Minuten das Gewürzsäckchen entfernen.

4 Sauce durch ein Sieb in einen Topf gießen, aufkochen. Rotwein mit Hagebuttenkonfitüre verrühren und mit einem Schneebesen unter die Sauce mengen. Sauce 5 Minuten kochen lassen, wieder zum Entenfleisch gießen, nochmals aufkochen lassen, abschmecken und heiß anrichten.

WILDENTE
mit Sauerkirschen

ZUTATEN FÜR 4 PORTIONEN (CA. 670 KCAL/PORTION)

2 Wildenten à ca. 800 g • Salz • Pfeffer • 3 EL Butter
• 400 g Sauerkirschen (Glas oder TK-Ware)
• 125 ml Rotwein • 125 ml Madeira • 1 EL Braunzucker
• ¼ Zimtstange • 1 EL Honig • 1 TL Dijonsenf
• 1 TL kalte Butter

ZUBEREITUNG

1 Die küchenfertigen Enten unter fließendem kaltem Wasser abspülen und trocken tupfen, innen mit Salz und Pfeffer würzen, je einen EL Butter hineingeben.

2 Die restliche Butter in einer geeigneten Pfanne schmelzen, die Enten darin von allen Seiten anbraten und danach im vorgeheizten Backofen bei 180 °C ca. 60 Minuten braten, wenn nötig, zwischendurch mit etwas Wasser aufgießen.

3 Die Sauerkirschen abseihen (oder auftauen) und gut abtropfen lassen, Rotwein, Madeira, Braunzucker und Zimtstange 10 Minuten köcheln lassen, Zimtstange entfernen, den Sud beiseitestellen.

4 Honig leicht erwärmen und mit Senf verrühren, Enten aus dem Ofen nehmen, mit der Honig-Senf-Masse rundum einstreichen und warm stellen.

5 Den Bratensaft der Enten entfetten, mit dem Rotweinsud aufgießen und etwas einkochen lassen, die Sauerkirschen zugeben, erhitzen und die kalte Butter einrühren, abschmecken.

6 Die Enten tranchieren und mit den Sauerkirschen auf vorgewärmten Tellern anrichten.

TIPP: ALS BEILAGE PASSEN SERVIETTENSCHNITTEN MIT KASTANIEN SEHR GUT (ZUBEREITUNG WIE GEMÜSE-SERVIETTENSCHNITTEN AUF S. 150, STATT DES GEMÜSES GROB GEHACKTE, GEKOCHTE KASTANIEN ZUR MASSE GEBEN).

WILDENTE
mit Gemüsefüllung

ZUTATEN FÜR 4 PORTIONEN (CA. 660 KCAL/PORTION)
1 küchenfertige Wildente (ca. 750 g) • insg. 300 g Wurzelgemüse • Pfeffer • Salz • 100 ml Sahne
FÜLLUNG: 80 g Rosinen • 200 ml Weißwein • 1 Mohrrübe
• 200 g Weißkohl • 40 g altbackenes Weißbrot
• 3 TL Orangeat • 1 Ei

BEILAGEN: Kroketten oder Reis

ZUBEREITUNG

1 Wildente ausbeinen (s. Anleitungsbilder auf S. 181 und 182). Knochen mit einer Haushaltsschere zerkleinern, mit geputztem Gemüse und Wasser (Knochen sollen bedeckt sein) zustellen, pfeffern und salzen und ca. 45 Minuten kochen. Die Brühe durch ein Haarsieb gießen, auf ca. 100 ml einkochen, zur Seite stellen.

2 Für die Füllung 60 g Rosinen ca. 10 Minuten in Weißwein einweichen. Mohrrübe schälen, in feine Streifen schneiden. Weißkohl fein hobeln und mit der Mohrrübe in siedendem Salzwasser 3 Minuten garen. Abseihen, kalt abbrausen und abtropfen lassen.

3 Rosinen abseihen, Flüssigkeit zur Seite stellen. Weißbrot fein reiben. In einer Schüssel Gemüse, Rosinen, Weißbrot, Orangeat und Ei durchmischen, pfeffern und salzen. Backofen auf 200 °C vorheizen.

4 Ente füllen, mit Zahnstochern und Küchengarn schließen (s. Anleitungsbilder auf S. 182), in eine Bratfolie geben. 2 EL von der beiseitegestellten Rosinen-Einweichflüssigkeit zufügen. Bratfolie schließen, auf einen Rost setzen. Mit untergeschobener Fettpfanne in den Backofen schieben und 50–60 Minuten braten (Haut sollte schön braun sein). Ente aus der Folie nehmen und in Alufolie einschlagen. Flüssigkeit aus der Bratfolie auffangen, entfetten und in einen Stieltopf geben. Entenbrühe und restliche Einweichflüssigkeit zufügen, auf ein Drittel einkochen.

5 Heiße Sahne zugießen, restliche Rosinen zufügen, Sauce einkochen und abschmecken. Die gebratene Ente tranchieren, mit der Sauce servieren.

Kartoffelsuppe mit
WILDENTEN-
SPIESSCHEN

ZUTATEN FÜR 4 PORTIONEN (CA. 480 KCAL/PORTION)

200 g Wildentenfleisch, zugeputzt (am besten Brustfilet)
• 500 g Kartoffeln • 4 Schalotten • 2 EL Butter
• 700 ml Wildfond oder Geflügelbrühe • 2 cl Weinbrand
(kann auch weggelassen werden) • 100 ml Sahne
• Salz und Pfeffer • Öl zum Braten • 4 Holzspieße
• etwas Petersilie

ZUBEREITUNG

1 Das Entenfleisch in kleine Stücke schneiden. Die Kartoffeln schälen, in kleine Würfel schneiden, die Schalotten schälen und klein schneiden. Butter in einem geeigneten Topf schmelzen, Schalotten dazugeben und glasig werden lassen.

2 Kartoffelwürfel kurz mitbraten, mit Fond oder Brühe aufgießen und zum Kochen bringen, 15 Minuten leise köcheln lassen, danach mit einem Stabmixer fein aufmixen.

3 Weinbrand und Sahne dazugeben und mit Salz und Pfeffer würzen, nochmals mixen und abschmecken.

4 Etwas Öl in einer Pfanne erhitzen, Fleisch einlegen und bei starker Hitze kurz rundum anbraten, mit Salz und Pfeffer würzen und die Fleischstücke auf vier Spieße stecken.

5 Die Suppe in vorgewärmte Teller eingießen, mit fein gehackter Petersilie bestreuen und mit je einem Wildentenspieß servieren.

HINWEIS: WER DIE MÖGLICHKEIT HAT, WILDENTEN ODER -GÄNSE DIREKT VOM JÄGER ZU BEZIEHEN, DER SOLLTE DARAUF ACHTEN, DASS DIESE ORDENTLICH AUSGEWEIDET UND NICHT NUR AUSGEHAKELT SIND. AUSSERDEM MÜSSEN SIE NOCH GERUPFT WERDEN. LASSEN SICH BEI DER TROCKENRUPFUNG DIE FEDERN NUR SCHWER AUS DER HAUT LÖSEN, WIRD WIE FOLGT VERFAHREN: WILDGEFLÜGEL IN EINE GROSSE SCHÜSSEL ODER KLEINE WANNE LEGEN UND MIT HEISSEM WASSER ÜBERBRÜHEN. ANSCHLIESSEND AN DEN BEINEN FASSEN, MIT DER ANDEREN HAND MIT KURZEM, KRÄF-TIGEM RUCK FEDERN GEGEN DIE WUCHSRICHTUNG AUS DER HAUT ZIEHEN. DAMIT DIESE NICHT EINREISST, IMMER NUR ZWEI, DREI FEDERN AUF EINMAL GREIFEN. BEGONNEN WIRD DAS RUPFEN AUF DEM RÜCKEN. ES FOLGEN BAUCHSEITE, KEULEN UND FLÜGEL. NACH DEM RUPFEN MÜSSEN DIE KLEINEN HAARFEDERN MIT OF-FENER FLAMME ABGESENGT WERDEN. HIERFÜR DARF KEINE FLAMME EINER KERZE VERWENDET WERDEN. SIE RUSST, VERFÄRBT DIE HAUT UND VERÄNDERT DEREN GESCHMACK. BEWÄHRT HAT SICH DER EINSATZ DER GROSSEN FLAMME EINES STABFEUERZEUGES.

Gefüllte
WILDGANS

ZUTATEN FÜR 4-6 PORTIONEN
1 küchenfertige Wildgans (ca. 3.500 g) • Salz • Majoran
• Wasser oder Geflügelfond zum Aufgießen
FÜLLE: 150 g Gänseleber • Salz • Pfeffer • 250 ml Milch
• 300 g Knödelbrot • 50 g Butter • 80 g Zwiebeln
• 100 g Stangensellerie • 1 EL Petersilie • 4 Eier
• 350 g gekochte und geschälte Kastanien • Salz
• Muskatnuss • Majoran

ZUBEREITUNG

1 Gans innen und außen salzen, innen mit Majoran aus-reiben (Bild 1). Für die Fülle Gänseleber putzen, in kleine Würfel schneiden, mit Salz und Pfeffer würzen, beiseite-stellen.

2 Milch über das Knödelbrot gießen, vermischen und weichen lassen. Die Zwiebeln fein schneiden, in heißer Butter glasig werden lassen, zum Knödelbrot geben (Bild 2).

3 Sellerie in feine Scheiben schneiden, mit der Peter-silie zur Knödelbrotmasse geben, Eier und Kastanien ebenfalls zugeben. Gänseleberwürfel untermengen (Bild 3), mit Salz, Muskatnuss und Majoran würzen und alles gut vermischen (Bild 4).

4 Füllung 10 Minuten rasten lassen, dann die Wildgans damit füllen, gut hineindrücken, damit die Masse eine kompakte Einheit wird (Bild 5).

5 Die Hals- und Bauchöffnung mit Küchengarn zunähen (Bild 6).

6 Gans in eine Bratform einlegen, fingerhoch Wasser zugießen (Bild 7) und im vorgeheizten Backofen bei 180 °C ca. 2 ½ Stunden braten. Öfter begießen und nach halber Bratdauer wenden.

7 Wenn die Haut braun und knusprig ist, Gans aus der Pfanne heben und in Alufolie eingewickelt rasten lassen. Überschüssiges Fett aus der Pfanne gießen. Bra-tensatz mit Wasser oder Geflügelfond lösen, auf die ge-wünschte Konsistenz reduzieren und durchseihen.

8 Die Gans tranchieren: zunächst die Keulen und die Flü-gel abschneiden (Bild 8).

9 Gans längs halbieren (Bild 9), die Fülle vorsichtig aus dem Innenraum holen.

10 Brust-, Rippen- und Schlussknochen entfernen, Gans und Fülle in gefällige Portionen schneiden, mit Fülle und Saft servieren.

TIPP: ALS WEITERE BEILAGE PASST Z. B. ROTKOHL, WEIN- ODER CHAMPAGNERKOHL SEHR GUT.

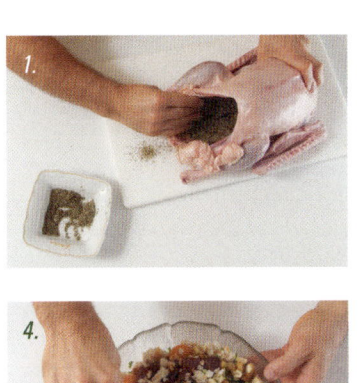

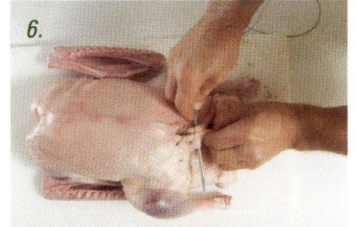

Vorspeise von der
WILDGANS-BRUST

ZUTATEN FÜR 4 PORTIONEN
(CA. 330 KCAL/PORTION)
1 ausgelöste Brust von der Wildgans
• Pfeffer aus der Mühle • Salz • 20 ml Pflanzenöl
• 30 ml trockener Weißwein • 30 ml Wasser
MARINADE: Bratensaft • 2 EL Balsamico-Essig
• 2 EL Olivenöl • 2 EL Schnittlauchröllchen • Salz
• rote Pfefferkörner

BEILAGE: gebutterter Toast, Baguette

ZUBEREITUNG

1 Backofen auf 160 °C vorheizen. Die Wildgansbrust pfeffern und salzen. Das Öl in einer Pfanne erhitzen. Das Fleisch auf der Hautseite kross anbraten, auf der Fleischseite nur leicht anbraten.

2 Die Pfanne vom Herd nehmen, das Fleisch handwarm abkühlen lassen und zusammen mit dem Wein und dem Wasser in einen Bratfolienbeutel geben. Diesen verschließen und mit einer Stricknadel zwei Löcher in den Beutel stechen.

3 Den Beutel auf den Ofenrost legen und auf der mittleren Schiene im Backofen ca. 60 Minuten garen. Nach Ende der Garzeit das Fleisch aus dem Beutel nehmen, in Alufolie einschlagen und gut auskühlen lassen.

4 Für die Marinade den Saft aus dem Beutel auffangen, entfetten und in einen Stieltopf geben. Auf die Menge von 2 EL einkochen und abkühlen lassen, dann mit Balsamico-Essig, Olivenöl, etwas Salz und den Schnittlauchröllchen verrühren.

5 Die Gänsebrust mit einer Aufschneidemaschine in dünne Scheiben schneiden, auf einer Platte anrichten, mit der Marinade beträufeln und mit rotem Pfeffer bestreuen.

Klößchen von der
WILDGANS

ZUTATEN FÜR CA. 8 PORTIONEN (CA. 400 KCAL/PORTION)
1 küchenfertige Wildgans (ca. 2.000 g) • Pfeffer aus der Mühle
• Salz • 10 ml Cognac oder Weinbrand • 1 Bund Suppengrün
• 1 Zwiebel • 1 Lorbeerblatt • 1 Liebstöckelzweig
• 10 weiße Pfefferkörner • 150 ml Sahne • 2 Eiweiß
SAUCE: 2 EL Essigkapern • 30 g Butter • 1 Zwiebel • 1 ½ EL Mehl
• 40 ml trockener Weißwein • 200 ml Gänsebrühe • 50 ml Sahne
• frisch gemahlener Pfeffer • Salz • Zitronensaft

BEILAGEN: Kartoffelpüree, Reis, mit Weinessig angemachter Salat

ZUBEREITUNG

1 Gans in Keulen, Flügel und Brustfilets zerlegen (s. Anleitungsbilder auf S. 147). Von den Brustfilets die Haut entfernen, Fleisch in kleine Stücke schneiden. In eine Schüssel geben, pfeffern, salzen und mit Cognac beträufeln.

2 Gerippe mit der Schere zerkleinern. Keulen, Flügel und Knochen mit Suppengrün, halbierter Zwiebel, Lorbeerblatt, Liebstöckel und Pfefferkörnern in einen Topf geben. Mit heißem Wasser bedecken, eine Brühe kochen (15 Minuten im Schnellkochtopf auf Stufe II, 40 Minuten im normalen Topf).

3 Brühe durch ein Sieb gießen, Fleisch und Knochen erkalten lassen. 400 ml Brühe beiseitestellen, Rest wieder in den Topf geben.

4 Fleisch von den Knochen ablösen, klein schneiden, pfeffern, salzen und zusammen mit den Brustfiletstücken unter Zugabe der Sahne im Mixer fein pürieren, im Kühlschrank durchkühlen. Das leicht verschlagene Eiweiß unterarbeiten und erneut kühlen.

5 Brühe im Topf erhitzen. Aus der Gänsefleischmasse mit angewärmtem Löffel oder Eisportionierer Fleischklößchen formen und in der erhitzten Brühe ca. 8 Minuten ziehen lassen.

6 Für die Sauce Kapern abseihen, abtropfen lassen. Butter in einem Stieltopf erhitzen, fein geschnittene Zwiebel zugeben und anschwitzen lassen. Mehl zufügen, glatt rühren.

7 Weißwein und zur Seite gestellte Brühe zugießen. Alles aufkochen lassen. Erwärmte Sahne zufügen, Sauce etwas einkochen, Kapern zugeben. Mit Pfeffer, Salz und Zitronensaft abschmecken.

Klößchen von der
WILDGANS

WILDGANS-BRATEN *mit Rotkohl*
und Kartoffelklößen

Rotkohl

ZUTATEN FÜR 4 PORTIONEN

600 g Rotkohl, ohne Außenblätter und Strunk
• je 125 ml Zitronen- und Orangensaft • Salz
• 3 EL Butterschmalz • 80 g fein geschnittene Zwiebel
• 20 g Kristallzucker • 200 ml Rotwein • 150 g geschälte,
entkernte Äpfel • 1 EL Preiselbeeren • 1 Prise Zimt

ZUBEREITUNG

1 Rotkohl fein hobeln, mit Zitronen- und Orangensaft sowie Salz kräftig verkneten, einige Stunden ziehen lassen.

2 Butterschmalz in einem Topf erhitzen, Zwiebel anschwitzen, Zucker beigeben, kurz rösten, mit Wein ablöschen.

3 Rotkraut beigeben und zugedeckt ca. 20 Minuten dünsten (falls nötig, Wasser oder Suppe zugießen). Knapp bevor es fertig gegart ist, mit geschabten Äpfeln, Preiselbeeren und Zimt vermischen, zugedeckt fertig dünsten.

Wildgans-Braten

ZUTATEN FÜR 4–6 PORTIONEN

1 küchenfertige Wildgans (ca. 2.500 g) • Salz • Pfeffer
• 1 EL Majoran • Mehl zum Stauben

ZUBEREITUNG

1 Von der bratfertigen Wildgans Kopf, Hals und Flügelspitzen abtrennen, dann eventuell noch anhaftende Kiele entfernen und innere Fettpolster abziehen.

2 Die Gans innen mit Salz, Pfeffer und Majoran ausreiben, außen salzen.

3 In eine passende Bratpfanne fingerhoch Wasser eingießen. Die Gans mit der Brust nach unten einlegen, während des Bratens ständig übergießen. (Das Wasser verdunstet, Fett tritt aus, dadurch wird die Haut knusprig und glasig braun.)

4 Zum Schluss das Fett abschöpfen, den Bratenrückstand mit Mehl stauben, mit wenig Wasser aufgießen, die Sauce aufkochen und abseihen.

5 Die Gans tranchieren und mit der Bratensauce und den Beilagen auf einer vorgewärmten Platte oder auf Tellern anrichten.

DIE NICHT ZUM BRATEN VERWENDETEN TEILE DER GANS WIE HALS, FLÜGEL UND MAGEN KANN MAN GUT ZUR HERSTELLUNG EINER BRÜHE VERWENDEN.

Kartoffelklöße

ZUTATEN FÜR 4 PORTIONEN

600 g mehlige, rohe Kartoffeln • 300 g mehlige, am Vortag in der Schale gekochte Kartoffeln • 20 g Grieß
• Muskatnuss • Salz

ZUBEREITUNG

1 Rohe Kartoffeln schälen und in eine Schüssel mit Wasser reiben, danach mit einem Leinentuch sehr gut auspressen. Gekochte Kartoffeln schälen und durch die Presse drücken.

2 Geriebene und gepresste Kartoffeln mit Grieß, Muskatnuss und Salz gut durchmischen.

3 Mit nassen Händen Klöße formen und in leicht wallendem Salzwasser ca. 10 Minuten kochen.

WILDGANS
mit kandierten Maronen

ZUTATEN FÜR 4–6 PORTIONEN (CA. 900 KCAL/PORTION)
1 küchenfertige Wildgans (ca. 2.000–2.500 g)
* *1 EL gerebelter Majoran • frisch gemahlener Pfeffer*
* *Salz • je 1 Stück Porree, Sellerieknolle, Mohrrübe,*
Petersilienwurzel und Zwiebel
KANDIERTE MARONEN: 500 g Maronen (Esskastanien)
50 g Butter • 2 EL Zucker • 100 ml Sahne
SAUCE: 25 g Butter • 1 Schalotte • 1 EL Mehl
* *300 ml entfetteter Bratensaft • geriebene Muskatnuss*
* *2 TL gerebelter Majoran • Pfeffer aus der Mühle • Salz*

BEILAGEN: Salzkartoffeln, Klöße, Brokkoli

ZUBEREITUNG

1 Backofen auf 220 °C vorheizen. Gans innen mit Majoran, Pfeffer und Salz kräftig würzen. Mit dem gewaschenen und geputzten Wurzelgemüse füllen, mit Zahnstochern und Küchengarn schließen (s. Anleitungsbilder auf S. 182). Außen mit Pfeffer und Salz würzen.

2 Gans mit dem Rücken nach oben in einen Bräter setzen, 2 Tassen Wasser angießen, Deckel aufsetzen und in den Ofen schieben, nach ca. 60 Minuten den Deckel entfernen, Rücken bräunen lassen.

3 Temperatur auf 200 °C herunterschalten. Gans umdrehen und so lange im Ofen belassen, bis sie schön braun ist (gesamt ca. 2 Stunden). Gans aus dem Bräter nehmen, in Alufolie einschlagen. Bratensatz mit zwei Tassen Wasser loskochen, durch ein Sieb gießen, entfetten.

4 Die Maronen kreuzweise einschneiden (s. Anleitungsbilder auf S. 154), bei 160 °C Umluft im Backofen ca. 12 Minuten rösten und noch heiß schälen. In einem Stieltopf Butter erhitzen, Zucker zugeben, karamellisieren lassen. Sahne zugießen, dickflüssig einkochen. Maronen hineingeben, mehrmals wenden, warm halten.

5 Für die Sauce in einem Stieltopf Butter erhitzen, die fein geschnittene Schalotte darin anschwitzen. Mehl einsieben, bräunen lassen. Entfetteten Bratensaft zugießen, mit Muskatnuss, Majoran, Pfeffer und Salz würzen, aufkochen lassen. Vor dem Servieren durch ein Haarsieb gießen.

WALDSCHNEPFE
(SCOLOPAX RUSTICOLA)

Schnepfen gehören zur Familie der Wat- und Möwenvögel. Ihr langer, vorne spitz zulaufender Schnabel (Stecher) dient zur Nahrungssuche im Boden. Fast taubengroß, besitzt die Schnepfe ein hervorragendes Tarnkleid, das sie am Boden fast unsichtbar macht. Maler früherer Zeiten begehrten von der Schnepfe zwei dünne, spitz zulaufende Federn, von denen sich je eine an den Flügelspitzen der Schnepfe befindet (Malerfedern), und den über dem Bürzel wachsenden kleinen, pinselartigen Federbusch (Schnepfenbart) – beides auch geschätzte Jagdtrophäen.

Schnepfen ziehen im Herbst in Millionenzahl aus ihren Brutgebieten, die von Skandinavien über Mitteleuropa bis Ostasien reichen, in südliche Gefilde. Einzelne (Lagerschnepfen) überwintern auch bei uns. Die Rückkehr in die Brutreviere beginnt im Februar und dauert bis Mitte/Ende April. Dort streicht der Schnepf in der Abend- und Morgendämmerung entlang von Waldkanten und waldnahen Lichtungen auf der Suche nach den sich meist am Boden aufhaltenden Weibchen. Typisch ist sein schaukelnder, zickzack-förmiger Flug und der aus einem dunkleren „Quorren" und einem höheren feinen „Puitzen" bestehende Balzruf. Brutgeschäft und die Aufzucht der Jungen besorgt der weibliche Vogel, der bei Gefahr den Nachwuchs einzeln auch schon mal Huckepack nimmt und mit ihm einen Ortswechsel vollzieht. So von Wissenschaftlern beobachtet. In Deutschland durfte die Waldschnepfe bis in die siebziger Jahre auf dem Frühjahrsstrich bejagt werden. Inzwischen ist nur noch die Jagd im Herbst erlaubt. In der Schweiz ist die Frühjahrsjagd auf die Schnepfe seit mehr als 50 Jahren verboten. Einzelne Kantone erlauben die Jagd im Herbst. Anders in Österreich, in der teilweise auch die Frühjahrsjagd gestattet ist. Wurden in Deutschland vor dem Frühjahrsjagdverbot jährlich noch um die 25.000 Schnepfen, an die 80 Prozent davon Männchen, erlegt, so sank die Zahl inzwischen auf 11.000 Stück. In Österreich werden rund 2.500 Schnepfen pro Jahr erlegt.

Beobachtungen haben ergeben, dass der Bestand der Waldschnepfe weniger durch die Frühjahrsjagd, sondern weit mehr durch die Zunahme der Wildschweine in den Brutrevieren beeinflusst wird. Diese finden die Bodengelege (vier hellbraune, dunkel gefleckte Eier) und fressen sie auf. In Gastronomie und Handel erhältliche Schnepfen stammen aus Ländern Südeuropas, vor allem aus Südfrankreich, wo sie während des Herbstzuges zu Hunderttausenden erlegt werden. Eine künstliche Aufzucht von Schnepfen ist bis heute nicht gelungen.

GEWICHT KÜCHENFERTIG:
ca. 250 g

TIEFKÜHLLAGERUNG:
8–12 Monate (je nach Fettanteil)

HAUPTJAGDZEIT:
(Achtung: regional stark unterschiedlich)
Oktober bis Januar, vereinzelt auch im März/April

QUALITÄTSMERKMALE:
dunkles, hocharomatisches, kurzfaseriges Fleisch

ZUBEREITUNGSEMPFEHLUNG:
ganz oder in Teilstücken braten und schmoren

BEZUGSQUELLENTIP: NACHFRAGE BEI EINEM PRÄPARATOR, DER VON JÄGERN ERLEGTE SCHNEPFEN PRÄPARIERT UND DIE AUS DEM FEDERKLEID GELÖSTEN WILDKÖRPER GELEGENTLICH ABGIBT.

TOAST MIT SCHNEPFEN-BRUST *auf Schnepfenfarce*

ZUTATEN FÜR 4 PORTIONEN (CA. 600 KCAL/PORTION)

4 küchenfertige Schnepfen • 2 TL Cognac • Pfeffer
• Salz • 20 g getrocknete Morcheln • 15 g Butterschmalz
• 2 Schalotten • 200 ml Wildfond • 30 ml Madeira
• 20 g Butter • Herzen und Lebern der Schnepfen
• 150 g Geflügelleber • 2 0 g Butter • 2 Eigelb
• 40 ml Sahne • 1 TL gehackte Petersilie • Pfeffer • Salz
• 8 schräg geschnittene Scheiben Baguette

ZUBEREITUNG

1 Schnepfen in Keulen, Flügel und Brustfilets zerlegen. Letztere mit Cognac beträufeln und beiseitelegen. Knochengerüst mit einer Küchenschere zerkleinern, alles pfeffern und salzen. Morcheln im Wasser einweichen.

2 Butterschmalz in einem Topf erhitzen. Flügel, Keulen und Knochen rundum anbraten, fein geschnittene Schalotten zugeben, glasig werden lassen. Wildfond angießen, bei geschlossenem Deckel schmoren, bis sich das Fleisch von den Knochen löst. Fleisch- und Knochenteile herausnehmen.

3 Madeira zum Schmorfond gießen und aufkochen lassen. Sauce durch ein Haarsieb gießen, entfetten und sirupartig einkochen.

4 Fleisch von den Knochen ablösen, fein schneiden und hacken, beiseitestellen. In einer Pfanne Butter erhitzen. Lebern und Herzen bei milder Hitze braten, aus der Pfanne nehmen, abkühlen lassen, fein hacken und zum Fleisch geben, pfeffern und salzen.

5 Masse mit Eigelb, Sahne und Petersilie sowie Pfeffer und Salz in einem Standmixer fein zu einer Farce mixen, kühl stellen. Backofen auf 200 °C vorheizen.

6 Etwas von der Farce in eine Gebäckspritze geben, die eingeweichten Morcheln damit füllen.

7 Baguettescheiben mit der restlichen Farce bestreichen, mit den Morcheln auf ein mit Backpapier ausgelegtes Backblech setzen und 8 Minuten im Ofen backen.

8 Butter in einer Pfanne erhitzen, Brustfilets bei milder Hitze 6–8 Minuten braten. Aus der Pfanne nehmen, in Alufolie warm halten. Filets schräg aufschneiden, die Baguettescheiben damit belegen, mit der Sauce übergießen und mit den gefüllten Morcheln servieren.

SALMI VOM SCHNEPF
mit Trüffelklößchen

ZUTATEN FÜR 4 PORTIONEN (CA. 500 KCAL/PORTION)
4 küchenfertige Schnepfen • Pfeffer aus der Mühle
• Salz • 30 g Butterschmalz • 100 ml Rotwein
SAUCE: 30 g Butterschmalz • 2 Schalotten
• 30 g Mohrrübe • 30 ml Madeira • 1 Lorbeerblatt
• 5 Wacholderbeeren • 3 Thymianzweige • abgeriebene
unbehandelte Zitronenschale • 50 g kalte Butter
• Pfeffer • Salz • Zitronensaft • Zucker
TRÜFFELKLÖSSCHEN: 200 g altbackenes Weißbrot
• 2 Eigelb • 2 geschlagene Eiweiß • 12 g geraspelte
Trüffeln • 40 ml Trüffelsaft (aus dem Glas –
hier mit Wasser angereichert – oder von ausgekochten
Trüffelschalen) • Pfeffer aus der Mühle • Salz

BEILAGE: Rucolasalat (Raukesalat)

ZUBEREITUNG

1 Backofen auf 200 °C vorheizen. Schnepfen waschen, trocken tupfen, pfeffern und salzen. In einem Bratentopf Butterschmalz erhitzen, Schnepfen rundum anbraten, dann den Rotwein zugeben, Deckel daraufgeben.

2 Schnepfen im Backofen 40–50 Minuten schmoren, aus dem Ofen nehmen, im geschlossenen Topf abkühlen lassen. Schnepfen herausnehmen, Topf zur Seite stellen. Fleisch in großen Stücken von den Knochen lösen. Knochen mit einer Küchenschere zerkleinern.

3 Für die Sauce Butterschmalz in einem Topf erhitzen, Knochen darin anbraten, fein geschnittene Schalotten und in Scheiben geschnittene Mohrrübe zufügen.

4 Bratensatz mit Madeirawein anlösen, übrige Gewürze zugeben, mit Wasser bedecken. Knochen ca. 20–30 Minuten auskochen.

5 Die Brühe durch ein Haarsieb in den beiseitegestellten Bratentopf gießen, Bratensatz loskochen.

6 Sauce durch ein Tuch in einen Stieltopf gießen, auf ca. 200 ml einkochen, die in Stücke geschnittene Butter zugeben, mit einem Stabmixer schaumig schlagen, mit Pfeffer, Salz, Zitronensaft und Zucker abschmecken. Backofen auf 100 °C vorheizen.

7 Schnepfenfleisch in Scheiben schneiden, in eine feuerfeste Schüssel geben, mit der Sauce übergießen. Im Backofen erwärmen.

8 Für die Trüffelklößchen Weißbrot fein reiben, in eine Schüssel geben. Übrige Zutaten zufügen, zu einem Teig verarbeiten, Klößchen daraus formen. Zunächst ein Probeklößchen in siedendem Salzwasser gar ziehen lassen (falls die Masse zu weich ist oder nicht gut bindet, etwas Mehl zugeben). Alle Klößchen im siedenden Salzwasser bei kleiner Hitze gar ziehen lassen.

SCHNEPFENDRECK: BEREITS DER NAME WEIST AUF DIE BESONDERHEIT DIESER ZUBEREITUNG HIN, DIE AUS DEN ÜBERAUS MUSKULÖSEN DARMSCHLINGEN (ZUM TEIL UNGEREINIGT!), DER LEBER UND DEM HERZ DER SCHNEPFE BESTEHT. DAS VON KÖCHEN WIE LIEBHABERN DES SCHNEPFENDRECKS GEPRIESENE AROMA STAMMT VON DEN AM DARM ANHAFTENDEN VERDAUTEN NAHRUNGSRESTEN, DIE TIERISCHEN URSPRUNGS SIND, DA SICH DIE SCHNEPFE ÜBERWIEGEND VON IN MORASTIGEM BODEN LEBENDEM KLEINGETIER ERNÄHRT. INNERE ORGANE UND EINGEWEIDE WERDEN GANZ FEIN GEHACKT, MIT PANIERMEHL, BUTTER, KRÄUTERN (Z. B. PETERSILIE, KERBEL, ESTRAGON) VERMISCHT, MIT COGNAC, WEIN ODER ZITRONENSAFT ANGEREICHERT, GEPFEFFERT UND GESALZEN, AUF KLEINE, RUND AUSGESTOCHENE GEBUTTERTE WEISSBROTSCHEIBEN GESPRITZT UND IM AUF 180 °C VORGEHEIZTEN BACKOFEN CA. 6–8 MINUTEN ÜBERBACKEN.

AUERWILD
(TETRAO UROGALLUS)

HASELWILD
(TETRASTES BONASIA)

BIRKWILD
(LYRURUS TETRIX)

ALPEN-SCHNEEHUHN
(LAGOPUS MUTUS HELVETICUS)

Alle vier Arten zählen zu den Rauhfußhühnern. Ihnen gemeinsam ist die Befiederung der Beine (Ständer) und Zehen. Nach ihrem Lebensraum – naturbelassenen Laub-, Misch- und Nadelwäldern – werden sie, im Gegensatz zu den Feldhühnern, auch Waldhühner genannt. Anzutreffen sind sie in bergigen Regionen, insbesondere im Alpenraum, aber auch in Moor- und Heidegebieten (Ausnahme: Alpenschneehuhn). Das größte unter ihnen ist das Auerwild, bei dem der Hahn ein Lebendgewicht von 4.000 Gramm und mehr erreichen kann, wohingegen das Birkwild es „nur" auf maximal 1.500 Gramm bringt und das rebhuhngroße Haselhuhn wie das Schneehuhn bis zu 450 Gramm erreichen.

Während die Rauhfußhühner in Deutschland ganzjährig von der Jagd verschont werden, dürfen sie in Österreich und in der Schweiz bejagt werden. In Österreich werden in der Balz (Mai) ca. 450 Auerhähne und 1.500 Birkhähne, in der Schweiz 500–1.000 Birkhähne und an die 1.000 Alpen-schneehühner erlegt. Im Vergleich zu Norwegen/Schweden/Finnland ist das eine bescheidene Jagdbeute, denn in den Jahren 1993/94/95 wurden dort folgende Strecken pro Jahr erzielt (abgerundet):

Auerwild (N/S/FIN): 16.000/ 28.000/63.000
Birkwild: 42.000/40.000/ 230.000 (!)
Haselwild: 7.000/21.000/140.000 (!)
Schneehühner: 490.000/64.000/90.000

Rauhfußhühner lassen sich in Volieren großziehen; eine mühsame Arbeit, die nur zum Zwecke der Auswilderung (Stützung zurückgehender Bestände), nicht zur kommerziellen Nutzung erfolgt. Der Rückgang der Waldhuhnbestände ist überall dort gegeben, wo der Wirtschaftswald den naturbelassenen Wald verdrängt hat. Sehr empfindlich reagieren Rauhfußhühner auf permanente Störungen, wie sie durch den Tourismus oft gegeben sind. Größte Feinde sind Habicht, Fuchs und Marder, in den Alpen auch der Adler.

GEWICHT KÜCHENFERTIGER WALDHÜHNER:
AUERWILD: ca. 3.000 bis 4.000 g
BIRKWILD: ca. 1.000 g
HASELWILD/SCHNEEHUHN: ca. 250–300 g

TIEFKÜHLLAGERUNG:
bis zu ca. 8 Monaten, danach Ranzigwerden des Fleisches

HAUPTJAGDZEIT:
(Achtung: regional stark unterschiedlich)
MITTELEUROPA: April bis Mai
SKANDINAVIEN: September bis Januar

QUALITÄTSMERKMALE:
dunkles, rotbraunes bis blaurotes Fleisch von hoher Geschmacksintensität, verursacht durch die knospenreiche Nahrung (im Frühjahr erlegtes Auerwild hat ein an Tannennadelduft erinnerndes Aroma)

ZUBEREITUNGSEMPFEHLUNG:
BRÜSTE UND KEULEN: braten und schmoren, Auerwild gegebenenfalls vorkochen

---

BEZUGSQUELLENTIPP: PRÄPARATOR FRAGEN

Gespickte
AUERHAHN-BRUST

ZUTATEN FÜR 4 PORTIONEN (CA. 560 KCAL/PORTION)

*50 g geräucherter Speck • 1 TL fein gehackte
Rosmarinnadeln • 1 TL gerebelter Thymian
• 2 ausgelöste, entsehnte Brustfilets vom Auerhahn
• rote Pfefferkörner • 10 ml Weinbrand • Pfeffer aus der
Mühle • Salz • 30 g Butterschmalz • 2 Schalotten
• 100 ml Geflügelbrühe • 100 ml Sekt oder trockener
Weißwein • 200 ml Sahne*

BEILAGEN: Kroketten, Salat

ZUBEREITUNG

1 Speck in Streifen schneiden. Diese in Rosmarin und
Thymian wälzen. In die Brustfilets mit dem Messer
Spicklöcher stechen, in jedes ein rotes Pfefferkorn und ei-
nen Streifen Speck geben.

2 Brustfilets mit Küchengarn binden, von beiden Seiten
mit Weinbrand beträufeln, 10 Minuten einwirken lassen, pfeffern und salzen.

3 In einem Bräter Butterschmalz erhitzen, Bruststücke
von beiden Seiten anbraten, mit Rosmarin und Thymian würzen. Fein geschnittene Schalotten zugeben, glasig
werden lassen. Hitze zurückschalten, Brüste bei geschlossenem Deckel ca. 40–50 Minuten braten. Bratenstücke
zwischendurch mit Geflügelbrühe begießen.

4 Fleisch herausnehmen und warm halten. Sekt zum Bratensatz gießen, diesen loskochen. Sahne zufügen, zu
einer sämigen Sauce einkochen.

5 Sauce durchseihen, mit Pfeffer und Salz abschmecken,
mit roten Pfefferkörnern anreichern. Küchengarn vom
Fleisch entfernen, Bruststücke aufschneiden und mit der
Sauce und den Beilagen servieren.

**TIPP: DIE FÜR DIE ZUBEREITUNG DER SAUCE BENÖ-
TIGTE BRÜHE KANN AUS DEN VERBLIEBENEN AUER-
HAHNKNOCHEN HERGESTELLT WERDEN: KNOCHEN IN
KOCHENDEM SALZWASSER 5 MINUTEN ÜBERBRÜHEN,
KALT ABSPÜLEN, MIT SUPPENGRÜN, ZWIEBEL, SALZ
UND PFEFFERKÖRNERN ZUSTELLEN UND CA. 60 MINU-
TEN KOCHEN.**

Geschnetzelte
BIRKHAHN-BRUST

ZUTATEN FÜR 3 PORTIONEN (CA. 450 KCAL/PORTION)

2 ausgelöste, entsehnte Bruststücke vom Birkhahn
- *100 ml Weißwein • 30 g Butterschmalz • 1 Zwiebel*
- *Pfeffer aus der Mühle • Salz • 200 ml Sahne*
- *1 gestr. TL gemahlene Kräuter der Provence*
- *1 Chicorée*

BEILAGEN: Reis, gedünstete Champignons

ZUBEREITUNG

1 Brustfilets in dünne Scheiben schneiden, in eine Schüssel geben, mit dem Wein begießen, 30 Minuten ziehen lassen, dann abseihen und das Fleisch abtropfen lassen, Flüssigkeit auffangen.

2 In einer Pfanne Butterschmalz erhitzen, Fleisch und fein geschnittene Zwiebel in die Pfanne geben, unter ständigem Rühren anbraten, pfeffern und salzen. Aufgefangenen Wein zugießen und aufschäumen lassen.

3 Sahne zugeben, mit Kräutern der Provence aromatisieren, mit Pfeffer und Salz abschmecken. Deckel auf die Pfanne geben, Geschnetzeltes bei milder Hitze ca. 15 Minuten garen.

4 Vom Chicorée große Blätter ablösen, waschen, mit Küchenkrepp trocken tupfen. Chicoréeblätter auf einen großen Teller setzen, unteres Ende mit gekochtem Reis beschweren. Geschnetzeltes in die Blätter füllen, gedünstete Champignons auf dem Teller dazu anrichten.

AUERHAHN-BRUST *im Schweinenetz*

ZUTATEN FÜR 4 PORTIONEN (CA. 650 KCAL/PORTION)

Schweinenetz • 2 ausgelöste, entsehnte Brustfilets
vom Auerhahn • frisch gemahlener Pfeffer • Salz
• Muskatnuss • Majoran • 30 ml Pflanzenöl
• 1 kleine Zwiebel • 200 ml Wildbrühe • 20 g Butter
• 5 EL Paniermehl • 250 ml Sahne • Dessertwein
FARCE: Fleisch von Keulen und Gerippe • 1 Ei
• 30 ml Sahne • 20 ml Dessertwein (Port, Malaga)
• 60 g altbackenes Weißbrot

BEILAGEN: Kartoffelklöße, Mischpilze

ZUBEREITUNG

1 Schweinenetz wässern, Brustfilets von Sehnen befrei-
en, pfeffern, salzen, mit Muskat und Majoran würzen.

2 Für die Farce von den Knochen abgelöstes und klein geschnittenes Fleisch unter Zugabe von Ei, Sahne und Dessertwein im Mixer zu einer feinen Farce pürieren, Weißbrot
fein reiben und mit der Fleischfarce in eine Schüssel geben,
gut vermischen. Masse mit Pfeffer, Salz, etwas Muskat und
Majoran würzen.

3 Schweinenetz in zwei gleich große Teile teilen. Jedes
Teil mit etwas Farce bestreichen, Brustfilets auflegen,
restliche Farce aufstreichen, Filets im Netz einschlagen.

4 In einem Bräter Öl erhitzen, Brustfilets darin anbraten.
Geviertelte Zwiebel zugeben, glasig werden lassen.
Bei milder Hitze und geschlossenem Deckel ca. 50 Minuten
schmoren, zwischendurch mit der Brühe begießen.

5 In einer Bratpfanne Butter erhitzen, Paniermehl darin
bräunen. Backofen auf 150 °C vorheizen. Fleischstücke aus
dem Bräter nehmen, mit etwas Sahne bestreichen, mit dem
gebräunten Paniermehl bestreuen, im Backofen warm halten.

6 Bratensatz mit der restlichen Sahne loskochen, Sauce
etwas eindicken lassen. Mit Pfeffer, Salz und Dessertwein abschmecken, durch ein Sieb gießen.

7 Auerhahnbrüste aufschneiden, mit den Beilagen auf
einer Platte anrichten.

SONSTIGES FEDERWILD

Ein Blick in alte Kochbücher belegt es: Bei den gefiederten Wildtieren gibt es praktisch keine Art, die nicht schon irgendwann einmal in der Wildküche verwertet wurde. Die Palette reicht vom Adler über den Schwan bis zu den Krammetsvögeln (Wacholderdrosseln), Amseln und Spatzen. Selbst Rabenvögel fanden schon den Weg in den Kochtopf.

In früheren Jahrhunderten gebräuchlich – heute noch in einzelnen Ländern praktiziert – war der Fang der Vögel mit Leimruten und Netzen. Unsere Einstellung hierzu hat sich geändert. Realistisch betrachtet, war es aus Sicht der diese Jagd ausübenden Personen eine ehrliche Angelegenheit, da sie das Wild ausschließlich des Verzehrs, nicht einer Trophäe wegen erbeuteten.

Grundsätzlich sollte auch in unserer Zeit all jenes Federwild in der Wildküche verwertet werden, auf das zu jagen nicht nur gesetzlich erlaubt, sondern aus Gründen regionaler Überpopulationen auch erforderlich ist. Hierzu zählen die Blässhühner (Bellchen), deren Jagd in Deutschland selten ist, in der Schweiz jedoch gepflegt wird. Nach abgezogener (weil traniger) Haut mit trockenem Weißwein und würzigen Kräutern zubereitet, gelten sie örtlich als Delikatesse. Gleiches gilt für die Brustfilets und das Keulenfleisch von jungen Schwänen und Wildtruthühnern. Letztere sind eine aus Amerika regional bei uns ausgewilderte Wildhuhnart. Feine, würzige Suppen und Suppeneinlagen liefern Krähe, Elster und Eichelhäher.

Eine Sonderstellung in der Wildküche nehmen Wachteln und Perlhühner ein. Erstere sind Zugvögel und unser kleinstes Feldhuhn, das zwar dem Jagdrecht unterliegt, jedoch keine Jagdzeit hat. Große Vorkommen an Wachteln gibt es in den südlichen Ländern Afrikas. Heute im Handel erhältliche Wachteln stammen alle aus der Farmaufzucht. Sie sind Abkömmlinge der gegenüber der europäischen Wachtel etwas größeren japanischen Wachtel.

Ebenfalls in Afrika beheimatet ist das Perlhuhn, wo es in Völkern bis zu 100 Stück angetroffen werden kann. Die bei uns auf den Märkten und in Geschäften angebotenen Perlhühner stammen, wie die Wachtel, aus kommerzieller Aufzucht und sind um einiges schwerer und fettreicher als jene aus freier Wildbahn.

HAUPTJAGDZEIT:
(Achtung: regional stark unterschiedlich)
WILDTRUTHÜHNER: Oktober bis Januar
HÖCKERSCHWÄNE: September bis Januar
BLÄSSHÜHNER: August bis Februar
KRÄHEN, ELSTERN, EICHELHÄHER:
regional unterschiedlich, geschont in der Brut- und Aufzuchtzeit der Jungen

QUALITÄTSMERKMALE:
WILDTRUTHÜHNER: rotbraunes Fleisch, sehr aromatisch, von unterschiedlicher Faserstruktur

HÖCKERSCHWÄNE: hellrotes Fleisch von zartem Aroma, ältere Tiere leicht tranig
BLÄSSHÜHNER: dunkles, rotblaues Fleisch, kurzfaserig, kräftiges Aroma
RABENVÖGEL: rotbraunes Fleisch, langfaserig, kräftig im Geschmack

ZUBEREITUNGSEMPFEHLUNG:
generell alles sichtbare Fett entfernen, vorkochen angeraten, Teilstücke schmoren und braten

Gegrillte WACHTELN

ZUTATEN FÜR 4 PORTIONEN (CA. 500 KCAL/PORTION)

8 küchenfertige Wachteln • 500 ml trockener Weißwein
• 2 Schalotten • je 2 EL frischer gehackter Estragon und
Kerbel • 1 Zweig Thymian • 1 Zweig Rosmarin
• 10 weiße Pfefferkörner • 40 ml Pflanzenöl • Salz
SAUCE: 1 Ei • 150 g Butter • frisch gemahlener Pfeffer
• Salz

BEILAGEN: Reis, Tomatenspalten

ZUBEREITUNG

1 Weißwein mit fein geschnittenen Schalotten, Estragon, Kerbel, Thymian, Rosmarin und Pfefferkörnern in einen Stieltopf geben, einmal aufkochen, abkühlen lassen.

2 Wachteln in eine Schüssel schichten, Weinsud darübergießen. 4–5 Stunden darin marinieren, zwischendurch Wachteln umschichten.

3 Wachteln aus der Schüssel nehmen, in ein Sieb geben und die anhaftenden Kräuter (werden beim Grillen bitter) abspülen, Kräuter wieder in den Weinsud geben.

4 Wachteln auf einen drehbaren Grillspieß stecken (oder in eine mit Backpapier ausgelegte Fettpfanne legen). Mit Öl bepinseln, pfeffern und salzen. Am Grill (oder im auf 200 °C vorgeheizten Backofen) ca. 20 Minuten rundum bräunen. Weinsud, in dem die Wachteln eingelegt waren, durchseihen und in einem Topf bis auf ca. 50 ml einkochen.

5 Für die Sauce Ei schaumig schlagen, Butterstücke unterarbeiten, im Wasserbad aufschlagen, eingekochten Weisud einarbeiten, mit Pfeffer und Salz abschmecken.

HINWEIS: DIE BUTTERSAUCE IST ANFANGS FLOCKIG, WIRD DANN JEDOCH GLATT UND DICKFLÜSSIG.

Bouillon von KRÄHEN

ZUTATEN FÜR 4 PORTIONEN (CA. 100 KCAL/PORTION)

2 küchenfertige Krähen • Pfeffer aus der Mühle
• Salz • 30 ml Pflanzenöl • ½ Stange Porree • 2 Mohrrüben
• 2 Zwiebeln • 1 Zweig Liebstöckel • Lorbeerblatt
• 1 El Senfkörner • 10 weiße Pfefferkörner • Sherry
EINLAGE: je 30 g Porree, Mohrrübe und Sellerieknolle

BEILAGE: Baguette

ZUBEREITUNG

1 Brustfilets auslösen, in Streifen schneiden, pfeffern und salzen. Keulen abtrennen und halbieren, sichtbares Fett entfernen. Knochen zerkleinern.

2 Keulen und Knochen 2 Stunden in Salzwasser wässern, danach in einem Sieb gut abtropfen lassen. In einer Pfanne das Öl erhitzen, die Brustfiletstreifen ca. 3–4 Minuten braten, herausnehmen, in Alufolie einschlagen.

3 In der gleichen Pfanne die Knochen und Keulenstücke scharf anbraten. Bratensatz mit etwas Wasser anlösen, zusammen mit den Knochen in einen Schnellkochtopf geben. Gewaschenen Porree, geschälte Mohrrüben, ungeschälte Zwiebeln und Gewürze zufügen, mit heißem Wasser bedecken, bei Garstufe II 15 Minuten kochen.

4 Für die Einlage Gemüse waschen bzw. schälen, in Streifen schneiden und in kochendem Wasser bissfest garen, herausnehmen und zur Seite stellen.

5 Brühe durch ein mit einem Tuch ausgelegtes Haarsieb gießen, entfetten. Nochmals erwärmen, mit Pfeffer, Salz und Sherry abschmecken.

6 Brustfiletstreifen und das in Streifen geschnittene Gemüse in Tellern mit heißer Brühe anrichten.

TIPP: VOR ALLEM KLEINES FEDERWILD EIGNET SICH ZUR HERSTELLUNG VON BRÜHEN, FONDS ODER SUPPEN. KNOCHEN ODER KÜCHENFERTIGE VÖGEL IM GANZEN MIT WURZELWERK, KRÄUTERN UND GEWÜRZEN ETWA 60 MINUTEN KOCHEN, BRÜHE ABSEIHEN UND MIT BELIEBIGER EINLAGE SERVIEREN.

GEFÜLLTE WACHTELN
mit Apfel-Kürbis-Fülle

ZUTATEN FÜR 4 PORTIONEN (CA. 600 KCAL/PORTION)

4 küchenfertige Wachteln à 180 g • Salz • Pfeffer
• 2 EL Rapsöl • 1 EL Butter
FÜLLE: 120 g Toastbrot • 40 g Butter • 100 g Äpfel
• 100 g Muskatkürbis • 2 Eidotter • 1 EL Crème fraîche
• 2 cl Apfelschnaps • Salz • Pfeffer • Muskatnuss

BEILAGEN: karamellisierte Apfelscheiben

ZUBEREITUNG

1 Für die Fülle das Toastbrot in kleine Würfel schneiden, die Butter in einer Pfanne aufschäumen lassen und die Brotwürfel darin hell rösten, auf einem Küchenpapier trocknen lassen.

2 Äpfel und Kürbis schälen, Kerngehäuse bzw. Kerne entfernen, Fruchtfleisch in kleine Würfel schneiden. In einer Schüssel alle Zutaten für die Fülle vermischen, mit Salz, Pfeffer und etwas geriebener Muskatnuss würzen, nochmals durchmischen und 10 Minuten ziehen lassen.

3 In der Zwischenzeit die Wachteln außen und innen mit Salz und Pfeffer würzen, die Fülle in die Bauchhöhlen füllen und die Öffnungen mit Zahnstochern verschließen.

4 Öl und Butter in einer geeigneten Pfanne erhitzen, Wachteln einlegen, nicht zu heiß rundum anbraten.

5 Wachteln im vorgeheizten Backofen bei 180 °C 20–25 Minuten fertig braten, aus dem Ofen nehmen, Wachteln etwas rasten lassen, anschließend tranchieren und mit den Beilagen auf vorgewärmten Tellern anrichten.

VARIANTE FÜR EINE WUNDERBARE SUPPENEINLAGE: KÜCHENFERTIGE VÖGEL IM GANZEN MIT WURZELWERK, KRÄUTERN UND GEWÜRZEN ETWA 60 MINUTEN KOCHEN, FLEISCH VON DEN KNOCHEN LÖSEN, MIT EI UND SAHNE IN EINEM STANDMIXER PÜRIEREN, MIT PFEFFER UND SALZ WÜRZEN. AUS DER MASSE KLÖSSCHEN FORMEN, DIESE IN SALZWASSER GAREN.

GEFÜLLTE
WACHTELN
mit Apfel-Kürbis-Fülle

STRAUSSEN-STEAK *mit Orangen-Champignon-Sauce*

ZUTATEN FÜR 4 PORTIONEN (CA. 500 KCAL/PORTION)

8 Steaks à 100 g • 2 EL Olivenöl • Salz und Pfeffer
• 1 EL Mehl • Saft von einer Orange • 2 cl Weinbrand
• 200 ml Weißwein • 100 ml Sahne • 250 g Champignons
• 1 EL Butter

INFORMATION: EIN VOGEL, DER IM GEGENSATZ ZUM KLEINEN FEDERWILD VIEL FLEISCH LIEFERT, KOMMT LÄNGST NICHT MEHR NUR AUS DEN STEPPEN AFRIKAS. MITTLERWEILE WIRD STRAUSSENFLEISCH AUCH BEI UNS ANGEBOTEN. ES ÄHNELT IN STRUKTUR UND FARBE DEM RINDFLEISCH. LIEFERANTEN SIND IN STRAUSSENFARMEN AUFGEZOGENE VÖGEL. IHREM FLEISCH FEHLT, WIE BEI VIELEN KOMMERZIELL NACH

ZUBEREITUNG

1 Die Steaks im Olivenöl von allen Seiten nur ganz kurz heiß anbraten, mit Salz und Pfeffer würzen, aus der Pfanne nehmen und im vorgeheizten Backofen bei 140 °C in einem ofenfesten Geschirr 15 Minuten fertig garen lassen.

2 Das Mehl im Bratensatz anschwitzen, mit Orangensaft ablöschen, Weinbrand zugeben und mit Weißwein aufgießen, einige Minuten köcheln lassen, mit einem Schneebesen glatt rühren und anschließend durch ein feines Sieb passieren, Sahne zugeben, aufkochen lassen, vom Herd nehmen und abschmecken.

3 Champignons putzen, halbieren oder vierteln, Butter in einer Pfanne schmelzen, Champignons zugeben und einige Minuten braten, mit Salz und Pfeffer würzen.

4 Steaks aus dem Ofen nehmen, Bratensaft und Champignons in die Sauce einrühren, die Sauce mit den Steaks anrichten.

DEM PRINZIP DER HAUSTIERHALTUNG AUFGEZOGENEN WILDTIEREN, JENES AROMA, DAS SICH NUR BEI AUS FREIER WILDBAHN STAMMENDEN TIEREN FINDET. DENNOCH LASSEN SICH AUS STRAUSSENFLEISCH VON STEAKS ÜBER SCHNITZEL ODER BRATEN KÖSTLICHE GERICHTE ZUBEREITEN.

PERLHUHN-REH-KARTOFFEL-EINTOPF

ZUTATEN FÜR 6 PORTIONEN (CA. 650 KCAL/PORTION)

1 Perlhuhn • 1 Rehblatt • Pfeffer aus der Mühle • Salz
• 400 g frischer Schweinebauch • 1 Bund Suppengrün
• 4 EL Mehl • 60 g Pflanzenfett • 500 ml Rotwein • 1 Gemüse-
zwiebel • 2 große Mohrrüben • 150 g Sellerieknolle
• 2 Knoblauchzehen • 6 Petersilienzweige • 1 Lorbeerblatt
• 4 Zweige Thymian • 1 kleines Glas Perlzwiebeln
• 300 g Champignons • 500 g kleine Kartoffeln • Zitronensaft

ZUBEREITUNG

1 Perlhuhn zerlegen (s. Anleitungsbilder auf S. 147), Keulen ausbeinen, Brustfilets halbieren. Rehblatt ausbeinen (s. Anleitungsbilder auf S. 22), in große Stücke schneiden, pfeffern, salzen. Schweinebauch in Stücke schneiden.

2 Knochen und Flügel des Perlhuhns zerkleinern, mit Wasser, geputztem Suppengrün und Salz zustellen (Schnellkochtopf Stufe II 20 Minuten, normaler Topf 60 Minuten). Danach alles mit Schaumlöffel herausnehmen, Brühe auf 250 ml einkochen.

3 Mehl mit Pfeffer und Salz mischen. Perlhuhn- und Schweinebauchstücke darin wälzen. Backofen auf 160 °C vorheizen.

4 In einer Pfanne 20 g Fett erhitzen, Rehblattstücke darin anbraten, herausnehmen, in einen Schmortopf geben. Bratensatz mit etwas Rotwein loskochen, zum Fleisch gießen.

5 20 g Fett in derselben Pfanne erhitzen, bemehlte Fleischteile darin anbraten, herausheben, zur Seite stellen. Im restlichen Fett klein geschnittene Zwiebel, Mohrrüben und Sellerieknolle anbraten, Perlhuhnbrühe angießen, Bratensatz loskochen und alles in den Schmortopf gießen. Alle Würzzutaten zugeben, Schmortopf abgedeckt in den Backofen stellen.

6 Nach 20 Minuten die angebratenen Perlhuhn- und Schweinebauchstücke einlegen, Hälfte vom Rotwein zugießen, 30 Minuten schmoren.

7 Perlzwiebeln ohne Saft, geputzte Champignons und geschälte Kartoffeln sowie restlichen Rotwein in den Topf geben. Auf 180 °C hochschalten, 25–30 Minuten garen. Mit Zitronensaft, Pfeffer, Salz abschmecken.

INNEREIEN VOM WILD

Der Verzehr von Innereien des Wildes hat in der Wildküche eine jahrtausendealte Tradition. Gepflegt wurde sie insbesondere in den Küchen des Jagdpersonals, dem als Deputat für seine Arbeit – Verfolgen, Ausweiden und Liefern des Wildes – das sogenannte Jägerrecht zustand. Dieses beinhaltete als „großes Jägerrecht" zusätzlich zu Zunge, Herz, Lunge, Leber, Nieren und Milz noch den Hals des Wildtieres. Gelegentlich wurden dem Jäger zur Versorgung seiner Familie großzügig auch Rippen und Bauchlappen überlassen.

Als sich später die Sitte einbürgerte, erlegtes Haarwild als ganze Stücke an den Wildhandel und die Gastronomie zu liefern, reduzierte sich das große Jägerrecht auf das „kleine Jägerrecht" ohne Hals, Rippen und Bauchlappen. Anspruch hierauf hat der Erleger des Wildes nur dann, wenn er auch die „rote Arbeit", das Ausweiden, selbst besorgt. Ansonsten gehört das kleine Jägerrecht demjenigen, der diese Aufgabe übernimmt. Heute verzichten viele Jäger, insbesondere jene, die im Verlauf des Jahres mehrere Stücke Haarwild erlegen, jedoch auf die Mitnahme des kleinen Jägerrechts und belassen Herz, Lunge, Leber, Nieren und Milz gleich dort, wo sie das Stück ausgeweidet haben. Eine Einschränkung in der Verfügbarkeit über das kleine Jägerrecht brachte die Einbeziehung des Haarwildes in das Fleischhygienegesetz. Bei Stücken, die an den Wildgroßhandel geliefert werden und dort der amtlichen Fleischuntersuchung unterliegen, müssen die inneren Organe mitgeliefert werden.

Grundsätzlich sind Innereien hochwertige und schmackhafte Nahrungsmittel, deren Verzehr jedoch in Grenzen gehalten werden sollte. Dies hat folgende Gründe: Einmal beinhalten die inneren Organe viele Purine, die zu einer Erhöhung eigener Harnsäurewerte führen. Letztere fördern Gicht und rheumaähnliche Erkrankungen. Außerdem sind vor allem die Nieren teilweise mit Schwermetallen belastet. Der gelegentliche Verzehr der inneren Organe von Wild – ein Herz-, Leber-Lungen- oder Nierengericht pro Monat – ist nach Aussage von Humanmedizinern gesundheitlich unbedenklich, da die pro Person verspeisten Mengen recht gering sind.

Bezugsquellen für Innereien vom Wild sind einmal der Revierinhaber oder der Jäger selbst, zum anderen vermag der Wildeinzelhandel auf Vorbestellung diese zu besorgen. Auch die Nachfrage bei Forstämtern, speziell zur Zeit der im Herbst und Winter durchgeführten Jagden auf Schalenwild, wie Reh-, Hirsch- und Schwarzwild, ist meist erfolgreich.

TIEFKÜHLLAGERUNG:
bis zu 6 Monaten (so lohnt sich das Ansammeln von kleineren inneren Organen)

VERWERTUNG DER INNEREIEN:
WILDZUNGEN: ungepökelt und gepökelt, gekocht, gehäutet, für Salate, Ragouts, als Einlage für Terrinen und Pasteten
WILDHERZEN: ungepökelt, gepökelt, im Ganzen geschmort, in Scheiben oder zu Ragout geschnitten, gebraten, geschmort
GROSSE WILDHERZEN: auch geräuchert als Aufschnitt

WILDLUNGEN: nur von jungen Stücken, von Einschlüssen unbelastet, gekocht, in Streifen geschnitten, Ragout
WILDLEBERN: gehäutet, ganz, geschnetzelt, in Scheiben geschnitten, gebraten oder geschmort, Grundlage für Wildleberwürste, Terrinen und Pasteten
WILDNIEREN: gehäutet, halbiert, gewässert, gebraten oder geschmort, frittiert, verarbeitet in Wildleberwürsten, Terrinen, Pasteten
WILDHIRNE: gehäutet, gewässert, gebraten, gedünstet

ZURICHTEN VON
HERZ, NIEREN, LUNGE, LEBER

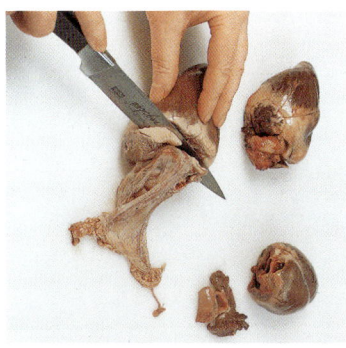

1. Herzbeutel abziehen,
Herzkappe abschneiden.

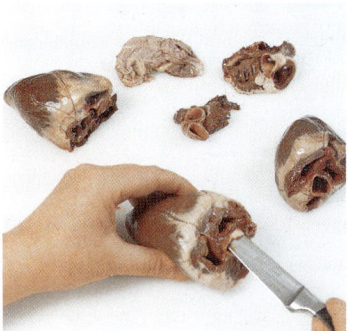

2. Herzscheidewände
durchtrennen, ausspülen.

3. Herzen mit Füllmasse füllen,
verschließen.

4. Gefüllte Wildherzen
für 4–6 Personen.

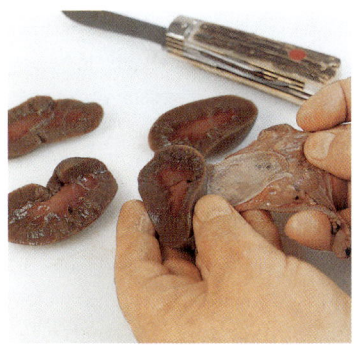

5. Nieren halbieren, häuten,
wässern.

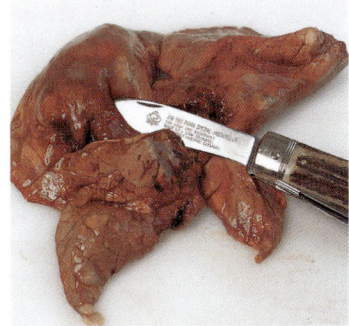

6. Aus Lunge Bronchialäste
herausschneiden.

7. Bauchhaut, Gallengänge von Leber entfernen.

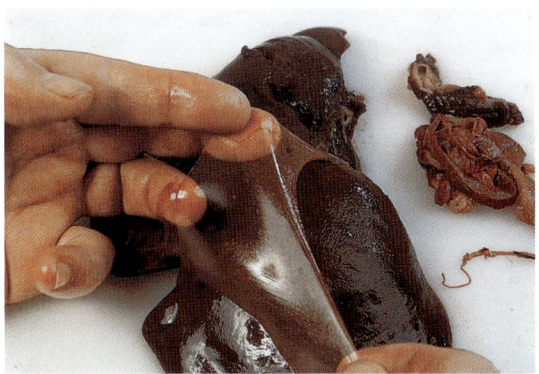

8. Leberhaut lösen, mit den Fingern abschieben.

GEWINNEN
VON ZUNGEN UND HIRN

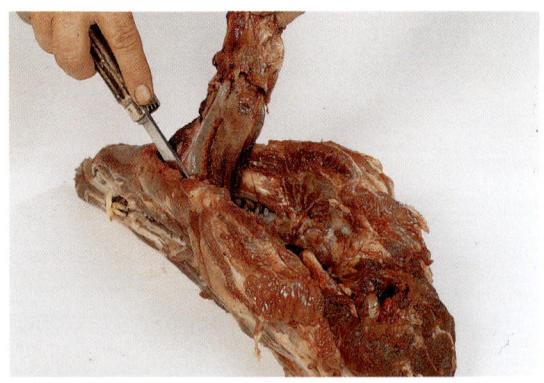

1. Zunge mit Schnitten am Kiefer auslösen.

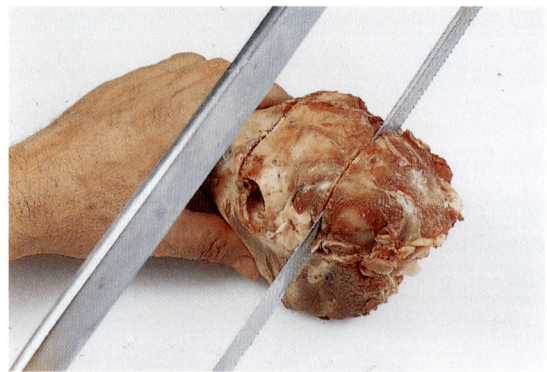

1. In die Hirnschale zwei Querschnitte sägen.

2. Zungen säubern und in Pökellake einlegen.

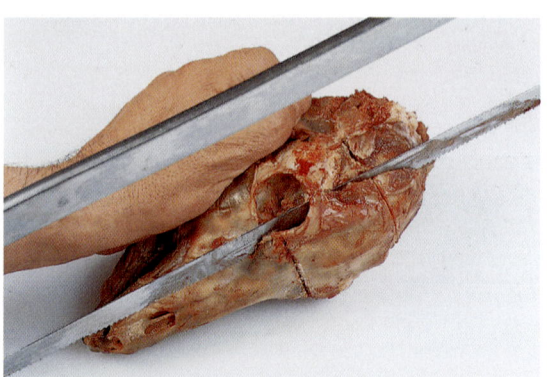

2. Querschnitte mit Sägeschnitten verbinden.

3. Zungen weich kochen, kalt abschrecken, häuten.

3. Hirn entnehmen, wässern, mit Ei zubereiten.

GERÖSTETE WILDLEBER

ZUTATEN FÜR 4 PORTIONEN

600 g Wildeber • 1 große Zwiebel • 1 Knoblauchzehe
• 2 EL Butter • 1 EL Mehl • 1 EL Apfelessig
• 125 ml Bratensaft • etwas Majoran und Thymian
• Salz und Pfeffer aus der Mühle

BEILAGEN: Semmelklöße, Nudeln oder Kartoffelpüree

ZUBEREITUNG

1 Falls erforderlich, die Leber von Haut und Drüsen befreien, danach feinblättrig schneiden. Die Zwiebel schälen und fein schneiden, den Knoblauch schälen und zerdrücken.

2 In einer Pfanne die Butter erhitzen, die Zwiebel zugeben und kurz rösten. Die Leber zugeben und bei starker Hitze rasch durchrösten, mit Mehl stauben.

3 Mit Essig und Bratensaft ablöschen, Knoblauch, Majoran und Thymian zugeben und mit Salz und Pfeffer würzen.

4 Die geröstete Wildleber auf vorgewärmten Tellern anrichten und mit Semmelklößen, Erdäpfelpüree oder Nudeln als Beilage servieren.

REHZUNGE
auf Kiwi-Scheiben

ZUTATEN FÜR 4 PORTIONEN (CA. 150 KCAL/PORTION)
*Pökellake: 150 g Pökelsalz • 1 l Wasser • 1 Knoblauchze-
he • 3 Wacholderbeeren • 4 Zungen („Lecker") vom Reh
• 1 Bund Wurzelgemüse (Porree, Sellerieknolle, Mohrrübe)
• 1 Zwiebel • 1 Lorbeerblatt • 8 Pfefferkörner • 4 Kiwis
SAUCE: 15 g Meerrettich • etwas Zitronensaft • 150 ml
Sahne • Salz*

BEILAGE: Baguette

ZUBEREITUNG

1 Für die Lake Pökelsalz in das Wasser einrühren. Zungen
unter fließendem Wasser abbürsten, mit geviertelter
Knoblauchzehe sowie zerdrückten Wacholderbeeren einlegen und 2 Tage pökeln. Anschließend die Zungen herausnehmen und 4 Stunden wässern.

2 Wurzelgemüse putzen, mit Wasser, Zwiebel, Lorbeerblatt und Pfefferkörnern zum Kochen bringen. Zungen
hineingeben, ca. 50 Minuten (Schnellkochtopf Stufe II ca.
25 Minuten) kochen. Zungen in kaltem Wasser auskühlen
lassen, häuten und kühl stellen.

3 Für die Sauce frisch geriebenen Meerrettich mit Zitronensaft beträufeln. Sahne steif schlagen, etwas Salz
zufügen, geriebenen Meerrettich unterarbeiten.

4 Kiwis schälen, in Scheiben schneiden, Zungen schräg
aufschneiden, beides auf Tellern anrichten und beliebig
ausdekorieren (z. B. mit mit Eichblattsalat, Cocktailtoma-
ten …), mit der Sauce servieren.

HINWEIS: STATT REHZUNGEN KÖNNEN FÜR DIESE ZU-
BEREITUNG AUCH ZUNGEN VON GAMS, HIRSCH, WILD-
SCHWEIN USW. VERWENDET WERDEN. DIE ERFOR-
DERLICHE ZAHL VERRINGERT SICH ENTSPRECHEND, JE
GRÖSSER DAS WILD IST. WILDZUNGEN SIND EINE AUS-
GEZEICHNETE VORSPEISE FÜR EIN WILDMENÜ. SIE LAS-
SEN SICH LANGFRISTIG VORBEREITEN, DA DIE ABGE-
KOCHTEN, GESCHÄLTEN ZUNGEN ÜBER MEHRERE TAGE
IM TIEFKÜHLFACH AUFBEWAHRT WERDEN KÖNNEN.

Südländische
WILDHERZ-
PFANNE

ZUTATEN FÜR 4 PORTIONEN (CA. 670 KCAL/PORTION)
*800 g Wildherzen • frisch gemahlener Pfeffer • Salz
• 40 g Butterschmalz • 250 ml Fleischbrühe • 1 mittelgroße Zwiebel • ½ Stange Porree • 50 g Rosinen
• 60 ml Essig • 4 Tomaten • 1 mittelgroße Zucchini
• 2 EL Honig • 2 Tassen Reis • Safran • 50 g geraspelter
Parmesan*

BEILAGE: Salat der Saison

ZUBEREITUNG

1 Wildherzen waschen, abtropfen lassen, Sehnen entfernen, in Würfel schneiden, pfeffern und salzen.

2 In einer Pfanne Butterschmalz erhitzen, Herzstücke anbraten. Fleischbrühe zugießen, Herzen weich schmoren
(ca. 50 Minuten). Zwiebel grob, Porree in Ringe schneiden.
Rosinen im Essig einweichen.

3 Tomaten in kochendem Wasser kurz überbrühen, kalt
abspülen, häuten, in grobe Stücke schneiden. Zucchini
in Scheiben schneiden und im gleichen Wasser ca. 3 Minuten blanchieren, abkühlen lassen.

4 Rosinen in einem Sieb abtropfen lassen, Essig auffangen. Gegen Ende der Garzeit Essig, Honig, Zwiebel und
Porree zu den Herzstücken geben. Pfanne vom Herd nehmen, warm halten.

5 Reis mit Safran in Salzwasser kochen, abseihen, in eine
feuerfeste Form geben. Herzragout mit Tomatenstü-
cken, Zucchinischeiben und Rosinen vermischen, auf dem
Reis verteilen. Mit dem geraspelten Käse bestreuen und
im vorgeheizten Backofen bei Grillfunktion (200 °C) einige
Minuten überkrusten.

Gefüllte WILDHERZEN

ZUTATEN FÜR 4 PORTIONEN (CA. 550 KCAL/PORTION)

*2 Herzen vom Rotwild oder 3 vom Schwarz-/Damwild
oder 6 vom Rehwild (nicht aufgeschnitten) • Kräutersalz
• Pfeffer aus der Mühle • 1 Mohrrübe • 1 Zwiebel
• 50 g Sellerieknolle • 30 ml Pflanzenöl • 150 ml Rotwein
• 150 ml Sahne
FÜLLUNG: 100 g Wildfleischabschnitte • 50 g Edelpilze
• 1 Zwiebel • Pfeffer aus der Mühle • Salz • 1 gestr. TL
Zucker • 1 Ei*

BEILAGEN: Kartoffelpüree, Salat der Saison

ZUBEREITUNG

1 Von den Herzen obere Kappe ab- und Herzinnenwand herausschneiden. Herzen kalt ausspülen.

2 Für die Füllung Wildfleisch mit geputzten Pilzen und geschälter Zwiebel durch den Fleischwolf drehen, leicht pfeffern, Salz, Zucker und Ei zufügen, gut durchmischen. Herzen mit dieser Mischung füllen, mit Zahnstochern und Küchengarn schließen (s. Anleitungsbilder auf S. 213), mit Kräutersalz und Pfeffer würzen.

3 Gemüse schälen, klein schneiden. Im Bräter Öl erhitzen, Herzen anbraten. Gemüse zufügen und anschmoren. Mit Rotwein Bratensatz anlösen, etwas warmes Wasser zugießen, Deckel schließen. Bei mittlerer Hitze 60–80 Minuten schmoren, dann herausheben, in Alufolie einschlagen.

4 Bratenflüssigkeit durchseihen, entfetten, in einen Stieltopf geben, um ein Drittel einkochen. Sahne zufügen, Sauce dickflüssig einkochen. Zahnstocher und Küchengarn entfernen, Herzen halbieren und mit den Beilagen anrichten.

HASENLEBER
auf Apfeltoast

ZUTATEN FÜR 4 KLEINE PORTIONEN
(CA. 220 KCAL/PORTION)
4 Hasenlebern • 2 mittelgroße Zwiebeln
• 1 großer Apfel • 50 g Butter • 4 Scheiben Toastbrot
• Pfeffer aus der Mühle • Salz aus der Mühle

BEILAGE: Salat der Saison

ZUBEREITUNG

1 Hasenlebern häuten. Zwiebeln schälen und in Ringe schneiden. Apfel schälen, Kerngehäuse ausstechen, Apfel in Scheiben schneiden.

2 30 g Butter in einer Pfanne erhitzen, Hasenlebern darin bei milder Hitze anbraten und unter geschlossenem Deckel ca. 5 Minuten dünsten. Lebern aus der Pfanne nehmen und warm halten.

3 Apfelscheiben und Zwiebelringe im gleichen Fett dünsten. Brot toasten, Toasts leicht buttern, mit Apfelscheiben belegen, pro Toast eine Hasenlebern in mundgerechte Stücke schneiden, auflegen, mit Zwiebelringen garnieren. Mit Pfeffer und Salz würzen.

TIPP: DIESES GERICHT IST EINE WUNDERBARE VORSPEISE ODER EIGNET SICH ALS SNACK ZWISCHENDURCH BZW. ALS LEICHTES ABENDESSEN.

WILD-BEUSCHEL

ZUTATEN FÜR 4 PORTIONEN (CA. 650 KCAL/PORTION)
800–1.000 g frische Wildlunge • ½ Sellerieknolle
• 100 g Porree • 2 große Mohrrüben • 2 Zwiebeln
• ½ Bund Petersilie • 2 Lorbeerblätter • 1 TL Wacholder-
beeren • 1 Zweig Thymian • 8–10 Pfefferkörner
SAUCE: 100 g Butter • 1 Zwiebel • 2 EL Mehl
• 1 EL Paprikapulver • 500 ml Wildknochenbrühe
• 2 TL Zucker • Saft einer Zitrone • je 1 EL gehackter
Kerbel und Estragon • gerebelter Majoran
• Muskatnuss • Worcestershiresauce
• Pfeffer aus der Mühle • Salz • 100 ml Sahne

BEILAGEN: Serviettenschnitten, Salat der Saison

ZUBEREITUNG

1 Wildlunge häuten, in große Stücke schneiden, Bronchialäste entfernen (s. Anleitungsbild auf S. 213). Leicht gesalzenes Wasser mit geputztem Wurzelgemüse und Gewürzen zum Kochen bringen. Lungenstücke ins Wasser geben, Lunge bei mittlerer Temperatur ca. 70 Minuten kochen, immer wieder entstehenden Eiweißschaum abschöpfen. Lungenstücke aus dem Sud nehmen, kalt abspülen, erkalten lassen, in feine Streifen schneiden (auf Wunsch auch mitgekochtes Gemüse schälen, in Würfel schneiden).

2 Für die Sauce Butter erhitzen, fein geschnittene Zwiebeln darin anschwitzen, mit Mehl und Paprikapulver bestreuen, kurz anrösten, unter ständigem Rühren mit Brühe aufgießen, aufkochen lassen.

3 Gewürze und Kräuter zugeben, abschmecken. Sahne einrühren, geschnittene Lunge (und auf Wunsch Gemüsewürfel) hineingeben und erwärmen.

HINWEIS: DA LUNGENSTÜCKE ANFANGS IMMER AUF-SCHWIMMEN, MÜSSEN SIE UNTER DIE WASSEROBER-FLÄCHE GEDRÜCKT WERDEN. BEWÄHRT HAT ES SICH, HIERFÜR EIN METALLSIEB MIT EBENEM LOCHBODEN ZU VERWENDEN. DAS SIEB AUF DAS KOCHGUT SETZEN, EINEN TOPFDECKEL UMGEDREHT INS SIEB GEBEN UND AUF DIESEN EIN KLEINES, MIT WASSER GEFÜLLTES GE-FÄSS STELLEN. NACH CA. 15 MINUTEN KOCHZEIT SIEB ENTFERNEN.

INNEREIEN-SPIESSE
vom Wild

ZUTATEN FÜR 4 PORTIONEN (CA. 400 KCAL/PORTION)
1–2 Wildherzen (je nach Größe) • 600 g Leber vom
Schalenwild • 3–4 halbe Nieren vom Schalenwild
• 150 g dünn vorgeschnittener Frühstücksspeck
• je 1 rote, gelbe und grüne Paprikaschote
• 1 kleine Zucchini • 1 Bund Frühlingszwiebeln
• Pflanzenöl • Pfeffer aus der Mühle • Salz • Currypulver

BEILAGEN: Basmati-Reis, Salat

ZUBEREITUNG

1 In einem Kochtopf Salzwasser erhitzen, die Herzen darin ca. 30 Minuten vorkochen, im Sud erkalten lassen. Grill aufheizen.

2 Herzen, Leber und Nieren in mittelgroße Stücke schneiden, Leberstücke mit Speckscheiben umwickeln. Paprikaschoten halbieren, entkernen und ebenfalls in Stücke schneiden, Zucchini in 5 mm dünne Scheiben schneiden. Von den geputzten Frühlingszwiebeln die weißen Köpfe mit etwas Grün daran abschneiden.

3 Innereien- und Gemüsestücke abwechselnd auf Spieße stecken, alles mit Pflanzenöl einpinseln, mit Pfeffer leicht übermahlen. Spieße auf den heißen Grillrost legen und grillen (ca. 15–20 Minuten, mehrfach wenden). Vor dem Servieren mit Salz und Curry würzen.

TIPP: STATT AUF DEM GRILL KÖNNEN DIE SPIESSE AUCH IM BACKOFEN AUF DEM ROST BEI 200 °C (GRILL-FUNKTION) ZUBEREITET WERDEN (BACKBLECH ODER FETTPFANNE UNTERSTELLEN). AUCH IN EINER GROSSEN PFANNE KÖNNEN DIE SPIESSE GEBRATEN WERDEN.

INNEREIEN-
SPIESSE
vom Wild

WILDLEBERWURST

ZUTATEN FÜR CA. 3.000 G (CA. 350 KCAL/100 G)
Wurstdärme • 4 Gemüsezwiebeln • 400 g Schweineschwarten
• 1.000 g Wildleber (Reh, Hirsch, Wildschwein)
• 1.000 g Schweinebacken • 400 g fetter Speck mit Schwarte
(alles frisch, ungesalzen)
GEWÜRZE: Salz • weißer Pfeffer • geriebene Muskatnuss
• gerebelter Majoran • 1 EL gemahlene Kräuter der Provence

ZUBEREITUNG

1 Därme mit 2 geschälten, geviertelten Zwiebeln in lauwarmem Wasser 1 Stunde wässern, abstreifen, Zwiebelstücke wegwerfen.

2 In einem großen Topf reichlich Wasser aufkochen, darin Schwarten (40 Minuten), Leber (40 Minuten), Schweinebacken (30 Minuten) und Speck (ca. 15 Minuten) kochen, alles aus dem Sud nehmen, abkühlen lassen. Brühe warm halten. Gekochte Schwarten, Leber und Schweinebacken sowie die zwei restlichen geschälten Zwiebeln durch den Fleischwolf treiben. Den Speck von der Schwarte schneiden, in ca. 5 mm kleine Würfel schneiden, zur Seite stellen.

3 Wurstmasse mit Kochsud anreichern, damit sie breiig wird, kräftig würzen. Alles mit der Hand gut durchmischen. Nach 30 Minuten Ruhezeit erneut durchmischen, nachwürzen, Speckwürfel unterarbeiten. Wurstmasse in Därme füllen.

4 Abkochbrühe mit Wasser auf ⅔ Topfhöhe auffüllen. Auf 80 °C erhitzen. Würste bei 85 °C Wassertemperatur (Thermometer!) 80 Minuten ziehen lassen. Luftblasen in den Würsten mit Nadel aufstechen. Würste in kaltem Wasser steif werden lassen.

5 Zum Trocknen einen Tag aufhängen, anschließend räuchern (2–3mal Rauch) oder einfrosten.

TIPP: WILDLEBERWURST KANN MAN AUCH IN GLÄSER ABFÜLLEN UND IM EINKOCHGERÄT 2 STUNDEN EINKOCHEN ODER IN EINEN GROSSEN TOPF ODER BRÄTER EIN TUCH LEGEN, GLÄSER DARAUFSTELLEN, MIT WASSER AUFFÜLLEN (NICHT GANZ BIS ZUM RAND DER GLÄSER) IM BACKOFEN BEI 225 °C 3 STUNDEN EINKOCHEN. GLÄSER AUF DEN KOPF GESTELLT AUSKÜHLEN LASSEN, ZWISCHENDURCH SCHÜTTELN, DAMIT SICH DAS FETT GLEICHMÄSSIG IM GLAS VERTEILT.

WENN DIE WURST GEKOCHT WIRD (WÜRZVERLUST!), SOLLTE DIE WURSTMASSE LEICHT ÜBERWÜRZT SCHMECKEN. WIRD SIE IN GLÄSER ABGEFÜLLT, ETWAS WENIGER WÜRZEN.

BLÄTTERTEIG-ROLLE
mit Wildhirn-Pilz-Fülle

ZUTATEN FÜR 4 PORTIONEN
(CA. 300 KCAL/PORTION)
200 g Wildhirn (z. B. vom Reh, Wildkalb, Überläufer) • Salz • 150 g Pfifferlinge (oder andere Edelpilze) • 2 Eiweiß • 2 Eigelb • 30 g Butter • 1 Zwiebel • Pfeffer aus der Mühle • 1 EL fein geschnittene Petersilie • 1 Pkg. Blätterteig

BEILAGEN: Salat der Saison

ZUBEREITUNG

1 Hirn in Salzwasser ca. 30 Minuten wässern, von Blutgerinnseln säubern, danach in frischem Salzwasser ca. 15 Minuten kochen, abseihen, kalt abspülen und erkalten lassen. Danach die Haut abziehen, Hirn fein hacken.

2 Pfifferlinge putzen, fein schneiden, Eiweiß und 1 Eigelb leicht anschlagen. In einer Pfanne Butter erhitzen, Pfifferlinge darin anbraten, fein geschnittene Zwiebel zufügen und mitbraten. Pfifferlingmasse abkühlen lassen, mit Eimasse unter das Hirn mischen, pfeffern, salzen und Petersilie untermischen. Backofen auf 220 °C vorheizen.

3 Blätterteig nach Packungsanleitung ausrollen, an den Rändern mit dem restlichen Eigelb bestreichen. Hirn-Pfifferling-Masse auf dem Blätterteig aufstreichen. Blätterteig zu einer Rolle formen, Oberfläche mit Eigelb bepinseln. Rolle auf mit Backpapier ausgelegtes Blech geben, in den Backofen schieben, ca. 20 Minuten backen.

TIPP: DER TEIG KANN AUCH IN QUADRATE (CA. 12 X 12 CM) GESCHNITTEN WERDEN UND BELIEBIG ZU RECHTECKIGEN TASCHEN ODER DREIECKEN ZUSAMMENGEKLAPPT WERDEN.

BLÄTTERTEIG-ROLLE
mit Wildhirn-Pilz-Fülle

SÜLZEN – TERRINEN – PASTETEN

S ie gelten auch in der Wildküche als etwas Besonderes und dienen zur Verwertung auch weniger edler Wildteile. Selbst wenn mancher Küchenchef oder Gourmet meint, ein zur Terrine oder Pastete verarbeiteter Rehrücken verleihe diesen besonderen Glanz, so bin ich anderer Meinung. Für durch den Fleischwolf getriebene und im Mixer pürierte Terrinen- oder Pastetenmassen genügen auch weniger edle Teile. Ausnahme: Das Rückenfilet wird als Einlage verwendet. Letztlich bestimmen Art der Herstellung, sonstige Zutaten und Würzung Geschmack und Qualität einer Sülze, Terrine oder Pastete.

Über Monate sammeln sich in Haushalten, die über reichlich Wild verfügen, in der Kühltruhe viele Wildbretteile an, deren Verwertung immer wieder hinausgeschoben wird. Dies können sein: zerschossene Rehschultern, Rippenbögen, Bauchlappen, magerer Rehhals, Ragout von verschiedenem Wild, ein Stück Federwild, gesammelte Wildzungen und -herzen, ein, zwei Wildlebern. Wer nur gelegentlich Wild für die eigene Küche erwirbt, kann für die Herstellung von Sülzen, Terrinen und Pasteten ebenfalls auf im Einkauf günstigere Wildbretteile zurückgreifen.

Pökeln

Aus Wildfleisch und -innereien hergestellte Füllmassen sind dunkler als solche, für die Fleisch vom Kalb, Schwein, Geflügel oder Fisch verwendet wird. Um ein auch optisch ansprechendes Ergebnis zu erzielen, wird wie folgt verfahren: Zungen und Herzen, die als Einlage für Terrinen oder Pasteten vorgesehen sind, werden 2–3 Tage gepökelt (Pökellake s. S. 239), dann 8–10 Stunden gewässert und vorgekocht. Ihre rötliche Farbe bildet zur umhüllenden Fleischmasse einen angenehmen Kontrast. Wird nur Wildfleisch verarbeitet, dann wird ein Teil (30 Prozent) gepökelt, gewässert und vorgekocht. Das Endergebnis ist eine appetitlich aussehende Terrine, Pastete oder Sülze.

Zum Wildfleisch werden meist weitere Zutaten benötigt: frischer Schweinebauch, frischer, ungesalzener Speck (beides ohne Schwarte, meist für aus abgekochten Fleisch-, Leber-, Speckteilen hergestellte Terrinen), Gemüsezwiebeln, frisch gemahlener Pfeffer, Salz, Muskat, verschiedenste Kräuter, Gewürze, Sahne, Eier, Sherry, Weinbrand oder Portwein, Wurzelgemüse für das Wasser, in dem alle Fleisch-Zutaten mit und ohne Knochen vorgekocht werden.

Abkochzeiten

Schweinebauch, Speck (ca. 30 Minuten), vorhandene Innereien (ca. 40 Minuten), ungepökelte Wildteile (ca. 60 Minuten).

Die Abkochbrühe wird auf die Hälfte eingekocht, entfettet, durch ein Tuch gegossen. Ein Teil davon kommt später zur Fleischmasse. Gepökelte Teile werden separat abgekocht, die Brühe weggegossen. Auf den folgenden Seiten werden Grundrezepte für Sülzen, Terrinen und Pasteten vorgestellt, die nach eigenen Vorstellungen beliebig abgewandelt werden können. Terrinen und Pasteten lassen sich in der Tiefkühltruhe bis zu 6 Monaten aufheben. Wichtig: Befindet sich rohes Wildfleisch in der Terrinen- oder Pasteten-Masse, dann sollte diese aus gesundheitlichen Gründen nicht roh verkostet werden (s. S. 242 ff.: Wissenswertes in der Wildküche). Zur Überprüfung von späterer Festigkeit und Geschmack wird von der Masse ein Löffel voll in kochendes Wasser gegeben, kurz gegart und dann verkostet.

HERSTELLUNG VON TERRINEN, PASTETEN UND SÜLZEN

1. Abgekochte, in Stücke geschnittene Zutaten (Leber, gepökeltes und ungepökeltes Wildbret, Schweinebauch, Speck) und Zwiebeln sind bereitgestellt.

2. Sämtliche Zutaten abwechselnd durch die feine Scheibe des Fleischwolfes treiben, würzen und gut durchmengen. Gesamtmasse in kleine Portionen teilen.

3. Teigportionen unter Zugabe von Sahne, Ei, Sherry, aber auch Abkochbrühe im Mixer der Küchenmaschine durchmixen. Gesamtmasse durchmengen, abschmecken.

4. Masse in gefettete Terrinenformen füllen, im auf 180 °C vorgeheizten Backofen oder im Wasserbad ca. 45 Minuten garen. Anschließend auskühlen lassen.

5. Die Oberfläche der Terrinen mit einem Gelee (aus Fruchtsaft) versiegeln und, sofern sie nicht eingefrostet werden, mit Früchten und Kräutern ausdekorieren.

6. Beim Backen von Pasteten (mit Teig umhüllte rohe Fleischmasse) sollte eine Kerntemperatur von 80 °C erreicht, aber nicht wesentlich überschritten werden.

Aus abgekochtem, in kleine Würfel geschnittenem Wildfleisch, vermischt mit verschiedenen Zutaten, entstehen schmackhafte Sülzen. Das Foto zeigt eine aus dem Fleisch von Wildkaninchen hergestellte Sülze.

SÜLZE VOM WILDFLEISCH

ZUTATEN (CA. 150 KCAL/100 G)

1.000 g abgekochtes, fettfreies Wildfleisch
• 5–6 Delikatessgurken • 2 mittelgroße Mohrrüben
• 1 rote oder gelbe Paprikaschote • 1 kleines Glas
Champignons • frisch gemahlener Pfeffer • Salz
GELIERSUD: 20 Blatt Haushaltsgelatine
• 600 ml Fleischbrühe • 60 ml Apfelessig

ZUBEREITUNG

1 Wildfleisch und Delikatessgurken in Würfel schneiden, in eine Schüssel geben. Mohrrüben schälen, in kleine Würfel schneiden, in kochendem Wasser bissfest garen, abseihen und abtropfen lassen.

2 Paprikaschote halbieren, Kerngehäuse entfernen, Paprikaschote kurz in kochendes Wasser geben, dann Haut abziehen, in Würfel schneiden.

3 Champignons abseihen und abtropfen lassen. Mohrrüben, Paprika und Champignons zum Fleisch geben, pfeffern und salzen, gut durchmischen. Eine Schüssel oder Kastenform in der Tiefkühltruhe vorkühlen.

4 Für den Geliersud Gelatine in etwas kaltem Wasser einweichen, Brühe und Essig erwärmen, ausgedrückte Gelatine darin auflösen.

5 Mit dieser Gelierflüssigkeit in Schüssel oder Form einen Spiegel gießen, erstarren lassen, dann die Fleisch-Gemüse-Masse einfüllen, mit Gelierflüssigkeit bedecken. Die Sülze erstarren lassen, dann stürzen und aufschneiden.

HINWEIS: WIRD DIE VOM ABKOCHEN DES FLEISCHES VERBLIEBENE BRÜHE ZUR HERSTELLUNG DER GELIERFLÜSSIGKEIT VERWENDET, MUSS SIE ENTFETTET UND GEKLÄRT WERDEN: IN DIE KALTE BRÜHE EIN GESCHLAGENES EIWEISS GEBEN UND UNTER STÄNDIGEM RÜHREN AUFKOCHEN LASSEN. BRÜHE DURCH EIN MIT MULLTUCH AUSGELEGTES SIEB GIESSEN.

TIPP: WIRD DIE FORM ODER SCHÜSSEL MIT KLARSICHTFOLIE AUSGEKLEIDET, WIRD DAS STÜRZEN ERLEICHTERT.

Feine WILDPASTETE

ZUTATEN (CA. 360 KCAL/100 G)

750 g Keulenfleisch • 250 g frischer Schweinebauch
• 250 g frischer Speck (beides ohne Schwarte)
• Wildgewürz • Liebstöckel (getrocknet) • Kräuter der
Provence (beides gemahlen) • Muskat • Pfeffer • Salz
• 3 Eier • 40 ml Sherry • 200 ml Sahne • 50 g grüne
Pistazien • 200 g gepökeltes Rehrückenfilet (s. S. 224)
TEIG: 600 g gesiebtes Mehl • 250 g Wildschwein- /
Schweineschmalz • 1 Ei • 100–120 ml Wasser • 1 TL Salz
• 1 gestr. TL Ingwer
GUSS: 5 Blatt Gelatine • 250 ml Johannisbeersaft

ZUBEREITUNG

1 Keulenfleisch, Schweinebauch und Speck in Würfel schneiden, vermischen, würzen und im Tiefkühler anfrosten, dann zweimal durch den Fleischwolf drehen und kühlen. Mit Eigelb und Sherry im Mixer pürieren, erneut kühlen. Eiweiß und leicht geschlagene Sahne portionsweise einarbeiten. Zwischendurch kühlen, zum Schluss Pistazien untermischen. Rehrückenfilet 15 Minuten kochen, erkalten lassen, in lange Streifen schneiden.

2 Für den Teig alle Zutaten gut verkneten, 1 Stunde kühlen. Von der Füllmasse Probebällchen in kochendem Wasser 5 Minuten garen. Festigkeit und Geschmack prüfen, eventuell nachwürzen. Backofen auf 200 °C vorheizen.

3 Teig 4–5 mm dick ausrollen, Deckel separat zuschneiden. Eine Kastenform mit Backpapier auslegen, mit Pastetenteig auskleiden, seitlich überhängen lassen.

4 Die Hälfte der Füllmasse hineingeben, Filetstreifen in der Mitte einlegen, mit der restlichen Füllung abdecken. Teigränder umklappen. Mit Eigelb bestreichen, aus dem Deckel zwei Löcher ausstechen, Deckel aufsetzen, aus Alufolie gedrehte Schornsteine in die Löcher einsetzen. Im Backofen 15 Minuten backen, bei 160 °C weitere 70 Minuten backen. Kerntemperatur (80 °C) kontrollieren.

5 Pastete gut auskühlen lassen. Gelatine in kaltem Wasser einweichen, Johannisbeersaft erwärmen. Ausgedrückte Gelatine darin auflösen, etwas abkühlen lassen, in die Schornsteine füllen, auskühlen lassen. Pastete aus der Form nehmen, aufschneiden.

Feine
WILDPASTETE

WILDENTEN-TERRINE

ZUTATEN (CA. 350 KCAL/100 G)

*2 küchenfertige Wildenten • Herzen und Mägen der
Enten • ¼ Stange Porree • 50 g Sellerieknolle
• 1 mittelgroße Mohrrübe • 1 Zwiebel • ½ Petersilienwurzel • 6–8 weiße Pfefferkörner • 2 Eier • 150 ml Sahne
• 1 gehäufter EL Majoran • 1 gestr. TL gemahlene Kräuter
der Provence • Pfeffer und Salz • 1 EL gehackte Petersilie • 3 fein geschnittene Blätter Basilikum • 1 EL Butter*

*BEILAGEN: Kartoffelschaum (Terrine warm serviert),
Baguette (Terrine kalt serviert)*

ZUBEREITUNG

1 Enten waschen, halbieren, mit Innereien, geputztem Wurzelgemüse und Pfefferkörnern in heißem Wasser aufsetzen. 60 Minuten kochen, im Sud erkalten lassen. Fleisch von Knochen ablösen, klein schneiden, in Schüssel geben. Innereien in grobe Würfel schneiden, zur Seite stellen. Wurzelgemüse aus dem Sud nehmen, Pfefferkörner entfernen.

2 Fleisch mit Gemüse, Eigelb, Sahne und den getrockneten Kräutern im Mixer pürieren, kräftig mit Pfeffer und Salz abschmecken. Terrinenmasse kalt stellen. Backofen auf 180 °C vorheizen. Eiweiß steif schlagen, Petersilie und Basilikum unterziehen. Eischnee unter die Terrinenmasse mischen.

3 Eine Terrinenform ausbuttern, Füllmasse und Innereien schichtweise hineingeben. Mit Deckel schließen, in eine große Bratform stellen, warmes Wasser bis knapp unter den Terrinenrand zugießen. Im Backofen ca. 45 Minuten garen lassen.

WILDLEBER-TERRINE

ZUTATEN (CA. 300 KCAL/100 G)

*Suppengrün • Pfefferkörner • 1 Lorbeerblatt • 750 g Wild-
leber • 500 g Wildfleisch • 300 g frischer Schweinebauch
ohne Schwarte • 200 g frischer Speck ohne Schwarte
• 1 Gemüsezwiebel • gerebelter Majoran • Muskat
• gemahlene Kräuter der Provence • Pfeffer • Salz • 6 Eier
• 380 ml Sahne • 30 g Butter • 50 g grüne Pistazienkerne*

BEILAGEN: Bauernbrot, Baguette

ZUBEREITUNG

1 Wasser aufsetzen, zum Kochen bringen. Suppengrün,
Pfefferkörner, Lorbeerblatt hineingeben. 175 g Wildleber zur Seite legen, die restliche Leber und das Fleisch
darin kochen (Leber und Wildfleisch 40 Minuten, Schweinebauch 30 Minuten, Speck 20 Minuten), herausnehmen,
erkalten lassen. Brühe warm halten.

2 Leber, Wildfleisch, Schweinebauch, Speck und Zwiebel
in Stücke schneiden, durch den Fleischwolf treiben, etwas durchgesiebte Brühe zufügen, würzen, gut durchmengen. Masse portionsweise im Mixer mit Eiern und etwas
Sahne pürieren. Alles in eine Schüssel geben, restliche
Sahne zufügen, gut durchmischen.

3 Zur Seite gestellte Leber pfeffern. In der Pfanne Butter
erhitzen, Leber anbraten, etwas Brühe zugeben, ca.
10 Minuten schmoren, erkalten lassen, in Streifen schneiden. Backofen auf 200 °C vorheizen.

4 Terrinenform (Pastetenform) befetten. Füllmasse ca.
2 cm hoch einfüllen, Hälfte der Leberstreifen und Pistazien einlegen, Vorgang wiederholen, mit der Masse die Form
bis zum Rand füllen, mit Backpapier abdecken. Im Backofen
35–40 Minuten backen. Gut auskühlen lassen, stürzen.

VERWERTUNG VON WILDRESTEN

mmer wieder geschieht es: Vom Wildessen bleiben Fleischstücke übrig, die von ihrer Menge her für eine neue Mahlzeit nicht ausreichen. Sie mehrere Tage im Kühlschrank aufzuheben, um sie als Ergänzung zu einem weiteren Wildgericht zu verwenden, lohnt meist auch nicht. Handelt es sich um das Endstück eines Bratens, dann gibt es eine vorzügliche Verwertungsmöglichkeit: Das Fleisch mit einer Aufschneidemaschine als Brotbelag dünn aufschneiden. Ein mit Scheiben kalten Wildbratens belegtes Butterbrot, mit Meerrettich oder mildem Senf bestrichen, ist mehr als eine sinnvolle Resteverwertung. Es beglückt Zunge und Gaumen – zumal wenn das Brot vor dem Auflegen der Fleischscheiben noch mit etwas kalter Sauce bestrichen wurde. Die Alternative zum Brotbelag: Verarbeitung der Bratenreste als Bestandteil eines Wildsalates. Hierfür wird das Fleisch in Scheiben oder in Streifen geschnitten und in eine Schüssel gegeben.

Die weiteren Zugaben können nach eigenem Geschmack variiert werden: In Streifen oder würfelig geschnittener Schnittkäse, Delikatessgurken, Zucchini, Paprikaschoten, Tomatenstücke … Mit Essig und Öl, Pfeffer und Salz gewürzt, durchgemischt und in einer Schüssel zu Baguette serviert, ist der Salat eine gute Beigabe zum Abendessen bzw. eine willkommene Unterbrechung beim Kartenspiel mit Familienangehörigen oder Freunden.

Kartoffelsuppe mit WILDFLEISCHSTREIFEN

ZUTATEN FÜR 4 PORTIONEN (CA. 350 KCAL/PORTION)
100 g Wildfleischreste • 1 kleine Zwiebel • 500 ml Wildbrühe • 200 g gekochte Kartoffeln • 50 g gewürfelter Speck • 10 ml Cognac • 100 ml Sahne • Pfeffer aus der Mühle • Salz • 1 TL fein geschnittenes Basilikum • 1 TL fein geschnittener Dill (Petersilie oder Schnittlauch)

ZUBEREITUNG

1 Fleisch in feine Streifen schneiden, Zwiebel schälen und klein schneiden. Wildbrühe (s. Rezept S. 232) erhitzen, Kartoffeln schälen und reiben, zur Brühe geben, mit einem Stabmixer glatt rühren.

2 In einer Pfanne Speckwürfel anbraten, Zwiebel zufügen und anschwitzen, mit Cognac ablöschen. Speck und Zwiebel zur Suppe geben.

3 Sahne nicht ganz steif schlagen, unter die Suppe ziehen, mit Pfeffer, Salz abschmecken. Fleischstreifen in den Tellern verteilen, mit der heißen Kartoffelsuppe auffüllen, mit Kräutern bestreuen.

Kartoffelsuppe mit
WILDFLEISCH-
STREIFEN

WILDBRÜHE
mit Kräuterflädle

ZUTATEN FÜR 4–6 PORTIONEN
(CA. 150 KCAL/PORTION)

*2 kg Wildknochen und Wildbretabschnitte • je 150 g
Mohrrüben und Sellerieknolle • 1 Petersilienwurzel
• 3 Zwiebeln • 1 Zweig Liebstöckel • 2 Lorbeerblätter
• 10 weiße Pfefferkörner • 1 TL Salz • 2 Eiklar
• Juliennestreifen von Mohrrübe und Lauch
KRÄUTERFLÄDLE: 1 Ei • 30 g Mehl • 60 ml Sahne • 1 EL
Wasser • Prise Salz und Pfeffer • 1 TL geschnittene
Petersilie • 1 TL kleine Schnittlauchröllchen
• Speiseöl zum Ausbacken*

ZUBEREITUNG

1 Backofen auf 240 °C vorheizen. Knochen und Fleischabschnitte in eine Fettpfanne oder auf ein tiefes Backblech geben, in den Ofen schieben und bräunen lassen.
Geputztes, klein geschnittenes Wurzelgemüse zufügen und
immer wieder mit dem Kochlöffel durchmischen. Alles in
einen großen Kochtopf geben, Gewürze zufügen, mit Wasser auffüllen, aufkochen und bei milder Hitze ca. 90 Minuten köcheln lassen. Brühe abseihen und erkalten lassen.

2 Für die Kräuterflädle Zutaten in eine Schüssel geben,
gut durchrühren und den Teig 20 Minuten ruhen lassen,
dann Petersilie und Schnittlauch einarbeiten. In einer Pfanne Öl erhitzen und dünne Crêpes backen. Diese auskühlen
lassen, einrollen und in dünne Streifen schneiden.

3 Eiklar steif schlagen, in die kalte Brühe geben und unter
Umrühren aufkochen lassen. Nach zwei Minuten Kochzeit Brühe durch ein Tuch seihen, mit den Kräuterflädle und
den zuvor blanchierten Juliennestreifen in Tellern anrichten und sofort servieren.

WILDSAMT-SUPPE
unter Blätterteighaube

ZUTATEN FÜR 4 PORTIONEN (CA. 250 KCAL/PORTION)
*1.000 g Knochen und Fleischreste vom Wild • 20 ml
Pflanzenöl • 1 Bund Suppengrün • ½ Stange Lauch
• 2 Zwiebeln • 1 Lorbeerblatt • 30 g Butter • 2 Schalotten
• 3 EL Mehl • 200 ml Sahne
EINLAGE/HAUBE: 100 g Wildbratenreste • 10 g Butter
• Pfeffer aus der Mühle • Salz • 1 TL gerebelter Majoran
• Blätterteig aus der Tiefkühltruhe • 1 Eigelb*

ZUBEREITUNG

1 In einem Bräter die Knochen und Fleischreste im heißen
Pflanzenöl anbraten. Das geputzte Suppengemüse, den
gewaschenen Lauch, die Zwiebeln und das Lorbeerblatt
zugeben, alles mit Wasser bedecken. Bei milder Hitze ca.

90 Minuten (Schnellkochtopf Stufe I 40 Minuten) köcheln
lassen.

2 Für die Einlage die Bratenreste in Streifen schneiden,
pfeffern und salzen. In einer kleinen Pfanne die Butter
erhitzen, die Fleischstreifen ca. 4 Minuten braten, anschließend abgedeckt erkalten lassen.

3 Brühe durch ein mit einem Tuch ausgelegtes Sieb gießen, entfetten und auf 750 ml einkochen. Die Butter in
einem Topf zerlassen, die fein geschnittenen Schalotten
darin andünsten, Mehl dazugeben und verrühren, die Brühe
angießen, unter ständigem Rühren einmal aufkochen lassen. Die Sahne zufügen, aufkochen lassen, mit Pfeffer und
Salz würzen. Suppe erkalten lassen, in hitzebeständige
Suppentassen oder kleine Auflaufförmchen füllen, Fleischstreifen dazugeben, mit Majoran bestreuen. Den Backofen
auf 200 °C vorheizen.

4 Blätterteig in Kreise schneiden (etwas größer als
Durchmesser der Tassen). Den Rand der Tassen mit
verquirltem Eigelb bestreichen. Die Blätterteigkreise auflegen und am Rand andrücken. Nach einer Ruhezeit von
10 Minuten die Tassen auf einem Blech in den Backofen
schieben und ca. 15 Minuten backen.

JÄGERBIGOS

ZUTATEN FÜR 4 PORTIONEN (CA. 450 KCAL/PORTION)
300 g Reste vom Wildbraten • 100 g Frühstücksspeck
• 400 g frisch gehobelter Weißkohl • Salz • 400 g natur-
gesäuertes Sauerkraut • 10 g getrocknete Steinpilze
• 300 g geputzte Pilze (z. B. Champignons) • 1 Zwiebel
• 4–5 Tomaten • 50 g Räucherspeck • 6 Wacholderbeeren
• 1 Lorbeerblatt • 100 ml trockener Rotwein • 1 Kartoffel
• Pfeffer aus der Mühle

BEILAGEN: Scheiben von Bauernbrot, Salzkartoffeln

ZUBEREITUNG

1 Wildbratenreste in Streifen, Frühstücksspeck in Würfel
schneiden, beiseitestellen. Weißkohl in Salzwasser garen,
kalt abspülen und abtropfen lassen. Weißkohl und Sauerkraut
in eine Schüssel geben und miteinander vermischen.

2 Steinpilze zerbröseln und in etwas warmem Wasser
einweichen. Pilze in Scheiben schneiden, Zwiebel
schälen und hacken, Tomaten heiß abbrühen und schälen.
Gewürfelten Räucherspeck in einer Pfanne auslassen, die
Zwiebel und die Pilze im Speckfett anbraten. Steinpilze mit
Einweichwasser zufügen und alles so lange schmoren, bis
die Flüssigkeit verdampft ist, dann zum Krautgemisch geben. Backofen auf 180 °C vorheizen.

3 Frühstücksspeck, Wildbratenreste, in Stücke geschnittene Tomaten, Wacholderbeeren, Lorbeerblatt zufügen
und alles gut durchmischen. Masse in eine Auflaufform
füllen, Rotwein zugießen und im Backofen ca. 60 Minuten
schmoren. Nach der Hälfte der Garzeit die geschälte rohe
Kartoffel zur Masse reiben. Zum Schluss mit Pfeffer und
Salz abschmecken.

**HINWEIS: DIESES POLNISCHE NATIONALGERICHT
WURDE FRÜHER REGELMÄSSIG ZUBEREITET, WEIL
SICH IM BIGOS FAST ALLE FLEISCHRESTE UND
SAUCEN BUNT GEMISCHT VERARBEITEN LASSEN. KEI-
NESFALLS DÜRFEN PILZE FEHLEN. DER VARIANTEN-
REICHTUM ZEIGT SICH AUCH IN DEN VERWENDBAREN
GEWÜRZEN, DIE VON MAJORAN ÜBER KÜMMEL BIS
ZU KERBEL UND ESTRAGON REICHEN KÖNNEN.**

Pizza mit WILDFLEISCH

**ZUTATEN FÜR 1 BACKBLECH (30 X 35 CM)/
4 PORTIONEN (CA. 550 KCAL/PORTION)**
200 g Wildfleischreste • 1 Knoblauchzehe • Salz
• 50 ml Olivenöl • 50 ml trockener Rotwein • 2 Gemüse-
tomaten • 400 g Champignons • 1 kleine Zwiebel
• 30 g Butter • Pfeffer aus der Mühle • frisches Basilikum
und Oregano • 50 g Johannis- oder Preiselbeeren
• 100 g gehobelter Raclettekäse
TEIG: 300 g Weizenvollkornmehl • 40 g frische Hefe
• ca. 250 ml lauwarmes Wasser • etwas Zucker • 1 Ei
• 30 ml Olivenöl • 1 TL Salz

BEILAGE: Salat der Saison

ZUBEREITUNG

1 Fleischreste von Sehnen oder Häuten befreien, im Tiefkühler anfrosten, dann in ca. 2–3 mm dicke Scheiben schneiden. Knoblauch blättrig schneiden, im Salz zerreiben, mit Öl
und Wein vermischen. Fleischscheiben mit der Marinade übergießen, 2 Stunden marinieren, zwischendurch wenden.

2 Tomaten in siedendem Wasser überbrühen, häuten,
in Stücke schneiden. Pilze putzen, in dünne Scheiben
schneiden, Zwiebel fein schneiden. Im Topf Butter zerlassen, Pilze und Zwiebel zufügen, pfeffern, salzen und kurz
anschmoren, dann abseihen und abtropfen lassen.

3 Für den Teig Mehl auf eine Platte sieben, Mulde eindrü-
cken, Hefe zerbröseln, mit warmem Wasser und Zucker
mischen, in Mulde geben, etwas Mehl darüberstauben,
warten, bis das Mehl Risse zeigt. Ei, Olivenöl und Salz mischen und zugeben. Alles zu einem Teig verkneten. Diesen
ca. 20 Minuten ruhen lassen, nochmals durchkneten, dünn
ausrollen und auf das mit Olivenöl gefettete Blech geben.
Backofen auf 220 °C vorheizen.

4 Auf dem Teigboden zuerst die Pilze verteilen, dann die
marinierten Fleischscheiben und die Tomatenstücke
auflegen. Mit den gehackten Kräutern bestreuen, mit Pfeffer aus der Mühle und Salz würzen. Blech in den Backofen
geben und ca. 12 Minuten backen. Beeren und den Käse
auf der Pizza verteilen und ganz kurz überkrusten lassen.

Pizza mit
WILDFLEISCH

WILDRESTE-AUFLAUF

ZUTATEN FÜR 4 PORTIONEN (CA. 950 KCAL/PORTION)

250–300 g Wildbratenreste • 100 g Frühstücksspeck
• 500 g Spiralnudeln • gemischte Kräuter (z. B. Salbei,
Oregano, Zitronenmelisse, Petersilie) • je 250 ml saure
und süße Sahne • Muskatnuss • Pfeffer aus der Mühle
• Salz • 100 g geriebener Emmentaler • 1 Zwiebel
• 20 g Butter

ZUBEREITUNG

1 Bratenreste in Streifen, Frühstücksspeck in Würfel schneiden. Nudeln in Salzwasser kochen, abseihen, kalt abbrausen, abtropfen lassen und in eine Schüssel geben.

2 Kräuter fein schneiden, mit der sauren und der süßen Sahne, Muskatnuss, Pfeffer und Salz zu einer Sauce verrühren. Backofen auf 220 °C vorheizen.

3 Die fein geschnittene Zwiebel in erhitzter Butter anschwitzen, Speckwürfel zufügen und auslassen, dann zu den Nudeln geben.

4 Fleischstreifen, Kräutersauce und geriebenen Käse ebenfalls zugeben und alles gut vermischen. In eine Auflaufform geben, im Backofen ca. 25 Minuten überbacken.

WILDES
BAMI GORENG

ZUTATEN FÜR 4 PORTIONEN (CA. 200 KCAL/PORTION)
*250–300 g Bratenreste vom Wild • 1 Päckchen Fertigge-
würz Bami goreng • 1 Tiefkühlpackung Mischgemüse
(ca. 450 g) • Saucenrest • Sojasauce • frisch gemahlener
Pfeffer • Salz • 150 g Glasnudeln*

ZUBEREITUNG

1 Wildfleischreste in Streifen oder Würfel schneiden.
Fertiggewürz nach Packungsangabe aufkochen. Wildfleischreste, Tiefkühlgemüse und Restsauce zufügen, erhitzen und garen, bis das Gemüse bissfest ist.

2 Nach Belieben mit Sojasauce, Pfeffer und Salz abschmecken.

3 Glasnudeln in kochendes Wasser geben, nach Packungsangabe garen, abseihen, mit kaltem Wasser
abschrecken. Zur Wild-Gemüse-Mischung geben oder separat servieren.

SCHINKEN & WÜRSTE

Schinken und Würste vom Wild gehören zu den Spitzenerzeugnissen der Wildküche und lassen sich relativ leicht selbst herstellen. Für Schinken werden nur die edelsten Teile verwendet: Nuss, Ober- und Unterschale aus der Keule oder die ganze, ausgebeinte Keule, der gehäutete Rückenmuskelstrang, das Fleisch der ausgelösten Schulter. Herstellen lassen sich Wildschinken von nahezu allem Haarwild: Reh, Hirsch, Wildschwein, Gams, Mufflon, Steinbock, aber auch Dachs, Bär, Antilope, Gazelle. Wichtig ist, dass das für die Anfertigung von Schinken vorgesehene Fleisch von Tieren stammt, die vor dem Erlegen nicht gehetzt, sauber erlegt und unmittelbar danach ausgeweidet wurden. Außerdem sollte das Fleisch durchgereift, gekühlt, trocken, aber nicht vorgefroren sein. Drei Verfahren können für das Pökeln im Haushalt eingesetzt werden:

1. Trockenpökelung

Das Fleisch wird kräftig mit Pökelsalz eingerieben, in einem Gefäß (z. B. Wanne) auf einem Rost (Lake muss sich unter dem Fleisch sammeln) neben- und aufeinandergelegt und jede Lage zusätzlich mit Pökelsalz bestreut. Nach jeweils sechs Tagen wird umgeschichtet. Pökelzeit je nach Dicke des Fleisches: 22–30 Tage. Danach das Pökelgut noch 3 Tage freigelegt ruhen lassen, 24 Stunden wässern, 4–6 Tage im kühlen, luftigen Raum trocknen, dann räuchern.

2. Pökelung in eigener Lake

Verfahren wie bei der Trockenpökelung, wobei die Lake nicht abfließt, sondern das Fleisch umhüllt. Der Eigenlake kann eine Gewürzlake zugesetzt werden. Umschichtung, Pökeldauer und Verfahren wie zuvor.

3. Pökelung in separat hergestellter Lake

Ein Verfahren, das die Schinken insgesamt saftiger macht. Ansatz der Lake: Wasser (Menge richtet sich nach dem Fassungsvermögen des Pökelgefäßes) mit Gewürzen (pro Liter: 2 gestoßene Wacholderbeeren, 1 Lorbeerblatt, 1 g Ingwer-

TIPP: WILDSCHINKEN NACH DEM RÄUCHERN GANZ
ODER IN TEILSTÜCKEN EINSCHWEISSEN UND TIEF-
KÜHLEN. IM ANGEFRORENEN ZUSTAND MIT DER MA-
SCHINE DÜNN AUFSCHNEIDEN. BLEIBT DER GETROCK-
NETE SCHINKEN UNGERÄUCHERT, WIRD AUS DÜNN
AUFGESCHNITTENEN SCHEIBEN EINE CARPACCIO-
VARIANTE: SCHEIBEN AUF DEM TELLER ANRICHTEN
UND MIT EINER AUS OLIVENÖL, WEINESSIG, FRISCH
GEMAHLENEM PFEFFER UND FEIN GESCHNITTENEN
SCHALOTTEN ODER SCHNITTLAUCHRÖLLCHEN HERGE-
STELLTEN SAUCE BETRÄUFELN.

*Die aufschwimmende rohe Kartoffel zeigt,
dass genügend Pökelsalz eingerührt wurde.*

pulver, 1 Zweig Thymian, ½ Knoblauchzehe) aufkochen, erkalten lassen, durchsieben. Eine rohe, geschälte Kartoffel ins
Wasser geben. So lange Pökelsalz einrühren, bis die Kartoffel aufschwimmt. Kartoffel herausnehmen. Ins Pökelgefäß
eingeschichtetes Fleisch mit Lake bedecken.

Variante: Hälfte des benötigten Wassers mit der dop-
pelten Menge Gewürze abkochen. Nach dem Erkalten und
Abseihen mit preiswertem Rotwein auffüllen und Pökelsalz
einrühren. Pökelzeit wie bei Trockenpökelung, danach Fleisch
(je nach Größe) 10–24 Stunden wässern, hängend trocknen,
binden und dann räuchern.

Rollschinken: Ausgebeinte Keule nach dem Pökeln, Wässern, Trocknen im Innenbereich mit frisch gemahlenem Pfeffer (verhindert Schmierigwerden und Fäulnis) einreiben, rollen und binden.

Lachsschinken: Gehäuteten, gekühlten, an der Oberfläche
trockenen Rückenmuskel vor dem Pökeln mit Fladen frischen
Specks umwickeln, gut binden.

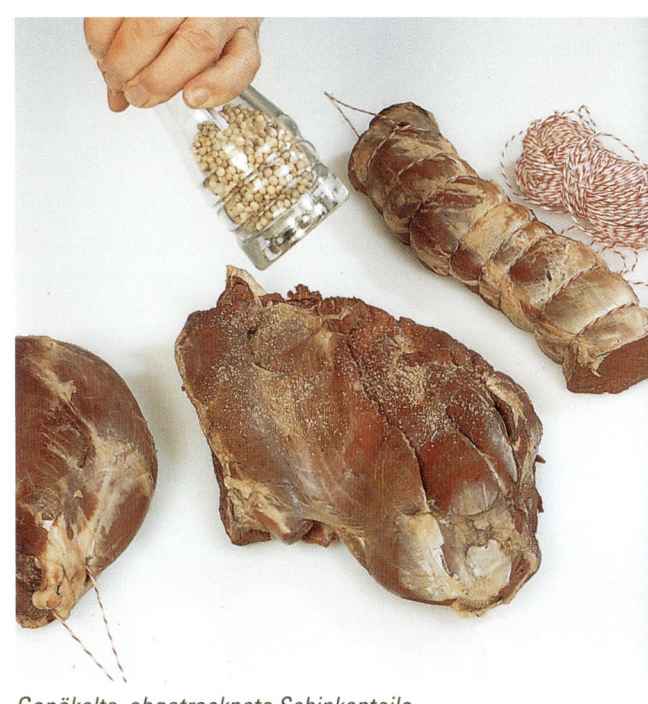

*Gepökelte, abgetrocknete Schinkenteile,
die gerollt werden, innen pfeffern.*

WILDSALAMI

ZUTATEN (CA. 230 KCAL/100 G)

3 Zwiebeln • 5–6 m Naturdarm (Mitteldarm 55/60) oder Salami-Kunststoffhüllen • 6.000 g Fleisch vom Hirsch, Wildschwein, Gams oder Mufflon (kann auch gemischt sein) • 2.000 g Schweinefleisch • 2.000 g frischer Speck GEWÜRZE PRO 1.000 G FLEISCHMASSE: 24 g Pökelsalz • 4 g Liebstöckelsalz • 2 g Grillgewürz • 3 g Zucker • 3 g frisch gemahlener Pfeffer • 1 Knoblauchzehe (in Salz zerrieben) • etwas geriebene Muskatnuss

ZUBEREITUNG

1 Zwiebeln schälen, vierteln, Naturdarm in warmem Wasser mit den Zwiebeln ca. 1 Stunde wässern, abstreifen, in 40 cm lange Stücke schneiden, diese jeweils an einem Ende mit etwas stärkerem Küchengarn zubinden und mit Aufhängeschlaufen versehen (Salami-Kunststoffhüllen sind schon stückweise fertig vorbereitet).

2 Wild-, Schweinefleisch und Speck in Stücke schneiden, in ein Behältnis geben. Gewürze zufügen, Fleisch durchmischen und durch Fleischwolf treiben. Masse mit der Hand gut durchmischen, partienweise mit der Knetmaschine ca. 15 Minuten kneten, alles nochmals mit der Hand durchmengen. 30 Minuten durchziehen lassen, erneut durchmischen.

3 Wurstmasse mit am Fleischwolf befestigten Einfüllrohr in die Därme füllen. Den auf das Rohr gezogenen Darm so halten, dass das Füllgut ihn langsam vom Rohr schiebt (s. Abbildung 3).

4 Wurst abbinden, an einem luftigen, trockenen, nicht zu warmen Ort (8–12 °C) auf einem Rundholz (Besenstiel) für 8 Tage zum Reifen und Trocknen aufhängen. Die anfangs graue Wurst wird mit dem Durchdringen des Pökelsalzes rot. Angelaufene Wurst mit lauwarmem Salzwasser abwaschen, wieder aufhängen. Nach dem Räuchern (vier- bis sechsmal Rauch) die Würste weiter trocknen lassen oder einfrosten.

TIPP: DIESE MASSE KANN MAN AUCH IN GLÄSER ABFÜLLEN UND ZWEI STUNDEN EINKOCHEN.

SELBST GEMACHTE WILDBRATWÜRSTE
mit Sauerkraut

ZUTATEN FÜR 4 PORTIONEN (CA. 449 KCAL/PORTION)

300 g Wildfleisch • 500 g Schweinehals (gut durchwachsen) • 1 TL Salz • 2 TL Majoran, gerebelt • 2 Schalotten • 1 Knoblauchzehe • 1 EL Öl • Muskat und Pfeffer • 80 ml Sahne • 1–2 Schweinenetze (beim Metzger bestellen)

BEILAGEN: Weißkohl oder Sauerkraut und Bratkartoffel

ZUBEREITUNG

1 Das Fleisch grob würfeln, salzen, mit 1 TL Majoran mischen und durch die mittlere Scheibe des Fleischwolfs drehen.

2 Schalotten und Knoblauch schälen, fein schneiden und in heißem Öl glasig dünsten.

3 Abkühlen lassen, mit dem Fleisch mischen und mit Salz, geriebener Muskatnuss und Pfeffer sowie dem restlichen Majoran würzen.

4 Die Hälfte der Sahne untermischen, alles gut durchkneten, aus dieser Masse (Wurstbrät) in der Pfanne ein Probelaibchen braten (falls es zu fest ist, das restliche Obers unter das Wurstbrät kneten).

5 Die Schweinenetze auf einem Tuch oder einer Folie ausbreiten. Das Wurstbrät zu 4 oder 8 Rollen formen und darauflegen. Mit Hilfe der Folie oder des Tuchs das Brät im Schweinenetz einrollen und die Würste kurz kalt stellen, danach in Öl rundherum braun braten und mit den Beilagen servieren.

TIPP: DIESE BRATWÜRSTE SIND OHNE PÖKELSALZ HERGESTELLT UND SOLLEN DAHER GLEICH WEITERVERARBEITET WERDEN.

WISSENSWERTES IN DER WILDKÜCHE

Wer sich zum ersten Mal an die Zubereitung eines Wildgerichtes heranwagt, der ist – leider – oft der irrigen Auffassung, es bedürfe besonderer Fertigkeiten und spezieller Zubereitungen, um ein Wildgericht so auf den Tisch zu bringen, dass die Esser damit zufrieden sind und am Ende – vielleicht – noch ein Lob für Köchin oder Koch abfällt. Bis in unsere Zeit haben es die jagende Zunft, aber auch Profiköche und in der Zubereitung von Wild geübte Urgroßmütter, Großmütter und Mütter verstanden, um das Thema Wild ein Netz von Mythen und Zubereitungsempfehlungen zu weben, das jeden Anfänger in der Wildküche zu verwirren vermag und ihn zaudern lässt. Das Gespinst lässt sich jedoch schnell zerreißen und Sicherheit gewinnen, wenn das erworbene Stück Wildfleisch zuerst nach einem eigenen bewährten Rezept für einen Rinder- oder Schweinebraten zubereitet wird. Das Gericht wird dennoch anders schmecken, da die dem Wildfleisch eigenen Aromen auch bei solchen Zubereitungen voll zur Geltung kommen. Weiter sollte man wissen: Viele für Haar- und Federwild in alten Kochbüchern empfohlenen „Spezial"-Zubereitungen sind untereinander austauschbar und oft nichts anderes als die Variante einer Grundzubereitung.

Vielfach vergessen und leider auch manchem Berufskoch nicht bewusst ist die Tatsache, dass alles, was im Topf köchelt, in der Pfanne brutzelt und im Bräter schmort, einen chemisch-physikalischen Prozess durchläuft und dessen Gesetzmäßigkeiten unterworfen ist. Ebenso wird oft nicht daran gedacht, dass Fleisch – insbesondere vom Wild – vor dem Eintreffen in der Küche unterschiedlichen Belastungen und äußerlich oft nicht erkennbaren biochemischen Veränderungen unterliegt. Das eine wie das andere beeinflusst letztlich das auf dem Teller servierte Ergebnis.

Nachstehend deshalb einige wichtige Erkenntnisse, die einmal aus einer über Jahrzehnte währenden Praxis in der Jagd und Wildküche stammen, zum anderen durch wissenschaftliche Untersuchungen belegt sind:

Beizen und Marinaden

verändern den feinen Eigengeschmack des Wildfleisches wesentlich. Ob Buttermilch-, Rotwein- oder Essigbeize – sie alle vermögen bei größeren Wildteilen wie Keule, Rücken oder Schulter das Fleisch nicht zarter zu machen, da sie – auch bei einer Beizung über mehrere Tage – nur in eine Tiefe von 8–12 mm einwirken. Ein tieferes Eindringen ihrer Säure, die zur Aktivierung der das Fleisch zart machenden Enzyme beiträgt, wird von den tiefer gelegenen Fleischzellen neutralisiert und damit wirkungslos gemacht. Nur bei gulaschgroßen Stücken vermag eine Beize oder Marinade eine zartmachende Wirkung zu erzielen.

Belastung mit Cäsium 134 und 137

ist beim Wildfleisch kein Thema, da nur solches vermarktet wird, dessen Belastung unter dem Grenzwert von 600 Becquerel pro 1.000 g liegt. Die tatsächlichen Werte liegen weit unter 100 bec/kg. Immer wieder auftauchende Meldungen von hoher Belastung beim Wild sind Ergebnisse amtlicher Untersuchungen in bekannten Gebieten, in denen aufgrund der Pflanzenstruktur Wild zeitlich begrenzt belastete Nahrung aufnimmt. Kontrollabschüsse bestätigen dies. Die Tiere werden entsorgt, der Revierinhaber entschädigt. 3–4 Monate später ist das Wild wieder belastungsfrei, da es das Cäsium 134 und 137 ausgeschieden hat.

AUFSCHNEIDEN VON RÜCKEN, KEULE, FEDERWILD

1. Medaillonstränge: Entlang des Rückgrats zu den Rippen schneiden.

2. Kleine Filets: Von der Rückenmitte nach außen wegschneiden.

3. Fleischstücke: Quer und schräg zum Verlauf der Faser schneiden.

1. Unterseite Keule: Entlang des Knochens Fleisch durchschneiden.

2. Knochen auslösen: Knochen am Kopf fassen und herausschneiden.

3. Oberseite Keule: Scheiben quer zum Knochenbett aufschneiden.

1. Federwild: Zuerst Flügel, dann Keulen im Gelenk abtrennen.

2. Brustfilets: Von Brustmitte am Knochen herunterschneiden.

3. Keule: Knochen auslösen, wie Brust quer zur Faser aufschneiden.

Brat- und Garzeiten

Wildfleisch sollte wegen der Gegebenheiten bei seiner Gewinnung, bei der ein Eindringen von Erregern in die Muskelzellen grundsätzlich nicht auszuschließen ist, stets auf eine Kerntemperatur von 80 °C erhitzt und diese über 10 Minuten gehalten werden. Dies wird von in der Fleischhygiene tätigen Veterinärmedizinern, dem deutschen Bundesinstitut für gesundheitlichen Verbraucherschutz und Veterinärmedizin (Nachfolgeorganisation des Bundesgesundheitsamtes in Berlin) und dessen Nachfolger, dem Bundesinstitut für Risikobewertung, seit Jahren empfohlen. Solange beim Anschnitt kein klarer, sondern roter Fleischsaft austritt bzw. das Fleisch noch roh wirkt, ist die empfohlene Kerntemperatur nicht erreicht. Rohe Zubereitungen von Wildfleisch, wie Carpaccio oder Tatar, sollten gemieden werden. Die Aussage: Veterinärmedizinisch auf für den Verzehr gesundheitliche Unbedenklichkeit untersucht, ist letztlich keine Garantie dafür, dass sich nicht doch Erreger unterschiedlichster Art im Wildfleisch befinden. Einige von ihnen können mit einer Verzögerung von 8–14 Tagen schwere und langwierige grippeähnliche Erkrankungen hervorrufen – etwas, das bei durcherhitztem Wildfleisch ausgeschlossen ist.

Brat- und Kochprobe

Diese sollten jedesmal dann vorgenommen werden, wenn einem Bedenken hinsichtlich der Fleischqualität kommen. Dabei wird ein kleines Stück Fleisch in heißes Fett gegeben oder mit kaltem Wasser aufgesetzt. Riecht und schmeckt es nach dem Erhitzen unangenehm ätzend bzw. stickig-dumpf, dann ist das Fleischstück nicht verwertbar.
Empfehlung: Reklamation beim Verkäufer.

Cholesterin im Wildfleisch

Untersuchungen haben ergeben, dass Wildfleisch nicht mehr Cholesterin enthält als das Fleisch von Schlachttieren.

Fleischreifung

Ein biochemischer Prozess, der sich nach Eintritt des Todes vollzieht und die Säuerung des Fleisches, seine Aromabildung, Zartheit, Saftigkeit und Fleischfarbe beeinflusst. Dabei wird muskeleigenes Glykogen (Reservekohlenhydrat) zu Milchsäure umgewandelt. Die Säuerung wiederum fördert Enzyme, diese bewirken ein Auflösen der Muskelfaserstrukturen: Sie zersetzen die sich in den Muskeln befindenden Muskelverhärter (Myofibrillen) und die im Bindehautgewebe eingelagerten großen Eiweißkörper.

Fleisch riecht unangenehm

Meist Folge einer stickigen Reifung, die unter anderem auch von einer ins Ziegelrot reichenden Verfärbung des Fleisches begleitet wird. Kann aber auch Folge der Paarungszeit oder einer bakteriellen Erkrankung des Tieres sein.
Empfehlung: Reklamation beim Verkäufer!

Fleisch spicken, mit Speck umwickeln

Es ist eine nach wie vor auch bei Profiköchen verbreitete Mär, Spicken oder das Umwickeln mit Speck mache das Fleisch saftiger. Biochemisch ein Unding, da abgestorbene Zellmuskulatur kein Fett aufnimmt. Es verbleibt an der Oberfläche. Die angebliche Saftigkeit besteht aus reinem, sich außerhalb der Fleischzellen befindendem Speckfett, das zusammen mit dem Fleisch aufgenommen wird. Mit Speck umwickeltes Fleisch wird in der Oberfläche nicht so krustig. Die Versiegelung der Zelloberfläche gegen Saftaustritt erfolgt wesentlich später als beim direkten Anbraten in heißem Fett. Spicken mit in Gewürzen gewälzten Speckstreifen bringt die Aromen ins Innere des Fleisches, vorausgesetzt, es wurde auf die Verwendung einer Spicknadel verzichtet (Gewürze werden abgestreift, Zellen nicht eröffnet) und das Spickloch statt dessen mit einem Messer geschnitten.

Gespickte Wildteile

Bei im Handel erhältlichen gespickten Teilen ist wegen Überlagerung die Gefahr gegeben, dass der Speck bereits ranzig ist. Erkennen lässt sich dies, indem man einen Streifen Speck herauszieht, ihn anbrät und dann verkostet. Riecht oder schmeckt er ranzig, sollte zur Sicherheit auch ein kleines

Stück Wildfleisch der Brat- oder Kochprobe unterzogen werden. Das in der Muskulatur eingelagerte Fett kann ebenfalls bereits ranzig sein.

Empfehlung: Ist nur der Speck ranzig, diesen austauschen. Schmeckt das Wildfleisch unangenehm, beim Verkäufer reklamieren.

Fleisch ist zäh

Dies kann mehrere Ursachen haben:

1. Die Fleischreifung ist ungenügend verlaufen, weil das Tier, von dem das Fleisch stammt, vor dem Erlegen gehetzt wurde. Dabei wurde das sich in den Muskeln befindende und als Energiespender dienende Glykogen so stark abgebaut, dass es für die Fleischreifung nicht in ausreichender Menge zur Verfügung stand.

2. Das Stück Wild konnte nach dem letztlich tödlich wirkenden Schuss unter erheblichem Energieverbrauch und damit Glykogenabbau noch flüchten, bevor es verendend zusammenbrach.

3. Das Wild wurde unmittelbar nach dem Erlegen und Ausweiden in eine Kühlung mit Luftzirkulation gebracht und dabei in kurzer Zeit so schnell heruntergekühlt, dass die Körpertemperatur eher die Marke +10 °C erreicht als die Säuerung des Fleisches einen pH-Wert von 6,0 und darunter. Folge: Äußerlich nicht erkennbare Verhärtung der Muskelfasern, die sich auch nachfolgend nicht mehr auflöst.

4. Die Wildbretteile wurden noch vor Beendigung der Fleischreifung tiefgefroren. Dies stoppte den Reifeprozess.

Empfehlung: In den ersten beiden Fällen vermag eine Verlängerung der Schmorzeit noch ein passables Ergebnis zu bringen. In den letzten beiden Fällen das Fleisch durch den Wolf drehen, zu Terrinen, Pasteten oder Fleischklößen verarbeiten.

Fleisch schmeckt nach Leber

Dieses Fleisch stammt von einem Wild, bei dem der Schuss Magen und Darm verletzt hat oder das erst Stunden nach dem Verenden aufgefunden wurde. Im ersten Fall wurden Erreger aus dem Magen-Darm-Bereich in die Muskeln eingespült, haben sich dort vermehrt und Stoffwechselprodukte ausgeschieden. Letztere verursachen den leberartigen, teils etwas muffigen Nachgeschmack (Brat- oder Kochprobe!). Der gleiche Effekt ergibt sich, wenn die Magen-Darm-Barriere zusammenbricht (ca. 45–60 Minuten nach Eintritt des Todes) und die Erreger in die Muskulatur einwandern. Stets gegeben bei verspätet ausgeweidetem Wild.

Empfehlung: Entweder Reklamation beim Verkäufer oder das Fleisch vorgaren, bei offenem Deckel über Nacht auskühlen lassen (Aromen verduften), dann fertig schmoren.

Fleisch soll saftig sein

Dies lässt sich erreichen:

1. Wenn das Fleisch an einem kühlen Ort über Nacht in leicht gesalzene Wildbrühe oder Wasser gelegt wird. Die oberen Zellschichten nehmen die Fremdflüssigkeit auf und geben sie statt dem eigenen Fleischsaft beim Braten ab. Verluste an Mineralstoffen durch das Wässern sind unbedeutend.

2. Wenn das Fleisch nach dem Braten aufgeschnitten und für einige Minuten in die Sauce gelegt wird. Es nimmt Flüssigkeit auf, die Zellfasern quellen an.

Hautgout

Fälschlicherweise als „wildtypischer Eigengeschmack" bezeichnet und bereits vor Jahrzehnten beliebte Ausrede von Wildhändlern und Köchen für nicht ordnungsgemäß gewonnenes und gereiftes Wildfleisch. Der als Hautgout bezeichnete Geruch und Geschmack ist das Ergebnis eines durch Fäulnisbakterien verursachten Zersetzungsprozesses und nicht der durch Enzyme erfolgten Fleischreifung. Letztere liefert einen angenehmen, leicht säuerlichen Geruch.

BEIGABEN ZU WILDGERICHTEN

Hier gilt: Erlaubt ist, was gefällt – solange es mit dem zubereiteten Wildgericht geschmacklich harmoniert. Klassisch in der Wildküche ist die Verwendung von Maronen (Esskastanien) und von Topinamburs (Wildkartoffeln) anstelle von Kartoffeln, Klößen und Teigwaren. Bei Topinamburs sollte nur die hellschalige Sorte genutzt werden; die bläulich schimmernde Sorte ist im Geschmack zu streng und wird selbst vom Wild verschmäht. Auch der Einsatz von wilden oder aus gärtnerischem Anbau stammenden Früchten, aus diesen hergestellten Säften, Gelees und Marmeladen hat in der Wildküche eine jahrhundertealte Tradition. Einmal dienen sie als Beigabe, wie die mit hocharomatischen Preiselbeeren gefüllte Birnenhälfte, zum anderen zum Aromatisieren von Saucen. Favoriten unter den Wildfrüchten sind neben der Preiselbeere die Himbeere, die Brombeere, die Walderdbeere, dann die Wildkirsche und die Hagebutte (hier nur die Schalen). Bei den Gartenfrüchten sind es Johannisbeeren, Äpfel, Birnen, Aprikosen, Pfirsiche, aber auch Mirabellen und Pflaumen, die, in vielfältiger Form verarbeitet, direkt zum Hauptgericht oder im Rahmen eines Wildmenüs als Nachtisch gereicht werden. Zu ihnen und den Weintrauben, von denen mehr die hellen als die dunklen verwendet werden, haben sich in den vergangenen Jahrzehnten auch exotische Früchte (wie Orangen, Mandarinen, Feigen, Ananas und andere) hinzugesellt. Viele der Früchte stehen heute fast das ganze Jahr über frisch zur Verfügung. Gleiches gilt für Gemüse und Salate, die eine große Variationsbreite an Beigaben zu Wildgerichten ermöglichen.

Ein in bestem Sinne delikates Kapitel stellen in der Wildküche die Pilze dar. Praktisch jeder essbare Pilz hat schon als Beilage zu Wildgerichten und als Aromat für würzige Saucen gedient. Dies wird trotz des Reaktorunfalles in Tschernobyl auch weiterhin so bleiben. Die alljährlich in der Presse auftauchenden Meldungen über radioaktiv belastete Pilze müssen als das gesehen werden, was sie tatsächlich sind: Ergebnisse wissenschaftlicher Untersuchungen, von denen letztlich nur die bei einzelnen Pilzen und Pilzarten und nicht in der Gesamtheit der Pilze ermittelten Spitzenwerte publiziert werden. Hinzu kommt, dass ein Teil dieser Pilze an jenen Orten eingesammelt wird, von denen bekannt ist, dass sie vom radioaktiven Niederschlag besonders betroffen waren. Sie dienen den Wissenschaftlern als Hinweis über die Veränderung der Bodenbelastung mit radioaktiven Stoffen. Es ist zwar kein Trost, aber eine Tatsache, dass schon vor Jahrzehnten Pilze, die vielfältig belastet waren (oberirdische Nukleartests!), dennoch offensichtlich ohne bekannte Folgen gegessen wurden und geschmeckt haben. Wer sich seine

Maronen, eine traditionelle Beigabe zu Wild.

Früchte aus Wald, Flur und Garten dürfen in der Wildküche nicht fehlen.

Pilze selbst sucht, der sollte wissen: Es bedarf schon mehrerer Mahlzeiten, deren Grundlage mit Caesium 134 und 137 hochbelastete Pilze sind, ehe eine Strahlenbelastung erreicht wird, die z. B. der eines Fluges von Europa nach Australien entspricht. Durch gründliches Waschen der in Stücke geschnittenen Pilze werden, so Ergebnisse wissenschaftlicher Untersuchungen, die radioaktiven Elemente bis zur Hälfte ausgespült. Im Handel angebotene, frische wie konservierte Pilze sind auf ihre Belastung hin durchkontrolliert und können unbedenklich verzehrt werden.

Wer Pilze – ausgenommen feinaromatische Trüffeln – als Beigabe oder als Aromat bei Wildgerichten einsetzt, wird schnell erkennen, dass nur ein Teil von ihnen bei den üblichen Gartemperaturen ihr volles Aroma entfaltet. Viele Pilze bedürfen einer Erhitzung über 100° C, damit die in ihnen enthaltenen ätherischen Öle aufgeschlossen werden. Dies gilt speziell für den Pfifferling (auch aus der Dose), der erst in heißem Fett gebraten werden muss (150° C), bevor er eine Sauce mit seinem Aroma verfeinern kann. Auch der Schirmpilz (Parasolpilz) und der Blutreizker bedürfen hierfür hoher Temperaturen. Anders dagegen der schon im rohen Zustand nach Anis duftende Waldchampignon und der hocharomatische Steinpilz, die beide ihre Aromen schon bei Temperaturen unter 50 °C freisetzen. Tiefgefrorene Pilze sollten grundsätzlich in gefrostetem Zustand in die Pfanne oder in heiße Flüssigkeit gegeben werden, um volles Aroma und Bissfestigkeit zu erhalten. Vorab aufgetaut, werden sie lappig und schmecken leicht bitter.

Frische Pfifferlinge und Steinpilze krönen jedes Wildgericht. Ob frisch, getrocknet oder aus der Dose: auf die Aromen kommt es an!

WILD UND WEIN

„Kein Wildgericht ohne einen guten Wein", heißt es. Was Nase und Gaumen erfreuen soll, will mit Bedacht ausgewählt sein. Vorbei sind jene Zeiten, in denen nach der gar nicht so falschen Regel gehandelt wurde: Dunkles Fleisch – roter Wein; helles Fleisch – weißer Wein. Heute gilt: Erlaubt ist, was mundet. Einzige Bedingung: Der Wein hat mit der jeweiligen Wildzubereitung, insbesondere mit der Sauce, zu harmonieren. Wer zur Abrundung der Sauce gleich den Tischwein verwendet, ist meist, aber nicht immer auf der sicheren Seite. Im Einzelfall – z. B. bei einem kräftig gewürzten Wildschwein- oder Hirschbraten mit fruchtiger Sauce – darf der Wein auch in einem angenehmen, Zunge und Gaumen beglückenden Kontrast stehen. So kann ein spritziger fruchtiger Riesling zu einem Hirsch-, Reh- oder Hasenbraten genauso richtig gewählt sein wie ein leichter halbtrockener Rosé- oder Rotwein mit fruchtigem Bouquet zu Fasan, Rebhuhn, Taube und Wildente.

Ist ein mehrgängiges Wildmenü angesagt, dann macht es Sinn, im Verlauf der Speisenfolge zwei, drei verschiedene Weine zu kredenzen. Dabei sollten sie so ausgewählt werden, dass der erste mit Vorspeise und Suppe, die anderen mit dem Zwischengang und dem Hauptgericht harmonieren. Generell gilt: Trockene, fruchtige Weine sind stets die bessere Wahl zu einem Wildmenü als halbtrockene, schwere, vollmundige Weine. Wer sich allerdings persönlich auf ein bestimmtes Weinanbaugebiet festgelegt hat und die aus ihm stammenden Weine über alles stellt, der wird es schwer haben, stets den richtigen Wein zu jedem Wildessen zu finden.

Ob die Weine tatsächlich mit der jeweiligen Wildspeise harmonieren oder den erwünschten, angenehmen Kontrast bieten, lässt sich mit letzter Sicherheit nur feststellen, wenn sie direkt zum Gericht verkostet werden. Dabei kann man schon mal die Erfahrung machen, dass ein preiswertes und weniger bekanntes Gewächs einem teuren, hochdekorierten Wein mit großem Namen die „Schau" stiehlt. Auch versierte Weinkenner und Wildliebhaber, befragt, welchen Wein sie zu diesem oder jenem Gericht wählen würden, lagen mit ihrer Empfehlung schon völlig daneben, als die Abstimmung mit der Speise erfolgte. Der Grund: In ihrer geschmacklichen Erinne-

rung waren zwar das Bouquet und die auf Zunge und Gaumen erlebte aromatische Fülle der in der Vergangenheit verkosteten Weine verankert, nicht aber die Geschmackskomponenten einer Wildzubereitung, deren Rezeptur sie nicht kannten, sie selbst nie gekocht und schon gar nicht zuvor verkostet hatten. Auch die Nachfrage des um Rat gebetenen Weinkenners, wie denn der Wildbraten zubereitet wird, erweist sich als wenig hilfreich und kann nur eine allgemeine, letztlich jedoch unverbindliche Empfehlung zeitigen.

TIPP: DAS GERICHT VORKOCHEN, MEHRERE HIERZU ALS PASSEND ANGENOMMENE WEINE VERKOSTEN, DANN DIE ENTSCHEIDUNG FÄLLEN. DIESE GILT NUR FÜR DAS EINE REZEPT. WIRD ES IN DER WÜRZUNG VERÄNDERT, KANN DER ERWÄHLTE WEIN BEREITS WIEDER FALSCH SEIN – ETWAS, DAS AUCH MANCHEM IN DER GASTRONOMIE DIENSTBAREN GEIST ANZURATEN IST, DER BEI DER WEINEMPFEHLUNG ZU EINEM WILDGERICHT MEHR DEN PREIS DES WEINES IM KOPF HAT ALS DIE FEINE ABSTIMMUNG VON GETRÄNK UND SPEISE. ÜBRIGENS: EIN FRISCHES, KÜHLES PILS HAT DA SCHON MANCHEM AUS DER VERLEGENHEIT GEHOLFEN UND SICH ALS AKZEPTABLE WAHL ERWIESEN.

WERTVOLLE KÜCHENHELFER

Was nützten alle guten Zutaten zu einem Wildessen, wären in der Küche nicht jene Dinge vorhanden, die es letztlich ermöglichen, ein Gericht so zuzubereiten, dass das Ergebnis Augen, Gaumen und Zunge gleichermaßen erfreut? Da zweckdienliches, qualitativ hochwertiges Küchengrät nicht gerade preiswert ist und das Haushaltsbudget strapazieren kann, wird man sich die Einzelstücke im Verlauf der Jahre anschaffen. Clevere Hausfrauen und Hobbyköche lassen sich diese auch zum Geburtstag, zu Weihnachten oder aus einem anderen Anlass schenken. Dies hat zwei Vorteile: Einmal kommt man schneller in den Besitz eines begehrten Küchenhelfers, zum anderen erleichtert man dem Schenkenden die Suche nach einem Präsent, von dem

Vom Schnellkochtopf bis zum Bräter: Gediegenes Kochgeschirr macht sich immer bezahlt!

er weiß, dass es geschätzt wird. Nachstehend eine Auflistung wertvoller Küchenhelfer, die einem die Herstellung einer Speise wesentlich erleichtern und Zeit einsparen helfen:

Messer, Knochensäge, -schere, Schneidunterlage, Schärfgerät

Benötigt werden ein Ausbeinmesser, ein Filetiermesser, ein kleines Messer mit gerader Klinge, ein Schinkenmesser, ein Kochmesser mit leicht gerundeter Klinge und starkem Klingenrücken, dazu Wetzstahl und Fleischgabel. Die Knochensäge sollte aus pflegeleichtem Edelstahl, die Schneidunterlage eine weiße Kunststoffplatte sein. Als Knochenschere eignet sich eine Rosenschere. Zum Schärfen von Messern gibt es inzwischen hervorragende elektrische Schärfmaschinen.

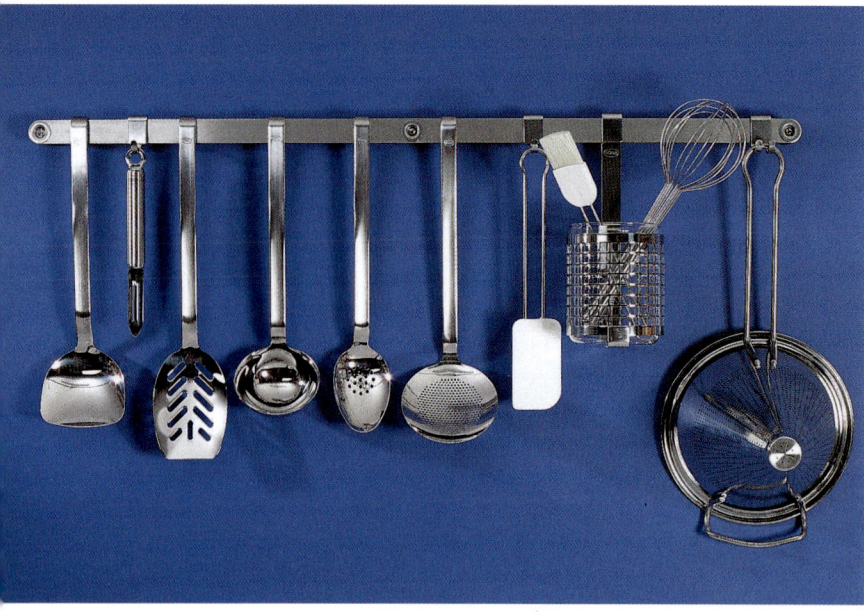

*Küchenutensilien,
die man haben sollte.*

*Schlagschüsseln, Siebe
und Gefäße aus Edelstahl sind
robust und langlebig.*

Küchenmaschine

Empfehlenswert ist ein Universalgerät mit Standmixer bzw. Schneidmesseraufsatz und Fleischwolf (unterschiedlich große Lochscheiben und Wursteinfüllstutzen, s. S. 240). Ganz wichtig: Der Motor muss leistungsmäßig so ausgelegt sein, dass er kräftig durchzieht und sich nicht überhitzt. Tipp: Nach jedem Arbeitsgang dem Motor eine Abkühlzeit geben!

Töpfe, Pfannen, Bräter (Schmortöpfe)

Bewährt haben sich Geräte aus Edelstahl bzw. mit qualitativ hochwertiger Beschichtung. Hier sollte mehr auf Nutzen und Langlebigkeit sowie auf bewährte Markenprodukte und we-

niger auf den Preis geachtet werden. Geradezu unentbehrlich sind ein Schnellkochtopf oder eine Schnellbratpfanne, in denen in kurzer Zeit Fleischgerichte und Gemüse gegart, aber auch Brühen und Saucen gezogen werden können.

Sonstige Gerätschaften

Fleischthermometer mit digitaler Anzeige, Terrinen- und Pastetenformen aus Porzellan, Keramik, Aluminiumguss mit verschraubbarem Deckel (s. S. 225), Edelstahl oder Weißblech, Entfettungsgefäß mit tief angesetzter Ausgusstülle (s. S. 57), ein zum Schneiden feiner Gemüsestreifen (Julienne) geeigneter Gemüsehobel und ein hölzerner Krauthobel werden bei der Zubereitung vieler Speisen benötigt. Des weiteren leisten ein mit einer kräftigen Feder ausgestattetes Passiersieb mit unterschiedlichen Lochscheiben und eine auch höheren Druck aushaltende Gebäckspritze mit langer Fülltülle (s. S. 44 und 147) gute Dienste. Siebe, Schaumlöffel, Pfannenheber, Topflöffel gibt es aus unterschiedlichen Materialien und in diversen Ausführungen. Auch hier gilt: Das Beste sollte gerade gut genug sein. Fragen Sie den Fachmann!

Ein hochwertiges Passiersieb mit unterschiedlichen Lochscheiben, scharfe Messer und Gewürzmühlen sollten nicht fehlen!

NÄHRWERT UND FETTSÄURE-ANTEILE BEI WILDFLEISCH

Nährwert je 100 g verzehrbarer Anteil

WILDART	ENERGIE kcal (g)	kJ (g)	HAUPTNÄHRSTOFFE Eiweiß (mg)	Fett (mg)	Phosphor (mg)	MINERALSTOFFE Eisen (mg)	VITAMIN B2 (mg)
Hase (Durchschnitt)	124	517	21,6	3,0	220	2,4	0,06
Hirsch (Durchschnitt)	122	512	20,6	3,3	249	3,4	0,48
Reh, Rücken	132	553	22,4	3,6	220	3,0	0,25
Reh, Keule	106	444	21,4	1,3	220	3,0	0,25
Wildschwein (Durchschnitt)	118	493	19,5	3,4	120	–	0,10
Fasan	133	557	23,6	3,7	230	1,2	0,15

kcal = Kilokalorie, g = Gramm, mg = Milligramm (1 mg = 0,001 g); Quelle: AID „Wild und Wilderzeugnisse" (2006)

Fettsäureanteile im Fleisch

TIERART	MEHRFACH UNGESÄTTIGTE FETTSÄUREN	DAVON OMEGA-3-FETTSÄUREN
Rotwild	68,1 %	13,3 %
Damwild	62,4 %	11,8 %
Rehwild	65,4 %	15,0 %
Feldhase	66,5 %	22,9 %
Schwarzwild	64,7 %	7,0 %
ZUM VERGLEICH		
Hausschwein	48,2 %	5,6 %
Stallhase	44,6 %	3,6 %
Rind	34,5 %	8,9 %
Schaf	31,5 %	7,6 %
Pferd	64,5 %	7,2 %
Huhn	35,9 %	3,1 %
Strauß	51,7 %	5,6 %
Lachs	33,5 %	27,8 %

Quelle: Die Pirsch, 10/2005, Teresa Valencak/Prof. Dr. Thomas Ruf (Forschungsinstitut für Wildtierkunde und Ökologie der Veterinärmedizinischen Universität Wien)

REZEPTREGISTER

LITERATURNACHWEIS

AID: Wild und Wilderzeugnisse (2006).

Bezzel, E: Vogelkunde für den Jäger, BLV-Verlagsgesellschaft mbH, München, 1980.

Dedek J. u. Steineck Th.: Wildhygiene, Gustav Fischer Verlag Jena, Stuttgart, 1994.

Fehlhaber K. u. Janetschke P.: Veterinärmedizinische Lebensmittelhygiene, Gustav Fischer Verlag Jena, Stuttgart, 1992.

Jagd Lexikon, BLV-Verlagsgesellschaft mbH, München, 6. Aufl. 1994.

Krug, W.: Jagd, Tierschutz und Wildbret, Deutsche Jagd-Zeitung, Paul Parey Zeitschriftenverlag GmbH & Co. KG., Singhofen, Ausg. 2/96.

Koch, Fuchs, Gemmer: Die Fabrikation feiner Fleisch- und Wurstwaren, Deutscher Fachverlag GmbH, Frankfurt/Main, 20. Auflage 1992.

Kujawski O. E. J.: Das Große Buch vom Wild, Teubner-Edition bei Gräfe und Unzer, Füssen, 4. Auflage 1996.

Kujawski O. E. J.: Vorsicht, Wild!, essen & trinken, Gruner + Jahr AG & Co, Hamburg, Ausg. 11/1994.

Kujawski O. E. J.: Trichinenuntersuchung bei Schwarzwild, RFL, Rundschau für Fleischhygiene und Lebensmittelüberwachung, Verlag M. & H. Schaper, Alfeld/Leine, Ausgabe 12/96.

Kujawski O. E. J.: Wildbrethygiene, BLV-Verlagsgesellschaft mbh, München, 2. Auflage 2007.

Kujawski O. E. J.: Wildfleischgewinnung, BLV-Verlagsgesellschaft mhh, München, 1. Auflage 2007.

Ring, Ch. et alt.: Wildbrethygiene/Gesundheitsvorsorge, Forschungsvorhaben im Auftrag und mit finanziellen Mitteln des Bundesministeriums für Gesundheit, Bonn/Hannover 1995.

Statistisches Bundesamt, Berlin/Bonn.

Wiese, M.: DJV Handbuch, Verlag Dieter Hoffmann, Mainz, 2007.

Abschusszahlen und Abschusszeiten 2013/14:

Deutsch Jagdstatistik: www.jagdverband.de/node/3267 und www.jagdverband.de/node/719.

Österreichische Jagdstatistik: Statistik Austria/Regionalverwaltung/Jagdverbände.

ÜBER DEN AUTOR

Olgierd Expeditus Johannes Graf Kujawski entstammte einer alten polnischen Adelsfamilie, in der Jagd und Wildbret zu den Selbstverständlichkeiten des Lebens zählten. Er war Redakteur und Fotojournalist, Autor zahlreicher einschlägiger Fach- und Sachbücher. Für seinen Titel „Das große Buch vom Wild" (Füssen 1992) erhielt er die Goldmedaille der „Gastronomischen Akademie Deutschlands".

Seine Gattin und rechte Hand Ursula Gräfin Kujawski war selbst Jägerin, kochte gerne und wusste, worauf es im Revier und in der Küche ankommt, damit der servierfertige Wildbraten Auge, Zunge und Gaumen erfreut.

Das vorliegende Buch wurde neu bebildert und mit 45 zusätzlichen Rezepten aus dem renommierten Magazin „Kochen & Küche" erweitert: Die neue Wildküche, der Klassiker der Wildkochbücher, liegt somit in einer völlig neuen, unverwechselbaren Ausgabe vor.

DANKSAGUNG

Bei der Zubereitung und für die Aufnahmen der Rezeptfotos konnten wir Produkte folgender Unternehmen einsetzen:

Eugen Übelhör GmbH (Tischwäsche), A-6973 Höchst, www.uebelhoer.at

Gmundner Keramik (Geschirr), A-4810 Gmunden, www.gmundner.at

Holst Porzellan (Terrinenformen), D-33790 Halle-Westfalen, www.holst-porzellan.de

Le Creuset (Terrinenformen), www.lecreuset.de

Messerfachwerkstätte Scala (Besteck), A-8010 Graz, www.scala-murgasse.at

Präparatorium Helmut Raith (Wildbret), A-1050 Wien, www.praeparator-reith.at

RIESS KELOmat GmbH (Pfannen, Auflaufformen …), A-3341 Ybbsitz, www.riess.at

Spezialitäten Baischer GmbH (Wildbret), A-5221 Lochen, www.baischer.at

AUS UNSEREM PROGRAMM

ISBN 978-3-7020-1369-1

ISBN 978-3-7020-1418-6

ISBN 978-3-7020-1083-6

ISBN 978-3-7020-1297-7

Leopold Stocker Verlag

www.stocker-verlag.com

Graz – Stuttgart